高等职业教育公共课系列教材

U1017766

高职心理健康教育活动教程

主　编◎李吉珊　彭赛红　娄星明
副主编◎谭庆香　陈映红　陈容辉
编　委◎文冰洁　刘朝霞　王语芝
张　晶　张　倩　何潇湘
张　平

中国轻工业出版社

图书在版编目（CIP）数据

高职心理健康教育活动教程/李吉珊，彭赛红，娄星明主编．—北京：中国轻工业出版社，2020.9
高等职业教育公共课系列教材
ISBN 978-7-5184-2595-2

Ⅰ．①高… Ⅱ．①李… ②彭… ③娄… Ⅲ．①心理健康—健康教育—高等职业教育—教材 Ⅳ．①G444

中国版本图书馆 CIP 数据核字（2019）第 162092 号

责任编辑：张文佳　　责任终审：李克力　　封面设计：锋尚设计
版式设计：砚祥志远　　责任校对：吴大鹏　　责任监印：张　可

出版发行：中国轻工业出版社（北京东长安街 6 号，邮编：100740）
印　　刷：三河市国英印务有限公司
经　　销：各地新华书店
版　　次：2020 年 9 月第 1 版第 2 次印刷
开　　本：787×1092　1/16　印张：16
字　　数：370 千字
书　　号：ISBN 978-7-5184-2595-2　定价：38.00 元
邮购电话：010-65241695
发行电话：010-85119835　传真：85113293
网　　址：http：//www.chlip.com.cn
Email：club@chlip.com.cn
如发现图书残缺请与我社邮购联系调换
201080J2C102ZBW

前　言

面对高职学生心理健康问题日益严峻的形势，如何提高心理健康教育工作的实效，是摆在我们每个心理教育工作者面前的重要课题。教材是提高心理健康教育工作实效的重要保障，也是改革教育方法的突破口。我们在吸收同行科研成果的基础上，尤其是积极心理学与团体心理辅导理论的成果，结合自己的心理健康教育工作经验，编写了这本活动课教材。

本书针对高职人才培养目标与高职学生心理发展需求，设计课程内容体系。每节教育主题的教学，针对高职学生认知特点，按照知识的认识规律，通过情境设置，知识探讨，心理活动，心理训练，心理测试等，充分激发师生互动，使学生在体验、感悟、内省、习得中，形成正确心理观念，产生积极情感体验，形成良好行为品质。本教材分为 16 单元，32 课。每课包括“心灵故事”“心海导航”“心随我动”“心灵感悟”“修心践行”五个栏目。这些栏目反映了学生课堂学习中的知识学习环节、活动体验环节和实践应用环节，重点是活动环节。各栏目要旨如下：

（1）心灵故事。通过心理实验故事、典型案例、人生哲理故事等，破题明意，营造心理场，起到导向目标的作用。

（2）心海导航。介绍相关心理理论及心理知识，力求做到“必需、够用、实用”，起到使学生形成初步心理健康观念的作用。

（3）心随我动。通过三至四个步步推进的活动情境，让学生体验与感悟，或得到训练与调适，起到使学生强化情感体验与习得健康行为的作用。

（4）心灵感悟。赏析名言，将该节内容概括为几句名言式句子，在放松状态下闭目吟诵，让观念融入潜意识之中，同时记录高职学生在知识学习、活动体验、实践训练后的内心感悟与收获，起到使学生内化心理健康观念的作用。

（5）修心践行。课后反思、练习、践行，起到使学生强化与巩固健康行为的作用。

本书由长沙职业技术学院心理健康教育研究室组织编写，采用集体讨论、分头执笔、交叉修改的方式进行。总体框架由李吉珊设计，经与全体合作者反复讨论后确定，而后各自承担各章的编写：李吉珊（第一、七、十、十三、十五、十六章），娄星明（第五、六、十一、十二章），彭赛红（第二、三、十四章），谭庆香（第四、八章），陈映红（第九章）。全书由李吉珊、黄锦玲、罗慧玲负责统稿。

感谢在本书中被提名和未被提名的引用文作者，是他们研究成果的注入，使得本书更加充实。由于我们的水平有限，加之时间仓促，错误与不足在所难免，敬请广大读者指正和谅解。

编写组

2019. 6

目　录

第一章　适应高职生活

第一节　打开你我心扉　保持心理健康

心灵故事

把窗户打开

有兄弟二人，由于卧室的窗户整天紧闭着，他们认为室内太阴暗，看不见外面灿烂的阳光，兄弟俩商量："何不将阳光扫一点进来?"于是，俩人不辞劳苦地用扫帚和畚箕到阳台上扫阳光，等他们将畚箕移到房间时，阳光就没有了。这样一直忙碌了很多次，屋内还是一点儿阳光也没有，正在厨房忙碌的妈妈说："你们在忙什么?"孩子回答："房间太阴暗了，我们想扫点阳光进来。"妈妈笑道："只要把窗户打开，阳光自然会进来，何必去扫?"

人也是如此，打开封闭的心，快乐的阳光就能驱散心中的阴影。

心海导航

一、健康新概念

世界卫生组织（WHO）在其《世界卫生组织宣言》中开宗明义：健康不仅是没有疾病和虚弱现象，而且是一种个体在身体上、心理上、社会上完全安好的状态。由此可见，健康应包括生理、心理和社会适应等几个方面。所以，一个健康的人既要有健康的身体，还应有健康的心理和行为。只有当一个人身体、心理和社会适应都处在一种良好状态时，才是真正的健康。根据现代生物—心理—社会医学模式，世界卫生组织确定了个体健康的10项标准。

（1）有足够充沛的精力，能从容不迫地应付日常生活和工作的压力而不感到过分紧张。

（2）处事乐观，态度积极，乐于承担责任，事无巨细，不挑剔。

(3) 善于休息，睡眠良好。
(4) 应变能力强，能适应环境的各种变化。
(5) 能够抵抗一般性感冒和传染病。
(6) 体重适当，身材匀称，站立时头、臂、臀位置协调。
(7) 眼睛明亮，反应敏锐，眼睑不发炎。
(8) 牙齿清洁，无空洞，无痛感，齿龈颜色正常，无出血现象。
(9) 头发有光泽，无头屑。
(10) 肌肉、皮肤富有弹性，走路感觉轻松。

二、心理健康的基本内涵

什么是心理健康？所谓心理健康，是指人对内部环境具有安定感，对外部环境能以社会上的任何形式去适应。也就是说，遇到任何障碍和困难，心理都不会失调，并能以适当的行为予以克服。这种安定、适应的状态就是心理健康的状态，并且这种心理状态相对持续稳定，不管遇到什么样的障碍和困难，心理都不会失调，情绪稳定，行为适度，能够很好地适应自己的工作和周围的环境。

1. 心理不健康与有不健康的心理和行为不能等同

判断一个人的心理健康状况，不能简单地根据一时一事下结论。心理健康是较长一段时间内持续的状态，心理健康者并非毫无瑕疵。一个人偶尔出现一些不健康的心理和行为，并非意味着此人一定心理不健康。有的时候，只要他能适应社会生活，仍应视为心理健康。心理健康的标准是一种理想尺度，心理健康的标准的提出是严格的、理想化的，是高职生应追求的一种目标。在具体衡量高职生心理健康水平时，不能机械化，必须从整体性的角度去看待高职生各种心理现象的状况，侧重点在判断各种心理现象能否和谐发展。

2. 判断一个人心理健康状况应兼顾内外两个方面

这里所说的心理健康是内外兼顾的，有对内与对外的双向性。所谓对外，指个人行为符合规范，人际关系和谐，社会适应良好；所谓对内，指个人基本需要得到满足，心理机能发展正常，心理状态积极、乐观，向上。而“个人基本需要的满足”这一点是我们经常忽略的。事实上，大多数心理障碍与心理疾病都是由于人的基本需要，特别是人的交往需要、尊重需要未得到合理满足（缺少爱、不被认可、师生关系紧张、亲子关系疏离；蒙受羞辱、无能感、无价值感、自尊心受到威胁），从而损害或摧毁了个人的、积极的自我概念而产生的。因此，有人说，所谓“心理问题”实质是需要问题，这话是有道理的。也就是说，在一段相对长的时间内，个人正当需要得不到满足，或用不正当手段来满足需要，或用无效的手段来满足需要，或需要结构本身不合理，都有可能引起心理困扰、心理障碍或心理疾病。这里所说的需要结构不合理的人，既包括其需要结构停滞在低级的、物质层次的那些物欲极度膨胀的人，也包括那些基础需要尚未获得适度满足（而个人对此不予正视），却极力表现出以追求高层次需要为最大满足的姿态，因而内心充满矛盾、生活在虚假的主观世界中的附庸风雅的人。

3. 心理健康应有不同层次

人的心理健康水平可分为不同的等级，是一个从健康到不健康的连续体。可分为三个等级，即一般常态心理，表现为心情经常愉快，适应能力强，善于与别人相处，能较好地完成与同龄人发展水平相适应的活动，具有调节情绪的能力；轻度失调心理，表现为不具有同龄人所应有的愉快，与他人相处略感困难，生活自理能力较差，经主动调节或通过专业人员帮助后可恢复常态；严重病态心理，表现为严重的适应失调，不能维持正常的生活和工作，如不及时治疗可能恶化成为精神病。

健康心理与不健康心理之间难以划分出明确的界限，一些学者（张小乔、岳晓东等，1998）曾提出心理健康“灰色区”概念。具体地说，如果将心理健康比作白色，心理疾病比作黑色，则在白色与黑色之间存在着一个巨大的缓冲区域——灰色区。世间大多数人都散落在这一灰色区域内。还有学者将这一灰色区域——既非疾病又非健康的中间状态称为“亚健康状态”，或者“第三状态”。

4. 心理健康是一种状态更是一个过程

心理健康不是一种静态的平衡，也不是永久性的无压力、无冲突、无痛苦，而是要在平衡—不平衡的交错中，进行有效的自我调整，与现实环境保持动态的协调，进而追求成长与发展。

一个人的心理健康状态是不断变化的，既可以从不健康状态转化为健康状态，也可以从健康状态变为不健康状态。心理健康与否只能反映某人在某一特定时间内的特定状态，我们要用发展与变化的眼光看待高职生的心理健康状况。我们所说的心理健康，不是没有失败、没有失衡、没有冲突、没有挫折与痛苦，而是能有效地调整心理状态恢复到健康水平，不至于影响到正常的工作、学习和生活。

三、高职生心理健康的基本标准

高职生的普遍年龄一般在 18~23 岁，从心理学的观点来看，正处于青年中期。高职生的心理具有青年中期的许多特点，但作为一个特殊群体，高职生又不能完全等同于社会上的青年。判断一个高职生的心理是否健康，一般采用量表测量，但标准不是固定不变的。心理健康标准随着时代变迁、文化背景变化而变化。根据我国高职生的实际情况，评判高职生的心理健康水平应从以下几个标准给予着重考虑。

1. 自我意识明确，有自知之明

著名心理学家罗杰斯提出“理想自我”的概念，即个人所希望的自我形象。他认为这种理想自我如果与真实自我的差距太大，会使人痛苦抑郁；差距缩小，则会使人感到幸福和愉快。

一个心理健康的高职生能够体验到自己存在的价值，既能了解自己，又能接受自己，即有自知之明。对自己不会提出苛刻的、非分的期望与要求，也能切合实际地确定自己的生活目标和理想，因而对自己总是满意的；同时，努力发展自身的潜能，即使对自己无法补救的缺陷，也能安然处之。对自己的能力性格以及优缺点都能作出较客观地评价，不妄自尊大，也不妄自菲薄，能把“理想的我”与“现实的我”有机地统一起来。并且“理想的我”总能在“现实的我”中得到体现，能根据自己的认识和评价来调控自己的行为，使自己与环境保持平衡。

2. 情绪调控适当，乐观进取

能调节与控制情绪，保持良好的、轻松愉快的情绪是身心健康的基本条件。基于此，心理学家把对情绪的调节与控制看作是一种能力，这种能力在20世纪90年代初被描述为“情感智商”（简称情商）。心理学家一致认为，较之智商，情商对于一个人能否取得职业成功或生活成功是更为有效的东西，它较好地反映了个体的社会适应性，反映了由情绪引起激发和促进心智良性发展的可能性。这个观点得到了绝大多数心理学家的支持和赞同，因而也成为衡量一个人自身心理健康的重要标准和尺度。

心理健康的高职生，对客体有正确的认知和合理的态度，绝大多数情况下，都能产生正常适度的情感体验和积极正常的情绪反映，愉快、乐观、开朗、满意等积极情绪状态总是占优势。虽然也会有悲、忧、怒、愁等消极情绪体验，但一般不会维持太久；同时，能适度地表达和控制自己的情绪，喜不狂妄，忧不绝望，胜不骄傲，败不气馁，谦而不卑，自尊自重。在社会交往中，既不妄自尊大，也不退缩畏惧，对于无法得到的东西不过于贪求，争取在社会允许的范围内满足自己的各种需要。对于自己能得到的一切感到满意，情绪相当稳定。如果有过强（小刺激大反应）、过弱（大刺激小反应）或者不适当或歪曲的情感反映，就是心理不健康的表现。若达到一定程度和持续一定时间，就会成为心理疾病的症状，如无名焦虑、情绪与境遇不相称的忽高忽低等。自我感觉是否良好，是判断个体心理健康与否的基本要件之一。

3. 人际关系和谐，乐于交往

心理研究表明，良好的人际关系氛围有助于个人情绪的稳定，能够增强自信心，并促进能力的拓展。因此，高职生必须学会处理人际关系，接受和学习一些人际交往的技巧和方法，善于表达自己，虚心接受对方提出的意见和建议，学会关心、赞美、理解、劝说、妥协、容忍与换位思考，一点一滴地去拓展交际的广度和深度。如此一来，在与人的交往中就能体验到自身的价值与生活的乐趣，人际交往就会变成一件愉悦身心的事情。

心理健康的高职生乐于与人交往，有稳定广泛的人际关系，在交往中不卑不亢，保持独立完整的人格；能客观地评价别人，悦纳别人，取人之长；交往动机端正；对他人尊重、诚挚和热情，富有同情心和友爱心；在群体中，一方面，具有合作与竞争的协调意识，既不强迫别人，又能向他人提出自己的看法。另一方面，具有独立自主的意识和能力，既不随意附和他人，又能适当地听取他人的意见；与异性同学能保持热情而又理智的交往；能与他人相互沟通和交往，人际关系协调和谐；在生活的集体中无孤独感；在与人相处时，积极的态度（如同情、友善、信任、尊敬等）总是多于消极的态度（如猜疑、嫉妒、畏惧、敌视等），在社会生活中有较强的适应能力和较充足的安全感。一个心理不健康的人，总是与集体、与周围的人格格不入。

4. 人格完整，和谐健全

心理健康的高职生，其人格结构包括气质、性格、能力、理想、信念、兴趣和世界观等各方面都会平衡发展，思考问题的方式是适中和合理的，待人接物能采取恰当灵活的态度，对外界的刺激不会有偏颇的情绪和过激的行为反应，能够与社会步调合拍，也能与集体融为一体。其思维模式、行为模式和情感反应等方面表现出积极、协调。凡事能从积极乐观的方面去考虑。具体表现为理智而不冷漠，多情而不滥情，活泼而不轻浮，豪放而不粗鲁，坚定而不固执，勇敢而不鲁莽，稳重而不寡断，谨慎而不胆怯，忠厚而不愚蠢，老练而不世故，自信而不自负，自谦而不自卑，自尊而不自骄，以及自爱而不自恋。

5. 适应社会生活，协调一致

人处于复杂多变的社会中，心理波动，甚至短时期不适和感觉异常是难免的。心理不健康的人遇到这样的情况，往往不知所措，一味希望别人替自己解决问题。心理健康的人则能够控制自己的言行，并进行有效的自我心理调整，与社会保持良好的接触。现实生活复杂多样，既有阳光，又有阴暗。只看到阴暗面，其心理是幼稚的，必然灰暗和痛苦。

心理健康的高职生要面对现实，总能和社会保持良好的接触，能正确地认识环境，处理好个人与环境的关系。他们能能动地适应现实，改造现实，而不是逃避现实；对周围事物和环境能做出客观的认识和评价，并能与现实环境保持良好的接触。既有高于现实的理想，又不会沉湎于不切实际的幻想与奢望。

心随我动

活动一：自爱宣言

自然坐立，双手屈肘放于桌上，小手臂交叉轻抱，眼睛微闭，自然呼吸，放松，深呼吸，放松……

低沉地向自己的内心宣誓：我爱我自己，我理解我自己，我宽恕我自己，我宽恕他人，我的世界一切都好！

活动二：面对面相互介绍

1. 游戏规则：将所有人排成两个同心圆，同心圆随着歌声转动，歌声一停，面对面的两人要相互自我介绍。

2. 注意事项：

（1）排成相对的两个同心圆，边唱边转，内外圈的旋转方向相反。

（2）歌声告一段落时停止转动，面对面的人彼此握手寒暄并相互自我介绍。歌声再起时，游戏继续进行。

活动三：情感表达

1. 案例分析

一对老夫妻，在她们结婚五十年后，准备举行金婚纪念。不料这天吃早饭的时候，老太太想："五十年来，每天我都为丈夫着想，早餐吃面包圈时，我都把最好吃的面包圈的头让给他吃。今天，我该自己享受这个美味了。"于是，她切下了带奶油的面包圈的头给自己，把剩下的部分给丈夫。不料她丈夫很高兴，吻了吻她的手，说："亲爱的，今天，你给了我最大的享受。五十年来，我从没吃过面包圈的底部，那是我最爱吃的，我一直想你也一定喜欢吃那个。"

五十年相敬如宾，都以为把面包圈最好吃的部位让给了对方，结果竟是一场误会，误会了五十年！

问：为何误会了五十年？

2. 学会握手（同性、异性）、拥抱（同性），并表达感受。

3. 相互情感表达（两个人一组）：军训期间你给我留下的美好印象。

心灵感悟

一、心语赏析

- 宠辱不惊，看庭前花开花落；去留无意，望天空云卷云舒。
- 笑容是最美丽的脸型，欢笑是最伟大的布施。
- 去做你害怕的事，害怕自然就会消逝。

二、心语倾诉

1. 放松训练

所谓放松训练是指通过循序交替收缩或放松自己的骨骼肌群，细心体验个人肌肉的松紧程度，最终达到缓解个体紧张和焦虑状态的一种自我训练方法。放松训练的步骤一共分为八个阶段：①准备动作，自然坐在靠背椅上，两手放在大腿上；②开始动作，以舒服为准；③调节呼吸，自己对自己说，我现在非常安静，非常放松；④做一次深呼吸，气沉丹田，进入到松感阶段；⑤热感阶段，全身都很放松，手心暖暖的；⑥静感阶段，感觉前额凉丝丝的，就像一个冰袋放在这个地方一样。如果没有进入热感阶段，就不可能达到这个静感阶段；⑦感觉一种微微的愉快感，外面的一切影响，一切声音，对你都没有影响，只能听到自己心跳的声音和呼吸的声音，感觉到自己微热的、甜甜的愉快感，进入松劲状态；⑧进行活化练习，将全身心动员起来，表明已经休息好了，浑身充满了力量，最后结束训练。

2. 闭目吟诵

- 悦纳自己，适应社会，做一个心理健康的人。
- 学会向别人倾诉，在倾诉中释放自己的压力；学会倾听别人的倾诉，在倾听中告诉别人生活更美好。

修心践行

一、说一说

课余向 5 位陌生同学介绍自己。

二、品一品

给新生的七条建议

祝贺你们！你们已经跨入大学的校门，标志着新生活的开始，也意味着你们已满 18 岁，拥有选举权。

大学不是青少年时代的最后一个阶段，而是步入成人的第一阶段。你们中的许多人是第一次离开父母独立生活。大学不是快乐的夏令营，不一定有丰富的夜生活、便宜的啤酒和免费的保险套，而是你们成长和学习的中心。你们打算如何最有效地度过大学生活呢？

首先，你们得学会自己安排时间。这的确不大容易，你们中的大部分人习惯于一天七节课，外加补习的固定化的时间表。大学里除了不多的正式讲课、研究班课程及指导课外，你们要干什么完全由自己的动机、承诺及良心来决定。所谓的“空余”时间，并不意味着你们可以用父母及纳税人的钱酗酒作乐或赖在床上一觉睡到吃午饭。

中国目前大约有1/3的你们的同龄人能上大学，这意味着2/3的同龄人无法跨进大学的校门。因此，不要浪费你们所拥有的宝贵机会。你们父母每年将付出总计人民币6000元左右的学费，大学的实际费用远远不止这些，每个大学生都在享受纳税人的资助。因此，你们有责任有效地利用时间。

优先考虑大学图书馆。浏览再浏览，别气馁。当然要使用指定的书目，但也要准备围绕课题扩大浏览范围。

别忘了期刊部。每年有几千种的杂志、报纸出版，它们是宝贵的信息来源。图书馆还保存有过刊。

投资自己的藏书。购买你经常要用的书。与许多人共用一份复印自图书馆的重要文件，既不方便，也不利于学习和资料保存。如果你拥有这本书，只要你愿意，你可以任意在书上作注释。许多学生诉苦说，他们买不起书。但据一份权威报告统计，学生平均每周花费于饮酒、娱乐及服装的钱，数倍于购书款。

维持你所能达到的工作量。每天花相当的时间学习。然后开始下一个任务，即便该任务事先暂时未布置。请记住实干者总能比拖延者获得更好的成绩。

有效地利用科技。学会用电脑编辑打印论文；运用互联网和光盘上数量巨大的资料。但要注意不要过分依赖技术，将他人的文章不经消化剪贴到自己的文章里，任何要记录下来的东西必须经过大脑的事先过滤。

没有谁身体一直不适却能够有效率地工作。要对自己的饮食负责；保持睡眠充足；饮酒要适度。当然啦，交朋友和参加大学的集体活动也是大学生活的一部分。但也仅仅是部分而已，要注意把握度的问题。

因为诚实地工作，你们的休闲就不会有压力和内疚的感觉，这样的休闲也许更有乐趣。

第二节 主动适应环境 提高适应能力

心灵故事

皮鞋的由来

很久很久以前，人类都还赤着双脚走路。有一位国王到某个偏远的乡间旅行，路面有很多碎石头，刺得他的脚又痛又麻。于是他下了一道命令，要将国内所有的道路都铺上一层牛皮。但即使杀尽国内所有的牛，也筹措不到足够的皮革，因为是国王的命令，大家也只能摇头叹息。

一位聪明的仆人大胆向国王提出建言："国王啊！为什么您要牺牲那么多头牛呢？您何不只用两小片牛皮包住您的脚呢？"国王听了很惊讶，但也当下领悟，立刻收回成命，改为这个建议。据说，这就是皮鞋的由来。

想改变世界，很难；要改变自己，则较为容易。与其改变全世界，不如先改变自己。改变自己的某些观念和作法，以抵御环境的变化。当自己改变后，眼中的世界自然也就跟着改变了。

心若改变，态度就会改变；态度改变，习惯就会改变；习惯改变，人生就会改变。

心海导航

你来到一个新的环境，如果你无法适应新环境，只有两种选择，要么你去改变这个环境，让环境来适应你；要么你只能被这个新环境淘汰。然而，让环境来适应你一个人，是不现实的。既然环境适应不了你，那么只有你去适应环境。"既来之，则安之"，这句千古名言就是在告诉我们，做人要学会适应社会，适应环境，适应他人，要以坦然之心面对周围一切，这是最基本的生存之道。

当高职学生的生活初步安顿下来，开始了正常的学习之后，最初的惊奇与激情逐渐逝去，对缺乏心理准备的高职新生来说，在这个心理转型与重塑的过程中，可能会产生不同程度的适应困难。

一、高职新生的种种不适应

1. 面对新的环境，精神苦闷

（1）想家的心情难以排解。想家是新生最多见的"毛病"，饮食不习惯，生活没人照顾，情感孤独，学业困惑等诸多因素都是想家的诱因，特别是家庭条件较好的学生，思家之情尤甚。"刚上高职时远离了父母，远离了昔日的朋友，我的心底非常迷惘、非常伤感。新同学的陌生更增加了我心底那份化不开的孤独。每天背着书包奔波在校园中，独自品味着生活的白开水。"一位高职新生在接受心理辅导时如是说。

（2）心理落差，定位迷惘。有的学生在中学时代的成绩良好，只是高考失利；有的学生是以相对较好的成绩进入高职，入学之后发现高职学校里不像中学里"以成绩论英雄"，由此产生强烈的失落感。在新环境中，人们都面临重新给自己定位的问题。而感到苦闷的同学，就是因为在新环境中找不到自己的位置。

（3）人际关系四处碰壁。如何和室友保持良好的关系？怎样与来自不同地方的同学融洽相处？与异性交往的尺度如何把握？这些问题在进高职后凸显出来，不少新生都在这方面吃过苦头。如说话不留情面而得罪人，平时太"酷"让人觉得难以接近，事事只为自己着想让人反感等。往往造成人际关系紧张的并不是一些"大是大非"的问题，而是一些"小事""细节"。

（4）怕辜负父母期望，凡事自己硬撑。这类情况多见于来自农村或小城镇的学生。全家人甚至亲友们都把"盼头"放在自己身上，而来到城市后却发现自己微不足道，于是担心自己会辜负父母、亲朋的期望而情绪焦虑，郁郁寡欢。这类学生常常遇到事情也不肯向家里人诉说，“所有问题都自己扛”。

2. 面对新的生活，难题不少

（1）饮食习惯，众口难调。初到陌生地，吃饭就是一个问题。如菜的口味、卫生习惯等各地均不一样。

（2）作息时间存在差异。在宿舍里，大家肯定不是同一个时间起床睡觉，作息肯定各有一套，相互之间可能会造成一些影响，如夜猫子就会打扰睡眠浅的同学，起得过早也会打搅别人的好梦，就连晚上习惯去几趟厕所也成为需要别的室友体谅的事情。

3. 面对新的学习，学业困惑

（1）面对“自由”不知所措。高职的学习方式与中学很不一样。老师不会“跟堂”，没有太多的硬性作业，许多学习都要学生在课余时间自己完成。没有了老师的“指挥棒”，学生面对突然多出来的“自由时间”，常常不知该如何支配。

（2）没有目标，失去动力。上高职以前只想着考大学，来到高职之后就觉得生活没目标，学习没方向。人生由很多阶段组成，不同阶段应树立不同的奋斗目标。新生在进入高职之后，就应该马上思考新的目标是什么。

（3）对专业不满意。对专业不满意也是高职新生最普遍的表现，一是不喜欢所学的专业，二是担心该专业的就业前景不景气，对未来感到迷茫。这类学生对学习缺乏热情，情绪低落、精神苦闷。

可见，高职新生必须重视入学前后的心理调适。能否在入学后做好充分的心理准备，能否在心理转型与重塑的过程中成功进行角色转换，将直接关系到高职期间的学习、生活的质量。

二、高职新生产生心理适应困难的原因

1. 新环境中知音难觅

处于青春期的高职新生有着强烈的自尊、认同和归属的情感需要，非常渴望从同窗中获得感情的共鸣，但往往由于青春期的闭锁心理，当他们与新同学接触时，总习惯拿高中时的好友标准来加以衡量。由于有老朋友的存在，常常会觉得新面孔不太合意。因此，他们宁愿采取被动接受的态度，从而阻碍了相互间的沟通和交流。一项全国性的调查指出，大一的学生75%有时会感到寂寞，40%的人则有较严重的寂寞感。

2. 理想前途的失落

相当多的高职学生都是带着高考失败的阴影，无可奈何来到学校。社会上对高职这种性质的高等教育的价值还未充分认识，某些高中老师也一直给学生强化高职低人一等的观念，“不好好读书，就去高职”。一旦面对只能考取高职的现实，心里无法接受理想自我和现实自我之间的巨大差距，一种失落感便袭上心头，顿感理想抱负的失落和前途命运的迷茫。

3. 强烈的自卑感

由于心理发育得不成熟，许多高职新生容易产生强烈的自卑感。据调查，在不同程度上有自卑感的学生占调查对象人数的61%，主要表现为自己被录取的学校、专业不如别人

而感到自卑；为自己来自农村山区而自卑；为在知识、才艺、人际关系、家庭背景乃至体形容貌等方面不如别人而自卑；由于学习生活环境的变化而自卑。

三、高职新生如何适应新的生活

1. 适应新的校园环境

（1）自然环境。第一次离家远行的入学旅程，是独立处理事情的开始。入校后能否迅速了解和熟悉校园环境，将决定高职新生能否在这个环境中自如地生活、学习。

要尽快熟悉校园的“地形”。有的新生入校后一安排好行李，马上就到校园的各处熟悉情况，例如，了解教室、图书馆、商店、电话亭在什么地方，食堂什么时候开饭，如何购买餐票，甚至学校有几个门等，都在短时间内了解清楚。这样，在办理各种手续、解决各种问题的时候就会比别人更顺利、更节省时间。

要多向高年级的同学请教。直接向高年级的同学请教是熟悉校园环境的最快捷的方法，一般来说，多数高年级的同学都比较愿意将他们的经验传授给新生，以帮助他们尽快适应校园生活，尽量少走弯路。另外，向自己的同乡请教也是不错的选择。

（2）人际环境。高职里面的师生关系将变得非常离散，学生要学会做自己的老师。此外，能否与同学建立良好的人际关系也是关键。

在中学阶段，学习内容、学习时间甚至学习计划等都是由老师安排的，学习效果也主要由老师来进行检查。而在高职里面，班主任或辅导员与学生接触时间大大减少，师生关系将变得非常离散。在学习和生活上，高职老师只把握大的方向，具体的工作大多由学生自己或班干部组织完成，学生就需要学会做自己的老师。在高职新生的人际关系中，问题最多的还是同学之间的关系。由于班级和宿舍里的同学分别来自不同的地域和不同的家庭，他们在思想观念、价值标准、生活方式、生活习惯等方面都存在明显的差异，在遇到实际问题的时候往往容易发生冲突。差异是客观存在的，每个高职新生都必须面对它，接受它。

如果你与别人生活在一起，你就得连同他（她）的生活方式一起接受。如果别人的生活方式有碍于你的生活（如夜里看电视影响你的休息，未经允许随便动你的东西等），你就需要委婉地提出意见，并适当地进行自我调整（如调整作息时间、调整宿舍等）。

要想处理好同学之间的关系，还要做到对人宽，对己严，切忌以自我为中心。在平时的生活中，做到三主动，即主动与同学打招呼，主动和同学讲话，主动帮助别人。在帮助别人的时候，不要过于计较别人能不能、会不会报答你。要学会克服内向性格，热情主动与人处理好关系。

（3）语言环境。新生在高职校园里应尽量用普通话进行交流，帮助自己消除陌生感，这样有利于高职新生角色的转变。

除此之外，掌握一些必要的地方方言也有助于适应环境。比如出门办事或上街买东西都可能与讲方言的当地人打交道，如果会说当地的方言，交流起来更方便，也能避免可能会发生的“欺生”现象。

（4）校园外的社会环境。对于一个高职新生来说，离开家乡到异地求学就意味着踏入一个陌生的社会环境。在这个社会环境中，怎样搭乘公共汽车，怎样向别人问路，怎样上商店买东西，怎样和小商贩讨价还价都要逐步熟悉，否则时时刻刻有一种异乡人的感觉，这种感觉会影响一个人在新环境中的正常生活。

2. 适应新的高职生活

（1）独立生活。刚进入高职的新生，首先应学会打理日常生活。

要学会准时起床、运动，学会自己料理床铺，收拾房间，学会自己洗衣服，学会自己照料自己……在学习的过程中，如果能够和同学进行交流就更好了，因为同学间的互相影响和互相学习能够在一定程度上促进生活自理能力的提高。

独立生活的另外一个重要方面是管理钱财。

高职新生一般都没有太多的“理财”经验。由于家长一般每月或每几个月给一次生活费，高职学生就要自己独立计划如何进行消费。计划不当，甚至没有计划的学生常常在最初的时间里大手大脚，将后面的伙食费提前花掉。赶时髦、讲排场的社会风气对高职新生也有相当的影响，往往娱乐一次的开支就花掉生活费的一大半，加上平时的伙食费，每个月的生活费就所剩无几了。

因此，高职新生要学会“理财”，在生活中，哪些开支是必需的，哪些是可有可无的，哪些是完全不必要的。钱要花在刀刃上，要避免完全不必要的消费，可花可不花的尽量少花。此外，还要根据父母的经济能力和自己“勤工俭学”的能力来进行日常消费。

有了这些基本情况的分析，再制订自己每个月的“消费计划”，使之切实可行。要尽量按照计划执行，列出当月的开支清单，多余的钱可以存入银行，以备急需时使用。

（2）集体生活。宿舍是个小集体，甚至可以说是个小家庭，室友都是兄弟或者姐妹，要学会相互体谅，相互照顾，如果这样做了，生活作息方面即使有再大的差异，也会融化在浓浓的友情之中。

维护共同的生活环境。宿舍是公共生活的场所，每个人都有自己相应的生活空间，同时也必须遵守大家共同维系的生活规则。许多宿舍都有轮流值日制度，这样每个人都能为共同的卫生环境尽义务，诸如打水扫地倒垃圾。这些事情既是为别人做，也是为自己做。

宿舍既是每个人的，也是大家的，两个人开起了卧谈会让大家跟着睡不着；有人将自己的东西占满大家共用的桌子、过道和晾衣绳等。这些行为损害了大家的利益，尽管别人采取克制宽容的态度，但这并不意味着你可以依然自我地做下去，这样的人会成为不受欢迎的人。

为他人着想。在集体宿舍中要有良好的合作意识，别人在整理床铺时，你应该想想这种事情是否需要帮忙；有人生病时，你是否愿意帮他去食堂买饭。相互帮助的确是不可缺少的，因为人总会遇到困难或麻烦，相互关心帮助可以加深友谊。

心怀宽容与谅解。同学一起朝夕相处，尤其是在居住条件并不宽裕的情况下，纠纷和隔阂难免发生。比如，某人在宿舍里招待客人，弄脏了你的床单；某人倒茶时不小心烫伤了你的脚或弄湿了你的书；某人把你从午睡中吵醒等。这时你难免心中不快，甚至发火。其实用恼怒和报复的做法回敬对方，心里并不会感到舒服。只有心平气和，相互谅解与包容，才能圆满解决问题。

（3）养成良好的生活习惯。生活习惯代表着个人的生活方式。良好的生活习惯将终生受益。要合理地安排作息时间，形成良好的作息制度。

高职新生应养成早睡早起的习惯。研究表明，学生的睡眠时间一般每天不得少于 7 个小时。如果条件许可，午饭后可以小睡一会，但最好不要超过 40 分钟。

要进行适当的体育锻炼和文娱活动。“文武之道，一张一弛”。听音乐、跑步、做广播体操、踢足球等都有助于增强体质，提高对疾病的抵抗力，这是一种积极的休息。实践证明：“7+1>8”。在这里，“7+1”表示 7 小时的学习加上 1 小时的体育文娱活动。

要保证合理的营养供应，养成良好的饮食习惯。高职学生“饮食不良”的现象主要表现在两个方面，一是饮食不规律，很多人早晨起床较晚，来不及吃早饭便去上课，有的索性取消了早饭，有的则在课间饿的时候随便吃些零食；二是暴饮暴食，饿一顿饱一顿。营养学家们的研究证明：早餐吃饱、吃好，对维持血糖水平是很必要的；用餐时不能挑食偏食，要加强全面营养，还要多吃水果和蔬菜。

要改正或杜绝吸烟、酗酒、沉溺于电子游戏、沉溺于网络等不良的生活习惯。

3. 适应新的高职学习

（1）克服学习动机不足。相当一部分高职学生身上不同程度地存在学习动力不足的问题。上高职前后的“动机落差”，自我控制能力差，缺乏远大的理想，没有树立正确的人生观，都是导致高职新生学习动机不足的重要原因。

（2）利用好宽松的学习气氛。大学很少有人监督你，很少有人主动指导你；没有人给你制定具体的学习目标，考试一般不公布分数、不排红榜……高职里面的学习气氛外松内紧，表面的宽松并不意味着没有竞争。每个人都在独立地面对学业；每个人都该设定自己的目标；每个人都在和自己的昨天比，和自己的潜能比，也暗暗地与别人比。在这种竞争气氛中，高职新生还要改变一些原有的观念，即在高职里，考试分数并不是衡量人的最重要的指标，人们更看重的是职业能力的培养和素质的全面提高。在这里，竞争是潜在的、全方位的。

（3）改进学习方式。进入高职后，以教师为主导的教学模式变成了以学生为主导的自主学习模式。教师在课堂讲授知识与技能后，学生不仅要消化理解课堂上学习的内容，需要在课余花费大量的时间进行技能练习，还要大量阅读相关方面的书籍和文献资料。可以说，自主学习能力的高低是影响学业成绩的最重要因素。

这种自主学习的能力包括独立确定学习目标，对教师所讲内容提出质疑，查阅有关文献，确定自修内容，进行适当的职业技能训练以达到熟练水平等。

（4）安排你的课余时间。高职校园的课余生活丰富多彩。除了日常的教学活动之外，还有各种各样的讲座、讨论会、学术报告、文娱活动、社团活动、公关活动等。这些活动对于高职新生来说，的确令人眼花缭乱。如何安排课余时间，高职新生常常心中没谱。如果完全按照兴趣去做，则随意性太大，很难有效地利用高校的有利环境和资源。

要善于利用课余时间，参加社团活动，开展一些有益的文娱活动，这样可以增添你的活动情趣，使你的生活充实丰富、生机勃勃。若能够拥有一项或多项自己有兴趣而又擅长的爱好，则有利于建立自信心，增强社会适应能力。

心随我动

活动一：分享经历

请谈一谈你来高职后，出现过哪些不适？你是怎样处理的？请其他同学帮忙出主意。

活动二：实验启示

心理实验故事：喂养一窝小鸡，随着小鸡长大，总有几只长得体硕健壮，强势地站在食盆中央抢食，其他几只体小瘦弱，避在周边吃残羹冷炙。将体硕健壮的几只拿走，过了一段时间，瘦弱的鸡群中又会冒出几只长得迅速的鸡，体硕健壮，且强势站在食盆中央抢食。

启示：你来到高职学院学习，告别了学习成绩比你优秀的同学，你是否获得“冒出”的机会？你打算如何“冒出”？

心灵感悟

一、心语赏析

- 既然不能驾驭外界，我就驾驭自己；如果外界不适应我，那么我就去适应他们。

——蒙田

- 只有服从大自然，才能战胜大自然。——达尔文
- 在罗马就要按照罗马的方式办事。——英国谚语

二、心语倾诉

1. 放松训练（同上一节）
2. 闭目吟诵

- 积极适应比被动接受更好。
- 适应一次，成长一次。

修心践行

一、测一测

心理适应能力测试

1. 若把每次考试的试卷拿到一个安静、无人的房间去做，我的成绩可能好一些。
2. 夜间走路，我能比别人看得更清楚。
3. 每到一个新的地方，我往往会患一些诸如失眠、心烦、吃不好、拉肚子等小毛病。
4. 我在正式考试或测验时所取得的成绩比平时要好得多。
5. 尽管我已把演讲稿记得很牢，可是在讲演的时候却总要出些差错。

6. 如果有必要，我可以通宵达旦地工作和学习。
7. 夏天，我比别人更怕热，冬天比别人更怕冷。
8. 即使在混乱嘈杂的环境里，我仍能集中精力高效率地学习和工作。
9. 体检时，医生都说我心跳过速，其实我的脉搏很正常。
10. 会议上发言时，我比别人更镇定、更自然。
11. 当家人的朋友来时，我常常想方设法躲避他们。
12. 外出时，我很快能适应当地的生活习俗。
13. 遇重大比赛，场面越热烈，我的成绩越差。
14. 讨论问题时，我能流利地表达自己的看法。
15. 很多事情我更愿一个人做而不愿多人合作。
16. 考虑到大家要相安共处，有时我不能坚定自己的立场或意见。
17. 在公众面前或面对生人时，我常有心跳加快的感觉。
18. 我能注意到应该注意到的细节，不管当时的情况多么紧迫。
19. 与别人讨论时，我常觉自己没话说，但事后却能发觉自己有很多理由能反驳对方。
20. 我正式的考试成绩常比平时的要好。

答案与评分

A. 很符合我的情况；B. 比较符合我的情况；C. 不能肯定；D. 不太符合我的情况；E. 根本不符合我的情况。

凡属单号题（如1、3、5、…等），从A到E的选项答案分别记1、2、3、4、5分，即A（1分）、B（2分）、C（3分）、D（4分）、E（5分）。凡属双号题（如2、4、6、…等），从A到E的选项答案分别记5、4、3、2、1分，即A（5分）、B（4分）、C（3分）、D（2分）、E（1分）。

结果与分析：

全部20题得分与心理适应能力的相互关系：

81~100：心理适应能力很强

61~80：心理适应能力较强

41~60：心理适应能力一般

21~40：心理适应能力较差

0~20：心理适应能力很差

二、品一品

适应力故事

一个人只要活着，就会遇到困难，这是生活的方式。而且无论你相信与否，你遇到的大部分困难都会对你有益。

从几内亚到澳大利亚有许多珊瑚礁。有一次，一名游客向导游提了一个有意思的问题："我注意到，潟湖一边的珊瑚礁看起来很苍白，没有生气。而海洋一边的珊瑚礁则艳丽夺目。这是为什么呢?"

导游的答案也很有意思："潟湖一边的珊瑚礁依然在水里，它们不必为了生存而斗争。所以，它们早早地就失去了生命。而海洋一边的珊瑚礁则要不断接受风、海浪、暴风雨等力量的考验。每天，它们都要为了生存而斗争。在挑战和考验中，它们发生了变化，适应了新的环境。它们变得健康而且强壮。接着，它们有了再生的能力。"然后，他又补充了一句："这是每一个生命有机体存活的方式。"

该法则同样适用于人类。挑战和考验让我们生机勃勃！我们成长着，如同被大海撞击的珊瑚礁。身体的需要能够让我们变得强壮；思想和情感的压力能够让我们变得意志坚强、有韧性；精神的考验能够加强个性和忠实度。所以，只要告诉你自己"我又成长了"，你的困难就不再是困难！

第二章　走出自卑困扰

第一节　美好人生　从我开始

心灵故事

看一看镜子中的人

查理的工厂宣告破产了，他丧失了所有的财富，成了一个名副其实的穷光蛋。他无法面对残酷的现实，心里沮丧极了。

有一天，他去见牧师，泪流满面地将自己如何破产等情况给牧师细细说了一遍，诚恳地请求牧师给予指点，帮助他东山再起！

牧师望着他，沉默了一会儿说："我对你的遭遇深表同情，也希望我能对你有所帮助，但事实上，我也没有能力帮助你。"

查理的希望像泡沫一样一下子全部破碎了，他脸色苍白，喃喃自语道："难道我真的没有出路了吗?"

牧师考虑了一下说："虽然我没办法帮助你，但我可以介绍你去见一个人，他可以帮助你东山再起。"

"这个人会是谁呢？他真的有神奇的力量让我重振雄风吗?"查理满腹狐疑。

牧师带着查理来到一面大镜子前，然后用手指着镜子中的查理说："我介绍的就是这个人。在这个世界上，只有这个人能够使你东山再起，你必须首先认识这个人，然后才能下决心如何做。在你对这个人作充分的剖析之前，你不过是一个没有任何价值的废物。"

第二天，查理又来见牧师，但他从头到脚几乎换了一个人，而且已经找到了一份工作，查理感到这就是自己成功的开始。

在美国一间教室的墙上，刻着这样一句话："在这世界上你是独一无二的一个，生下来你是什么这是上帝给你的礼物，你将成为什么这是你给上帝的礼物"。"上帝"给我们的礼物我们无法选择，你给"上帝"的礼物——你将成为什么样的人，全由你自己创作，主动权在你自己。学会认识自我，欣赏自我，你就能走向自信，活出真我的风采。

心海导航

我是谁？我会什么？我想要什么？我喜欢自己吗？我满意自己哪些方面？我为什么要生活？我的人生目标是什么？别人是怎样看待我的？了解自己是人生的第一课。决定一个人层次、境界、地位的高低，全在于大脑中的那个“我”。

一、自我意识概述

1. 什么是自我意识

自我意识（self-consciousness）又简称为自我，是一个人对自己的认识和评价，包括对自己心理倾向、个性心理特征和心理过程的认识与评价。正是由于人具有自我意识，才能对自己的思想和行为进行自我控制和调节，使自己形成完整的个性。

自我意识包括四个层次，即对自己及其状态的认识，对自己肢体活动状态的认识，对自己思维、情感、意志等心理活动的认识，同时自我意识也反映人与周围现实之间的关系。

2. 自我意识的构成

自我意识是一个结构复杂的心理活动系统，由自我认识、自我体验和自我调控构成。

（1）自我认识是自我意识的认知成分，是主观自我对客观自我的认识与评价，是自己对自己身心特征的认识。它包括自我感觉、自我观察、自我概念、自我印象、自我分析和自我评价等。对高职生进行自我认识训练，重点应放在三个方面，第一，能认识到自己的身体特征和生理状况；第二，认识到自己在集体和社会中的地位及作用；第三，认识到内心的心理活动及其特征。大部分高职生对自我的评价偏低，所以，进行自我意识训练时，核心应放在自我评价能力的提高上。

（2）自我体验是自我意识的情感成分，是主体对自身的认识而引发的内心情感体验，是主观的我对客观的我所持有的一种态度。如自爱、自信、自恃、自卑、自尊、自满、内疚、羞耻、责任感与优越感等都是自我体验。对高职生进行自我体验训练，就是要让他们有自尊感、自信感和自豪感，以及不自卑、不自傲、不自满。

（3）自我调控是自我意识的意志成分，是自己对自身行为与思想言语的控制，良好的自我调控力是自我意识成熟的重要标志，包括自制、自立、自主、自我监督和自我教育等。具体表现为两个方面，一是发动作用；二是制止作用，也就是支配某一行为，抑制与该行为无关或有碍于该行为进行的行为。高职生要提高自我监控能力，重点应放在促使一个转变上，即由外控制向内控制转变。要通过自我监督及自我教育，完善其自我修养。

自我认识是自我意识中最为基础的部分，决定着自我体验的主导心境以及自我控制的主要内容；自我体验又强化着自我认识，决定了自我控制的行动力度；自我控制则是完善自我的实际途径，对自我认识、自我体验都有着调节作用。三方面整合一致，便形成了完整的自我意识。

3. 自我意识的特性与功能

（1）自我意识的特性。自我意识具有自主性、组织性及评价性三种特性。

（2）自我意识的功能。自我意识具有动机功能和管理功能。自我意识的形成和成熟使得人由自觉走向自主，由被动走向主动，由感性走向理性。它是人类得以不断自我超越和开拓创新的根本力量之源。

4. 自我意识的五种类型内容

积极型：不断完善现实自我，积极符合理想自我要求，是一种积极的统一。

现实型：不断完善现实自我，降低理想自我要求，是一种现实的统一。

庸碌型：放弃理想自我，迁就现实自我，是一种得过且过的统一。

虚假型：对现实自我高估，以主观臆想去与理想自我达到虚假统一。

消极型：理想自我和现实自我不符合现实发展要求，是一种消极的统一。

二、自我意识相关理论

1. 詹姆斯自我二元性

詹姆斯（William James），美国心理学家，自我概念的创始人。他认为“自我是个体所拥有的身体、特质、能力、抱负、家庭、工作、财产、朋友等的总和”。詹姆斯将自我分为主我（I）与客我（Me）两方面，这就是自我的二元性。将客我具体分为物质自我（materialself）、社会自我（socialself）和精神自我（spiritualself），开启了对自我进行元素分析的道路。

2. 弗洛伊德的“本我”“自我”和“超我”

弗洛伊德，奥地利心理学家，精神分析学派创始人。弗洛伊德认为，人格由本我、自我和超我组成。本我即原我，是指原始的自己，包含生存所需的基本欲望、冲动和生命力。本我是一切心理能量之源，本我按快乐原则行事，它不理会社会道德及外在的行为规范，它唯一的要求是获得快乐，避免痛苦。本我的目标乃是求得个体的舒适、生存及繁殖，它是无意识的，不被个体所觉察；自我，其德文原意即是指“自己”，是自己可意识到的执行思考、感觉、判断或记忆的部分。自我的机能是寻求“本我”冲动得以满足，而同时保护整个机体不受伤害，它遵循的是“现实原则”，为本我服务；超我，是人格结构中代表理想的部分，它是个体在成长过程中通过内化道德规范，内化社会及文化环境的价值观念而形成的，其机能主要是监督、批判及管束自己的行为。超我的特点是追求完美，所以它与本我一样是非现实的。超我大部分也是无意识的，超我要求自我按社会可接受的方式去满足本我，它遵循的是“道德原则”。

这三种作用必然是均衡协调的。本我是生存的必要原动力，超我监督和控制主体按照社会道德标准行事，自我调整冲动欲望，对外适应现实环境，对内调节心理平衡。这三种力量如果不能保持动态平衡，将导致心理失常。

3. 罗杰斯的“现实自我”和“理想自我”

罗杰斯，美国心理学家，人本主义心理学的主要代表人物之一。他认为自我概念是个人现实中与个人自身有关的内容，是个人自我知觉的组织系统和看待自身的方式。罗杰斯提出了“现实自我”和“理想自我”的概念。他强调自我一致性的需要，又强调正面关注自我的需要。

4. 埃里克森的自我发展理论——人生 8 个阶段

埃里克森，美国心理学家，著名的精神分析学家。他根据个体在不同时期的心理社会危机的特点，将个体人格发展过程划分为八个阶段。每个阶段都有其特定的发展任务，每个阶段都存在着特有的心理危机。见表 2-1。

表 2-1　　埃里克森的人格发展和相应的品质

年龄段	社会转变期的心理冲突	相应获得的品质	
		积极的	消极的
婴儿前期（0~1 岁）	信任感——怀疑感	希望、信任	恐惧、不信任
婴儿后期（2~3 岁）	自主感——羞耻感	意志（自制力）	自我怀疑
幼儿期（4~5 岁）	主动感——内疚感	自主和价值感	无价值感
童年期（6~11 岁）	勤奋感——自卑感	能力、勤奋	无能
青少年期（12~18 岁）	自我认同——角色混乱	忠诚、自信	不确定感
成年早期（18~25 岁）	亲密感——孤独感	爱和友谊	泛爱（杂乱）
成年中期（25~50 岁）	繁衍感——停滞感	关心他人和创新	自私自利
成年后期（50 岁以后）	完善感——失望感	智慧、贤明	绝望和无意义感

三、高职生的自我意识特点

大学阶段正是一个人从青春期向成年期转变的重要时期，也是人的自我意识发展和完善的重要时期。

1. 自我认识意识增强

高职生对自我形象的认识与高中时相比发生了很大变化，自我形象逐渐丰富和完善，他们能从更多角度、更多层次对自己进行观察和评价；他们不仅重视自己的外表，更重视自己的意志、智力水平、人际交往能力等。

2. 自我评价趋于成熟

高职生自我评价与他人评价之间有显著的相关性。周围同学、朋友对他们衣着、仪表、风度等的看法，会改变他们对自我的认识；学校老师对其学习能力的评价，会影响他们自我发展的方向；父母的态度也会激起他们强烈的自我意识；另外，大众传媒的作用也不可低估。具有相对稳定的世界观、人生观和价值观的大学生借助一定的社会评价来认识自己，又不完全依赖他人的评价，自我评价比中学阶段更客观、更有效。

3. 自我体验丰富深刻

高职生的自我体验已跨越了中学时期被动、肤浅的层次，他们能够自觉地去感受和体会内心的情感。高职生的自我体验深刻而丰富，有喜欢、满意自己或讨厌、不满意自己的肯定和否定的情绪，有喜悦或忧愁的积极和消极的情绪，也有紧张和轻松、敏感和迟钝的情感体验。在这些丰富多彩的情绪体验中，自我体验的情绪和情感的基调是积极的、健康的。

4. 自我控制能力提高

在高职的学习环境中，大学生需要自己安排自己的学习，照料自己的生活，组织自己的活动，解决自己的问题。同时，由于自我认识、自我体验的发展，进一步促使大学生的自我控制能力达到较高水平。他们强烈期望充分发展其独立性，摆脱依赖性和幼稚性，自我设计、自我完善的愿望强烈，这与我国当代大学生奋发向上、力争高目标的心理品质是密不可分的。

大学生的自我意识在大学阶段快速发展并健全完善的时候，除了具有上面这些积极的特点外，同时也面临一系列的矛盾冲突。

1. 理想我与现实我的冲突

理想自我与现实自我的差距是高职生自我意识最突出、最集中的矛盾表现。富有理想、抱负，文化水平高，但自己又不够自信，很难将理想与现实有机地结合起来，加之自己的现实条件与自己的理想相差甚远，这给高职生带来很大的苦恼和冲突。这种冲突和差距，一方面成为激发高职生积极进取、发奋学习的动力；另一方面，如果理想自我和现实自我很难趋近、协同、统一，则会引起自我的失衡，导致一系列心理问题的发生。

2. 独立意识与依附心理的冲突

上大学后，大学生的独立意识迅速发展。在人与人的关系中，主要表现为不依赖他人而独立行动。他们希望能在经济、生活、学习、思想等方面独立，希望摆脱成人的管束，自主地处理所遇到的一些问题。但是，大多数高职生在心理上、经济上仍然依赖家长等成人，无法真正做到人格上的独立，这种自我的独立与依赖的矛盾，导致大学生依旧无法成为一个独立的人。

总之，高职阶段是理想自我与现实自我矛盾突出的时期，也是使其趋向统一和转化的关键时期。一般来说，大一学生具有一定的依赖性和盲目性。大二、大三的学生理想成分较多，容易想入非非。大一到大三，理想自我与现实自我矛盾的冲突，常常是急剧的，大三以后才显得沉着稳定了。

四、高职生自我意识培养的途径

自我意识的培养，是主体按社会要求自觉地对客体进行自我意识的教育，是自我意识的最高表现，是高职生完善自己个性，实现自我价值的重要途径。

1. 全面认识自我

全面认识自我是形成自我意识的基础，如果一个人能够全面、正确地认识自己，客观、准确地评价自己，就能够量力而行，确立合适的奋斗目标，并为实现这一目标而不懈努力。因此，高职生只有打破自我封闭，拓宽生活范围，增加生活阅历，扩展交往空间，积极参加活动，扩大社会实践，才能找到多种参考系，才能凭借参考系多方面、多角度地认识自我，做到不自卑也不过于自信，不骄傲也不过于谦虚，才能充分发挥自己的聪明才智，实现自己的人生价值。

2. 积极认可自我

高职生如果以积极的态度认可自己，便会形成自尊；如果以消极的态度拒绝自我，便会形成自卑。自卑者往往片面地夸大自身的缺点、短处，甚至否认自我存在的价值，从而极大地阻碍正确自我意识的形成。

（1）积极而准确地评价自我。积极而准确地评价自我是促使高职生产生自尊感，克服自卑感的关键。

（2）正确对待挫折和失败。一个人在成长过程中，难免会有失败，要有勇气面对挫折，认真总结教训，树立不达目的不罢休的信心。人常说：“吃一堑，长一智”“从哪里跌倒，就从哪里爬起来”。因此，大学生应正确地对待学习、生活中的种种困难与挫折，总结教训，吸取经验，提高自己的能力，认可自己的能力，实现自己的理想。

（3）努力完善自我。自我完善是个体在认识自我、认可自我的基础上，自觉规划行为目标，主动调节自身行为，积极改造自己的个性，使个性全面发展，以适应社会要求的过程。

总之，自我意识的发展是一个漫长的过程，大学阶段是自我意识发展的重要阶段。因此，正确认识自我意识发展的特点，引导大学生全面认识自我，积极悦纳自我，努力完善自我具有重要意义。

心随我动

活动一：认识自己的二十问

1. 写出 20 句“我是一个怎样的人”，要求尽量选择一些能反映个人风格的语句，避免出现类似“我是一个男生”“我是一名中国人”等这样的句子。

我是一个__________，因为__________。

2. 归类：将 20 个句子根据内容做以下归类：

（1）身体状况（你的外貌、身高、体型等）。

编号：____________；____________。

（2）心理状况（你常持有的情绪情感，比如开朗、内向、心烦、多愁善感；你的才智状况，比如有能力、灵活、迟钝等）。

编号：____________；____________。

（3）社会状况（与他人的关系，对他人常持有的态度和原则，如乐于助人、爱交朋友、坦诚的、孤独的等）。

编号：____________；____________。

3. 检查你的答案里是不是包括了这些方面？如果没有的话，再补充一些句子，从以上三个方面去认识自己。

活动二：人生透视

活动规则：用 10 分钟时间思考并填写下列表格（表 2-2）。填写完毕，在小组内交流，交流分三轮：第一轮，每个学生轮流介绍过去的生活情况，并说明为什么这样填写；第二轮，轮流介绍现在的生活，并说明理由；第三轮，介绍对未来的展望及理由。同学们可以在分析自己、了解他人的过程中，增强自觉反思，互相提升的能力。

表 2-2　　人生透视

我过去的生活	我现在的生活	10 年后的情形
兴趣：	兴趣：	兴趣：
问题：	问题：	问题：
希望：	希望：	希望：

心灵感悟

一、心语赏析

• 在生活中没有找到位置的人，多半是因为没有找到自己。 ——赖怀敏

• 一个人取得成就的因素不在于智力、学历等，而在于是否具备自信心、进取心、意志力等健康心理品质。 ——特尔曼

• 成功人士始终用最积极的思考积极主动地认识自我，用最乐观的精神和最辉煌的经验支配和控制自己的人生。 ——苏埃尔 · 皮科克

二、心语倾诉

1. 肌肉放松法

先找到一个放松的姿势，深呼吸，尽可能的全身放松。接着拉紧全身肌肉，然后立即解除紧张，交替进行三次。指导要领：先闭目深呼吸全身放松，然后伸出双手，握紧双拳，紧张双臂；皱起前额，咬紧牙关，嘴角尽量向两边咧；拱起背部，紧张背部肌肉；屏住呼吸，紧张腹部肌肉，并绷住双腿。这样全身的肌肉都处于紧张的状态，而后迅速放松。肌肉放松法比较有效，也比较难，只有掌握动作要领，长期坚持才能体会到效果。

2. 闭目吟诵

• 我是最棒的！我健康，我自信，我快乐！

• 天生我才必有用！做最好的自己！

修心践行

一、用一用

保持心理平衡的十种方法

1. 不要对自己过分苛求，将自己的目标和要求定在自己力所能及的范围内。
2. 对他人期望不要过高。
3. 疏导自己愤怒的情绪，盛怒之下的决定往往是错误的。
4. 偶尔也可以屈服、让步，只要大前提不受影响，不要过分拘泥小节，从而增加自己的烦恼。
5. 暂时避开，遇到挫折和烦恼的时候给自己一个缓冲的余地。
6. 找人倾吐烦恼。
7. 为别人做一些事情。
8. 分清事情的主次先后，在一段时间内只做一件事，避免过度焦虑。
9. 对人表示善意。
10. 适当参加娱乐。

二、练一练

参加“我心目中的自己和别人眼中的我”活动，了解自我评价是否与他人一致，更客观地评价自己。

（1）准备：先将下表复印3份。

朴实的	单纯的	成熟的	有才华的
内向的	发脾气的	助人的	温和的
固执的	律己的	随便的	有信用的
冒险的	乐观的	勇敢的	独立的
刻苦的	慷慨的	热情的	腼腆的
顺从的	不服输的	有同情心的	外向的
自私的	快乐的	有进取心的	幽默的
认真的	爱表现的	懒惰的	有毅力的
果断的	谨慎的	可靠的	合群的

（2）然后分4个方面完成下面步骤。

第1步：表格里是一些描述个人特征的形容词，将最符合你的描述涂上绿色，将较符合你的描述涂上黄色，将不符合你的描述涂上红色。

第2步：做完上述练习后，请将同样的表格给你的同学，让他根据对你的印象，分别涂上绿、黄和红色。

第3步：将同样的表格交给你的家长，让他们也按照上述方法涂上色。

第4步：比较你所填的颜色与同学和家长所填颜色的相同数，即可知道你的自我评价是否与别人一致。思考：“为什么别人会这样看我？”

第二节　发现优势　超越自我

心灵故事

老人与青年

一位老人在湖边垂钓，旁边坐着一个愁眉不展的男青年。

老人问：“为何总是这样垂头丧气？”

“哎，我是个穷光蛋，一无所有，哪里开心得起来？”青年人非常郁闷地答道。

“那这样吧，我出20万元买走你的自信心。”老人想了想说道。

“没有那点自信心我就什么也做不了了，不卖！”青年头摇得像拨浪鼓。

“再出20万元买你的智慧，你可愿意？”老人继续出价。

“一个空空的头脑什么也做不了。”男青年想都没想一口拒绝。

“我再出30万元买走你的外貌。”老人望着青年人的面容说道。

“没有了外貌活着还有什么意思，不卖。”青年人答道。

“这样吧，最后再出30万元买你的勇气，如何?”老人笑嘻嘻地询问道。

“我可不想成为一个一蹶不振的人。”青年人愤愤地转身离去。

老人忙挽留，缓缓说道：“慢，你看，我分别用20万元买你的自信心，20万元买你的智慧，30万元买你的外貌，30万元买你的勇气，这些一共是100万元，你都没有同意卖，年轻人，你拥有这100万元，你还能说你是穷光蛋吗?”

男青年恍然大悟，他明白了，自己并不是一无所有，只是没看到自己的优势，成天就知道埋怨命运，以致懈于奋斗，错失了很多成功的好时机。

心海导航

一、优势相关理论

1. 人类个人优势标准

21世纪开始，以塞林格曼（Martin E. P. Seligman）等人为代表的美国心理学家，首次将人的乐观、幸福感、利他和智慧等积极品质作为实证研究的课题，从而形成了积极心理学。个人优势（character strengths）又译为人格力量、性格优势，以人类的人格力量为核心，界定了人格力量与美德的概念，制定了人类美德与人格力量的分类标准，积极心理学将人类个人优势归结为以下6类24小类（表2-3）。

表2-3　人类个人优势表

类别	具体内容				
智慧	①创造性	②好奇心	③批判性思维	④好学	⑤洞察力
勇气	①勇敢	②毅力	③诚实	④热情	
仁爱	①爱与被爱的能力	②善良	③社交智慧		
公正	①忠诚	②公平	③领导力		
节制	①宽恕	②谦虚	③谨慎	④自制	
卓越	①对美的欣赏	②感恩	③乐观	④幽默	⑤灵性

高职生可以根据自身情况，在学习、生活与实践工作中不断从以上方面去增加自己的美德与优势。

2. 班杜的自我效能感

阿尔伯特·班杜是最早提出自我效能感的人。自我效能感是指个体在执行某一行为操作之前，对自己能够在什么水平上完成该行为活动所具有的信念、判断或主体自我把握与感受。自我效能感的功能包括决定人们对活动的选择及对该活动的坚持性；影响人们在困难面前的态度；影响新行为的获得和习得行为的表现，以及影响活动时的情绪。效能预期越强烈，所采取的行为就越积极，努力程度也就越大越持久，同时情绪也就更加积极。

此外，高职大学生可以通过以下方法不断增强自我效能感，提供积累成功经验的机会；树立与个体有相似性的榜样；充分运用语言的暗示和劝说功能，以及唤起积极的情绪等。

3. 加德纳的多元智力理论

传统的智力理论认为人类的认知是一元的、个体的，智能是单一的、可量化的。而美国教育家、心理学家霍华德·加德纳在1983年出版的《智力的结构》一书中提出，“智力是在某种社会或文化环境的价值标准下，个体用以解决自己遇到的真正的难题或生产及创造出有效产品所需要的能力”。他认为，人类至少有八项智能，即语言智能、数理逻辑智能、音乐智能、视觉—空间智能、身体—运动智能、人际交往智能、自我认知智能和自然观察智能。

加德纳的研究表明，多元智能具有组合性。“智能总是以组合的方式运作，任何有经验的成年人在解决问题时，都会运用多种智能的组合。”对高职生来说，要尽可能全面发展自己的智能，一个人不可能仅运用优势智能去解决所有问题，弱势智能的发展可以成为重要的补充。

多元智能具有独特性。每一个人在智能上的表现是不同的，每一项智能都有不同的表现方法。由于大脑的可塑性，每种智能都能够得到强化。如果给予适当地鼓励、激发，并提供丰富的环境与指导，每个人都有可能将任何一种智能发展到令人满意的水平。作为高职生，发现自己的多元智能特点——每个学生都能学好，每个人都是独一无二的，都能以自己的独特方式为人类做出有价值的贡献。

多元智能具有差异性。多元智能的发展是不均衡的，不仅各项智能之间表现出差异性，人与人之间的智能组合也表现出差异性。对于每个人来说不存在谁聪明的问题，只存在不同的个体各自在哪个方面聪明以及如何聪明的问题。研究表明，在完成多种不同任务的过程中，绝大多数学生都首先表现出自己的智能强项，同时也暴露出自己的弱项。部分高职生也许在逻辑—数学智能或语言智能方面比不上本科院校的学生，但这并不能阻碍我们身体—运动智能的发展，我们可以运用自己的双手灵巧地生产或改造事务，成为拥有一技之长的人。同时，我们可以在人际交往智能、自我认知智能等方面得到提升，让多种智能与技艺巧妙结合，说不定能让我们在担任社会某一角色上会很出色。

二、高职学生常见的自我意识偏差

1. 自我意识的偏差——自我中心和从众

（1）自我中心。适度的自我关注、自我分析有助于正确、客观地认识自己。虽然人人都有利己的心理倾向，但是人人都厌恶做事只顾自己的人。有的高职学生对自己过于关注，一切以自我为中心，不从他人角度考虑他人的感受，无法与同学和睦相处，甚至与同学对立冲突，造成人际关系紧张。一个充满和谐的社会，将使以自我为中心的人感到严重不适。

（2）从众。从众是指在群体舆论的压力下，个人放弃自己的意见而采取与大多数人保持一致的自我保护行为，它是一种普遍的心理现象。既有积极的一面，也有消极的一面。

高职生从众效应在寝室和班级表现尤其明显。新生刚入大学时，开始尝试、探究和适应大学阶段的学习方法、生活方式，与其朝夕相处的寝室成员和班级同学的学习态度和生活方式都成为参照系。一般来说，到大二时，寝室成员之间、班级同学之间在学习态度和方法、作息习惯、业余爱好等方面会出现共同的趋向，形成一种指向的力量。从众心理人人都有，但如果过强，就会使自我意识弱化，独立性较差，缺乏主见。

2. 消极的自我体验——自卑和自负

（1）自卑。自卑是个体由于自我认识偏差等原因形成的自我轻视和自我否定的情绪体验。其表现为对自己认识不足，对自己的品质和能力评价过低，看不到自己的优点，过于夸大自己的缺点，总认为自己不如别人，从而轻视自己、否定自己。由于怕别人鄙视自己，显得郁闷、沮丧、失落，缺乏朝气，甚至悲观厌世。这种体验在性格内向的学生身上表现尤其明显。高职生产生自卑的原因很多，有身体外貌、家庭经济条件、技术能力和挫折经历等。表面上看，客观原因造成了自卑。但实际上，自卑源于不合理的认识，缺乏对自己正确的认识和评价。高职生要将自身不足或遭遇的挫折转化为催促自己积极上进的动力。

（2）自负。自负是个体自以为是、自命不凡的一种情绪体验。适度的自尊和自信是高职学生健康成长的重要心理品质，过分的自尊导致虚伪做作，过分的自信将变成自负。自负的同学过高评价自己，听不进他人的建议或忠告，希望方方面面超过别人，处处显示自己的优越感，处理不好人际关系。在遭遇挫折之后，又不善于自我反省，总是归因客观，抱怨他人，甚至愤世嫉俗，觉得怀才不遇。因此，自负的学生容易失败，也容易受伤害，适应社会的能力很差。

3. 消极的自我控制——逆反和放纵

（1）逆反。逆反是指个体在生理基本成熟，心理迅速走向成熟而又没达到真正成熟的时候，渴望在思想、行动和经济上尽快独立，而表现出较强独立意识的心理态势。逆反心理是个体试图确立自我形象、寻求自我肯定、强调个人意志的愿望，也是个体心理发展的自然要求。在青春期，这种心理表现尤为突出。高职生正处在这个时期，主要表现在以下方面，如对师长的教诲或周围的正常人事持消极、冷漠、反感和抗拒的态度，甚至是为了反抗而反抗；越是被禁止的或自己感兴趣而不允许做的事情越要做，常常以对着干来显示自己与众不同；对正面教育和宣传持怀疑、不认同的抵制态度；对社会、人生和个人前途玩世不恭等。

（2）放纵。放纵是指个体不能约束自己的行为，不能克制自己的情绪的不良心态。处于青春期的高职生最大特点是感情用事，容易冲动，对待问题容易偏激和情绪化，往往是情感占了理智的上风，自我调节能力较低。如有些学生，虽然也有理想，但没有具体的奋斗目标；遭遇困难和挫折时，就缩头缩尾；学习缺乏决心和恒心，喜欢的课高兴就去，不喜欢的课不高兴就不去；整天无所事事，沉迷于游戏玩乐之中。

三、高职学生自我意识偏差的成因

高职学生的自我意识正处在高速发展、走向成熟的关键时期，自我意识出现局部的偏差也是非常普遍的现象。自我意识的偏差是怎么形成的呢？

1. 社会人事制度的歧视和偏见

随着改革力度不断加大，转型期社会为个人实现自我提供了积极宽松的施展才华的广阔天地，同时也使自我面临更多的压力和威胁，尤其是对高职学生。当前职业教育占高等教育的半壁江山，虽然国家非常重视高等职业教育的发展，但鄙薄职业教育的现象依然很严重。高等职业教育在一些人的头脑中属于另类教育，高职毕业生没有得到社会的普遍认可，一些用人单位盲目追求高学历，“硕博士多多益善，本科生等等再看，专科生靠一边站”，甚至出现土政策，人为限制高职毕业生进入。这给高职学生带来更大的思想包袱和精神压力，带来更大的挑战和适应的困难，就容易导致高职生心理失衡和自我失落。

2. 贫困的家庭和较差的个人基础

高职院校的学生大多来自农村，家庭经济条件差。调查表明，贫困家庭学生占学生总数的20%~30%，其中5%~7%是特困生。很多人认为读高职院校是没有办法的办法。在此之前，他们中很多人没有养成好的学习习惯，成绩也较差，学习欲望不强。进入高职院校后，有的学生得过且过，沉湎于网络游戏，厌学情绪疯长；有的学生在与人相处时，敏感而自卑，常常采取逃避、自闭的做法应对同学交往；有的甚至发展成抑郁症而不得不休学或退学。

3. 高职院校办学条件和理念的滞后

高职院校一般都是一所中专学校或几所中等专业学校合并升格而成，起点比较低，条件有限，大学气氛不浓厚，与学生心目中的大学形象不吻合，难以产生认同感。另一方面，新成立的高职院校历史较短，从中专到大学还需要一定的磨合期，因而在学院文化氛围和办学理念上存在很多缺陷。

4. 学生个人心理和人格的弱点

高职学生的心理发展水平还不完全成熟，势必难以克服其心理和人格的弱点。另外，高职学生的个人自我价值取向、理想自我与现实自我的差距、主体我与客体我的矛盾以及对成败的认识、体验水平和归因方式等，都会影响其自我意识的发展。总之，影响高职学生的自我意识偏差的因素是多层次、多角度、多时空的。

四、高职学生自我意识的完善

1. 适时正确认识自我，评价自我

认识自我就是要全面了解自己，包括自己的身体、相貌等生理特点，也包括自己的气质、性格、能力、兴趣、爱好、意志和品质等心理方面的特质，还包括自己在群体中的位置、在周围人际交往环境中的形象，以及自己的职业理想等。一般来讲，自我意识的形成和发展是通过认识他人、通过分析自己的活动结果和通过自我观察三条途径来实现的。

2. 发展健康自我体验，悦纳自我

高职学生悦纳自我的前提是接受自我。所谓接受自我就是要面对现实，接受现实自我，包括自己的相貌、身高、家庭背景和就读的高职院校等。悦纳自我就是在接受自我的基础上喜欢自己，相信天生我才必有用。学会悦纳自我可以从以下几方面着手：

（1）合理运用社会比较策略。从发展个人积极健康的自我体验角度出发，比较时要注意三点，一是不要单纯比较行为的结果，应将行为的前提条件和行为结果一并比较，找出原因；二是不要拿不可变因素相比，要比较可变的因素，并且用比较的结果激励自己，促进自我发展；三是不要与自己相差太远的人比较，找和自己条件相当的人比较，以免产生盲目自信或不必要的自卑。

（2）创造机会获得成功体验。心理学研究表明，自信源于一点一滴的成功体验。俗话说得好，自信出水平。成功的体验可以消除自卑，树立自尊，可以使人奋发向上。成功的喜悦将成为个人强大的内在动力，推动个人去争取更大的成功。大学校园生活丰富多彩，高职学生在参加活动前，要注意有所选择，不要盲目参加，以避免给自己带来不必要的失败体验、烦恼和痛苦，要有意识地选择适合自己、有兴趣、有专长的项目，扬长避短，以自己的优势来证明自己的能力，享受成功体验。

（3）及时调整自己的期望值。自我期望是指个人在进行某项实际工作之前估计自己所能达到的成绩目标，通俗的说法叫"抱负"。自我期望值是自我成功感和自我失败感的个人标准。自我期望值与实际成就之间的差距导致产生成功与失败两种情绪体验。自我期望值小于实际成就能体验成功的喜悦，自我期望值大于实际成就将体验失败的痛苦。因此，高职学生既不要过分追求完美，也不要期望太低，只要学会调整控制自己的期望值，建立适中的理想目标，包括长期目标和短期目标，把自我期望和自己的实际情况紧密结合起来，才能符合现状、适应社会和发展自己，最终实现自己的理想。

（4）积极理智乐观地对待自己。理智、冷静地对待自我，要求高职学生用全面、发展的眼光来分析自我，平静而又理智地看待自己的长处和短处，辩证地看待生活中的矛盾，冷静地对待自己的得与失。另外，在消极不利的情况下，不妨进行积极的自我暗示。比方自己默默说："不要紧，事情不会那怎么糟的""这点挫折，自己能够承受"。往往这种积极的自我暗示能起到平静心情、遏制愤怒的强度的作用。

3. 增强自我控制能力，完善自我

（1）建立科学、正确的理想自我观。在设计理想自我的时候，高职学生要面对现实，以现实为基础，不要把目标定得太高，最多是"跳起来摘果子"。还要把长远目标分成一个个短期目标和子目标，每一个子目标的设立也要合理，经过努力可以达到，从而增强自信心。

（2）参加实践活动锻炼自我、展示自我。在社会实践活动中，个人通过自我判断、自我选择、自我提升获得对人生和世界的正确看法。同时，自我评价、自我激励和自我教育也需要一个实践过程。因此，高职学生要多参加社会实践活动，通过参加勤工助学、志愿服务、社会调查、参观考察和教学实习等各种形式的社会实践活动，逐步提高自我认识能力和自我教育能力。对高职学生来说，在社会实践中吃苦锻炼和磨炼意志品质尤其重要。

自我展示是指个人善于与他人交流，并同他人一道投入集体活动中去，在活动中展示自己的才华，并得到集体认同的过程。高职学生只有在社会实践活动中，脚踏实地，从点滴做起，培养顽强的意志和坚强的品格，发挥自己的聪明才智，展示自己，才能实现自己的远大理想，为社会做出自己的贡献。

（3）不断完善自我、追求超越自我。高职学生成为自己的过程是自我不断更新，走向完善自我统一的过程，也是从个体"小我"不断走向社会"大我"的过程，是既注重自我又不固守自我，要根据社会要求不断改造自我。既注重自我价值的实现，又要鼓励和帮助他人实现自我价值，还要与众人共同实现社会价值。

只有坚持正确的方向，本着科学的态度，积极投身于社会实践，在实践中学会学习、创造和反思，才能辩证地看待社会，分析自我，把握自我，全面认识自我，不断超越自我，逐步走向成熟和完善。

心随我动

活动一：忘掉你的龅牙

有位女孩有一副美丽动听的歌喉，却长着一口龅牙。有一次，她去参加歌唱比赛。上了台，她只顾掩饰难看的牙齿，让观众和评委感到好笑。她失败了。但有位评委却认为她的音乐潜质极佳，便到后台找到她，很认真地告诉她："你一定会成功的，但必须忘记你的牙齿。"

在伯乐的帮助下，女孩慢慢走出了龅牙的阴影。后来，在一次全国性大赛中，她以极具个性化的表演和歌唱倾倒了观众和评委，从众多选手中脱颖而出。她就是美国著名的歌唱家卡丝·黛莉。她的龅牙如同她的名字一样有名，歌迷们还称她的龅牙很漂亮。

有同样一个问题：假如给你一枚硬币，你如何用它来遮住世界？答案很简单，把硬币放到眼前。很多时候，正是被一枚硬币遮住了我们的整个视线！

有句老话说，上帝关了一扇门，又会打开一扇窗。问题是，我们先得忘掉自己的"龅牙"。

1. 讨论：平时我们因哪方面不满意而苦恼？
2. 你觉得它真的很重要吗？

活动二：撕掉消极标签

1. 自我意象的形成

用一块透明挡板将一个大水箱隔开，两边分别放入一条饥饿的鳄鱼和一群鲜活的小鱼。鳄鱼立即向小鱼猛冲过去，结果未能如愿。它不甘心，重新发动攻击，仍然撞在挡板上，反复攻击后，鳄鱼撞得头破血流，彻底绝望，于是不再白费力气，躺在水中一动不动。

这时，心理学家将挡板撤掉，小鱼在鳄鱼眼前游来游去，可鳄鱼麻木迟钝到极点，对此无动于衷，最后被活活饿死。

这个试验验证了20世纪心理学重要的发现之一——自我意象。人们通过不断的心理暗示和潜意识作用，在自我认识过程中给自己贴上类似"成功"或"失败"的标签。

2. 和普通高校大学生相比，高职生往往把自己当成高考"失利者"，这种长期的"失利"感，让高职生产生了持续挫败感和焦虑感，进而会影响其心理健康。

写下长期以来贴在自己身上的消极标签，并用相反的词来替代。

活动三：制作优势卡片

1. 每个同学找自己的优点，不少于6条，并写在优势卡片上。

2. 优点“轰炸”游戏。

(1) 以寝室为单位分组进行活动。

(2) 先“轰炸”一号同学，并给他戴上“高帽子”，全寝室同学按次序逐个向他“轰炸”，把你看到的、知道的他的优点都说出来。

(3) 依次逐个“轰炸”，被“轰炸”的同学要先戴上“高帽子”。

(4) 轰炸时，小组成员发言要有秩序，态度要真诚，不能毫无根据地吹捧，不发言的成员要认真听别人的发言。在别人讲述你的优点时，只要听，不必表示感谢，也不可因为别人叙述不够准确而做出不应有的行为。

(5) 被“轰炸”者要记下同学们帮你找到了几条优点。

(6) 全班交流：请每寝室派一名代表来交流：你对同学的“轰炸”满意吗？有什么感想？

3. 按照下面格式整理自己的优势卡片。

我认为我自己最大的优势	大家认为我还有的优势

心灵感悟

一、心语赏析

- 自信是成功的第一秘诀。 ——爱默生
- 恢弘志士之气，不宜妄自菲薄。 ——诸葛亮
- 我们对自己抱有的信心，将使别人对我们萌生信心的绿芽。 ——拉劳士福古

二、心语倾诉

1. 自我意象训练

所谓自我意象，就是自己在自己心中的认识、分析、定位——你自己心中是个什么样子！它代表着你对自己的评价、对自己的要求以及自我价值的认定。我们的自我感觉良好，潜力就发挥得充分；我们的自我感觉恶劣，潜力即潜能就受到抑制。

先通过深呼吸放松，闭上眼睛，在老师的语言暗示中，想象自己十年之后的衣着形象、职业工作场景、家庭氛围等，想象越细越好。之后，把这些场景生动形象地描述在日记本上。

2. 闭目吟诵

- 相信自己行，我才能行；别人说我行，努力才能行！
- 发掘自我，变得坚强，你会发现，英雄就在你心中！

修心践行

一、练一练

将优势卡片整理后，每天早上朗读一两遍，看谁坚持得好。一周后体会心中的变化。

二、用一用

增强自信心的十条原则

1. 每天照三遍镜子。清晨走出宿舍之前，对着镜子修饰仪表，整理着装，务必使自己的外表处于最佳状态。午饭后，再照一遍镜子，修饰一下自己，保持整洁。晚上就寝前洗脸时再照照镜子。消除对自己仪表的不必要担心，更有利于你将精力集中到学习、工作上。

2. 不要总想着自己的身体缺陷。每个人都有自己的身体缺陷，完美无缺的人是不存在的，对自己的缺陷不要念念不忘。其实，人们往往没有那么在意你的缺陷。

3. 你感觉明显的事情，其他人不一定注意到。当你在众人面前讲话感到面红耳赤时，你的听众可能只是看到你两腮红润，令人愉快而已。事实上你的窘态并没有那么容易被人发现。

4. 不要过多地指责别人。如果你常在心里指责别人，这种毛病就可能成为习惯。应该逐渐克服这种缺点，总爱批评别人的人是缺乏自信的表现。

5. 多数人喜欢的是听众。因此，当别人讲话的时候，你不要急于机智幽默地插话来博得别人对你的好感。只要认真地倾听别人的讲话，他们一定会喜欢你。

6. 为人坦诚，不要不懂装懂。对不懂的东西坦白地承认，这不仅不会损害你的形象，还会给人以诚实可信的感觉；对别人的魅力和取得的成就要勇于承认，并致以钦佩和赞赏。

7. 在自己的身边找一个患难相助、荣辱与共的朋友。这样，你会感到不孤独。

8. 不要试图用酒来壮胆提神。只要你潇洒大方，滴酒不沾也会受到大家的欢迎。

9. 拘谨可能使某些人对你含有敌意。如果某人不爱理你，不要总觉得是自己的错。对有敌意的人，不讲话虽不是最好的方法，但却是唯一的方法。

10. 一定要避免让自己处于一种不利的环境中。因为当你处于不利的情况时，人们虽然会对你表示同情，但同时他们也会感到比你的地位优越而在心里轻视你。

第三章　规划职业生涯

第一节　职业目标　奋斗的方向

心灵故事

目标调查

哈佛大学曾经做过一个目标对人生影响的跟踪调查。该项调查的对象是一群智力、学历、环境等条件都差不多的年轻人，调查结果发现，27%的人，没有目标；60%的人，目标模糊；10%的人，有比较清晰的短期目标，3%的人，有十分清晰的长期目标。

经过25年的跟踪调查发现，他们的生活状况十分有意思。

那3%的人，25年来几乎都不曾更改过自己的人生目标，并不懈地努力。25年后，他们几乎都成了社会各界顶尖成功人士，他们中不乏白手创业者、行业领袖、社会精英。

那10%的人，大都生活在社会的中上层。他们的共同特点是，短期目标不断被达到，生活质量稳步上升。他们成为各行各业不可缺少的专业人士，如医生、律师、工程师、高级主管等。

那60%的人，几乎都生活在社会的中下层面。他们能安稳地生活与工作，但都没有什么特别的成绩。

剩下的27%的人，他们几乎都生活在社会的最底层，他们的生活都过得很不如意，常常失业，靠社会救济，并且常常在抱怨他人，抱怨社会。

可见目标对人生有巨大的导向性作用。成功在一开始不仅仅是一个选择，你选择什么样的目标，就会有什么样的成就，就会有什么样的人生。被调查者之间的根本差别就在于25年前是否确定了人生目标。

心海导航

职业是自我的延伸，是个人发挥才能、实现人生价值的主要手段。职业成功是人生成功的重要标志，职业发展的好坏关系到每一个高职生能否实现其人生价值。大学阶段是学习的高级阶段，同时也是职业的准备阶段。

一、职业生涯规划的基本概念

1. 职业

职业："职"，即职责、天职，代表权利与义务；"业"，即事业、行业。对于职业的含义，比较公认的是指参与社会分工，利用专门的知识和技能为社会创造物质财富和精神财富，获得合理报酬，将其作为物质生活来源并满足精神需求的活动。

2. 生涯与职业生涯

美国职业指导专家舒伯（Donald E. Super）1953 年在《美国心理学家》杂志发表文章，提出"生涯"的概念。之后，他对工作（job）、职业（occupation）和生涯（career）的概念进行了区分，舒伯认为工作是在某一行业中的具体职位，是有目的、有结果、需要投入时间和精力并持续长时间的活动；职业是介于"工作"和"生涯"之间的概念，指一系列的工作；而生涯是个人一生中所经历的一系列职业与角色的总称，即个人终身发展的历程。

归纳起来，生涯是指与个人终身所从事工作或职业等有关活动的过程，即人生的发展道路。也可以指人或事物所经历的途径，或指个人一生的发展过程，也指个人一生中所扮演的系列角色与职位。

3. 职业生涯规划

职业生涯规划，是指组织或者个人把个人发展与组织发展相结合，在对一个人职业生涯的主客观条件进行测定、分析、总结研究的基础上，确定其最佳的职业奋斗目标，并为实现这一目标做出行之有效的安排。

从舒伯关于工作、职业、生涯的概念中可以看出，"生涯"不等于"工作"，"职业生涯规划"不等于"找工作"，职业生涯规划是指以生涯发展为着眼点，学习在面对各种抉择情境时界定问题、设立目标、收集并运用资料，通过恰当的规划实现个体的全面最优发展。职业生涯规划也不是社会或学校强加在个人身上的实施方案，而是当事人在内心动力的驱使下，结合社会职业的要求和社会发展的利益，根据现实条件和机会所制定的个人化的实施方案。

4. 几种重要的职业生涯规划的理论

（1）舒伯的生涯发展理论。美国职业指导专家舒伯根据年龄将生涯划分成 5 个阶段（表 3–1）：

表 3–1　舒伯职业生涯发展的阶段及其特征

阶段划分	年龄	特征
成长阶段	出生至 14 岁	形成自我概念，能力、态度、兴趣、需要的形成和发展，并对工作开始形成大致的理解
探索阶段	15~24 岁	开始在课堂、工作实践中尝试，并有意地收集相关的信息，尝试性地开始选择，发展相关的技能

续表

阶段划分	年龄	特征
建立阶段	25~44 岁	开始通过工作实践接触和获得各种技能
维持阶段	45 岁至退休	尽量维持已经获得的职业地位
衰退阶段	退休以后	产出开始减少

舒伯的理论将自我概念与职业联系起来，探讨在未来的职业世界中自己扮演的角色。在实际的职业选择中，个人所选择的职业应该是与自我概念不矛盾的职业，而且可以展现自己能力的职业。同时，对职业的满意感和对生活的满意感，取决于个人在其工作中所从事职业与自己的能力、兴趣、价值观、人格特质等因素的符合程度；个人从工作中所获得的满意度，取决于是否能满足自我概念的程度；职业虽然对个人提出了心理学特征的要求，但允许有某种程度的宽容度。就个人而言，也允许有自己职业的多样性。所以，职业成为人格成长的焦点，即人们是在职业中成长与发展的。

从舒伯的理论来看，高职生正处于职业的探索阶段，开始在课堂、工作实践中尝试，并有意地收集相关信息，尝试性地开始选择职业，发展相关的技能。

舒伯设计的生涯彩虹图形象地展现了生涯发展的时空关系，更好地诠释了生涯的定义。

20 世纪 80 年代，为了综合阐述生涯发展阶段与角色彼此间的相互影响，舒伯创造性地描绘出一个多重角色生涯发展的综合图形——“生涯彩虹图”（图 3-1）。

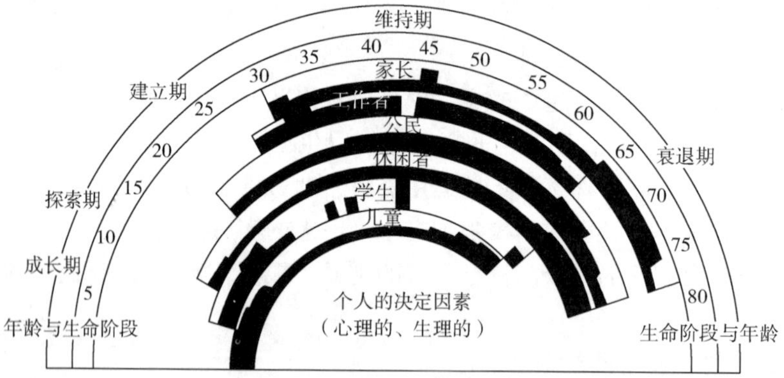

图 3-1　舒伯的职业生涯彩虹图（1980）

在生涯彩虹图中，最外的层面代表横跨一生的“生活广度”，又称为“大周期”，包括成长期、探索期、建立期、维持期和衰退期。里面的各层面代表纵观上下的“生活空间”，由一组角色和职位组成，包括儿童、学生、休闲者、公民、工作者、家长等主要角色。各种角色之间是相互作用的，一个角色的成功，特别是早期角色的成功，将会为其他角色提供良好的基础；反之，某一个角色的失败，也可能导致另一个角色的失败。舒伯进一步指出，为了某一角色的成功付出太大的代价，也有可能导致其他角色的失败。

彩虹图中的阴影部分表示角色的相互替换、盛衰消长。它除了受到年龄增长和社会对个人发展、任务期待的影响外，往往跟个人在各个角色上所花的时间和感情投入的程度有关。从这个彩虹图的阴影比例中可以看出，成长阶段（0~14 岁）最显著的角色是儿童；探索阶段（15~20 岁）是学生；建立阶段（30 岁左右）是家长和工作者；维持阶段（45 岁左右）工作者的角色突然中断，又恢复了学生角色，同时公民与休闲者的角色逐渐增加，这正如一般所说的“中年危机”的出现，同时暗示这时必须再学习、再调适才有可能处理好职业与家庭生活中所面临的问题。舒伯的职业生涯发展阶段理论较为全面完整，阐释了将个人特征与职业匹配的动态过程，并将制约个人职业选择和发展的心理因素、社会因素有机地结合在一起，对职业生涯发展的研究具有较高的理论价值和实践价值。

（2）霍兰德的人格类型—职业类型匹配理论。美国心理学家霍兰德（T. L. Holland）根据人格特征与职业选择的关系，提出了著名的人格类型—职业类型匹配理论。

人格指一个人的价值取向、态度和行为表现等特有的思想和行为模式。当属于某一类型的人选择了相应的职业时，即达到了人格类型—职业类型匹配。

霍兰德将基本人格类型分为 6 种，即现实型、研究型、艺术型、社会型、企业型和传统型；相应地，对应着 6 大类社会职业。

①现实型（Realistic）。属于现实型人格者，喜欢从事技艺性的或机械性的工作，能够独立钻研业务、完成任务，长于动手并以“技术高”为荣。其不足之处是人际关系能力较差。

属于这一类型的职业有飞机机械师、机器修理工、电器师、自动化技师、电工、木工、机床操作工（如车工等）、机械工人、制图员、农民、X 光机技师、鱼类专家、火车司机和长途汽车司机等。

②研究型（Investigative）。属于研究型人格者，喜欢从事思考性、智力性、独立性和自主性的工作。这类人往往有较高的智力水平和科研能力，注重理论。其不足之处是不重视实际，考虑问题偏执与理想化，且领导他人、说服他人的能力较弱。

属于该类型的职业主要有科研人员、技术发明人员、计算机程序设计师、实验员、科学报刊编辑、动物学者、物理学者、化学家和数学家等。

③艺术型（Art）。艺术型人格者，喜欢通过各种媒介表达自我感受（如绘画、表演、写作），其审美能力较强，感情丰富且易冲动，不顺从他人。其不足之处是往往缺乏文书、办事员之类具体工作的能力。

属于该类的职业主要有作曲家、画家、作家、演员、记者、诗人、摄影师、音乐教师、编剧、雕刻家、室内装饰专家和漫画家等。

④社会型（Social）。社会型人格者，喜欢与人交往，乐于助人，关心社会问题，常出席社交场合，对于公共服务与教育活动感兴趣。其不足之处是往往缺乏机械能力。

属于该类型的职业主要有社会学家、福利机构工作者、社会工作者、咨询人员、心理治疗医生、社会科学教师、学校领导、导游、精神病工作者和公共保健护士等。

⑤企业型（Enterprising）。属于企业型人格者，性格外向，直率、果敢，精力充沛，自信心强，有支配他人的倾向和说服他人的能力，敢于冒险。其不足之处是忽视理论，自身的科学研究能力也较差。

属于该类的职业主要有厂长、经理、营销员、采购员、饭店经理、律师、政治家、市长、校长、广告宣传员和调度员等。

⑥传统型（Conventional）。属于传统型人格者，喜欢从事有条理、有秩序的工作，按部就班、循规蹈矩、踏实稳重，讲究准确性（如数字、资料），愿意执行他人命令，接受指挥而不愿独立负责或指挥他人。其不足之处是为人拘谨、保守、缺乏创新精神。

属于该类的职业主要有记账员、会计、银行出纳、法庭速记员、成本估算员、税务员、校对员、打字员、办公室职员、统计员、计算机操作者、图书资料档案管理员和秘书等。

显而易见，每一种类型的人都有自己的特点和长处，也有一定的短处。从全社会的角度或者从人的心理差异的角度来看，无所谓哪一种好些，哪一种差些，而只有与职业类型是否协调、匹配的问题。

不过，我们一般是兼有多种性质，即以一种类型为主，同时具备他种类型的特点。因此，霍兰德进一步提出六角形模型来解释六种类型之间的关系。

霍兰德用六角形将现实型、研究型、艺术型、社会型、企业型、传统型六种人格的类型画出，并将其相互关系在图中加以表示，形成六角形模型（图 3-2）。

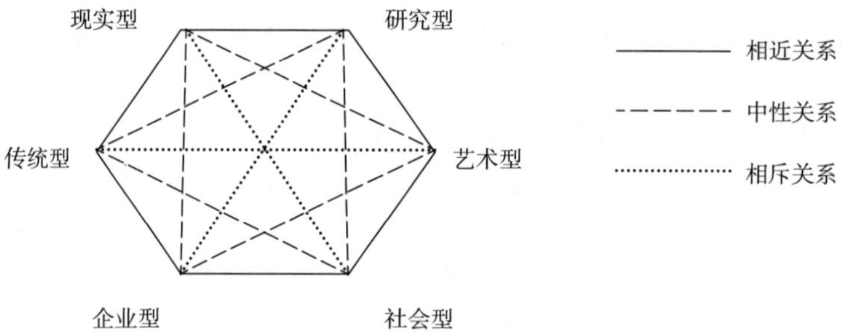

图 3-2　人格和职业类型的六角形模型

二、确定职业目标的意义

目标是指想要达到的境界或目的。

职业生涯目标的设定，是职业生涯规划的核心。一个人事业的成败，很大程度上取决于有无正确适当的目标。“目标之所以有用，仅仅是因为它能帮助我们从现在走向未来”。

职业目标的设定，是在继职业选择、职业生涯路线选择后，对人生目标做出的抉择，其抉择是以自己的最佳才能、最优性格、最大兴趣、最有利的环境等信息为依据。职业目标主要分为短期目标、中期目标、长期目标和人生目标几个阶段。

三、高职学生如何设定职业目标

1. 职业的选择

职业选择正确与否，直接关系到人生事业的走向与成败。据统计，在选错职业的人当中，有 80%的人在事业上是失败者。正如人们所说的“女怕嫁错郎，男怕选错行”。由此可见，职业选择对人生事业发展是何等重要。那么如何才能选择正确的职业呢？至少应考虑以下四点。第一，性格与职业的匹配；第二，兴趣与职业的匹配；第三，特长与职业的匹配；第四，内外环境与职业相适应。

（1）如何落实以上的匹配或适应呢？首先做到四问：

①职业兴趣——我喜欢做什么。兴趣是职业选择的原动力。一旦学生明确了自己的兴趣、优势和潜能，他知道了他要做什么、不要做什么、能做好什么时，他的成就欲就被点燃，他的主体意识被唤醒，渴望成功的强烈愿望将使他不可阻挡地吸取一切他所需要的知识，将学习作为事业成功的需要，从而真正成为学习的主人。

②职业性格——我适合做什么。性格是一个人对事物稳定态度以及与之相适应的习惯化了的行为方式。大量研究表明，不同的性格分别适合不同的职业。根据性格选择职业，能使自己的行为方式与职业工作相吻合，更好地发挥自己的聪明才智和一技之长，从而得心应手地驾驭本职工作。我们还可以使用霍兰德职业性格测试问卷进行测量，了解自己的性格更适合什么职业。

③职业能力——我能够做什么。职业能力主要包括 EQ 情商、事业心、沟通交流能力、处理问题能力、领导能力、创业潜力、成功倾向、职业选择、工作压力、工作态度、职业满意度和人际关系等。职业生涯规划的确立基础为学生的职业能力的提高过程，即以全面提高职校学生的素质和能力为目标。高职生要珍惜在校学习的机会，全面发展，为今后一生不断面临的就业竞争奠定基础。

④价值观——我最看重什么。简单地说，价值观决定了什么对你最重要，什么对你不重要，什么是有意义有价值的，什么是无聊乏味的。

美国著名职业心理学家埃德加・H. 施恩教授提出了职业锚理论。施恩认为，职业锚是指一个人不得不做出职业选择的时候，不会放弃的职业中的那种至关重要的态度和价值观。很多人在工作中最看重的是能够有更多的培训和学习机会，有较大的发展空间；有一些人最看重的是能否有更多的休闲时间，有没有假期，能不能更多的与家人待在一起等。我们始终都得清楚知道人生中最重要的价值是哪些，这么做有什么好处。

（2）做好优势与弱势分析。你要了解你的优势即你的能力与潜力所在，第一，你学习了什么；第二，你曾经做过什么；第三，最成功的是什么。你更要了解自己的弱势，即你的不足或能力的欠缺。如性格的弱点、经验或经历中的欠缺等。

2. 确定职业的四项基本原则

择己所爱：对自己选择的职业是热爱的，从内心自发地认识到要“干一行，爱一行”。择己所长：选择自己所擅长的领域，才能发挥自我优势，千万别当职业的外行。择世所需：所选职业只有为社会所需要，才有自我发展的保障。择己所利：应该本着“利己、利他、利社会”的原则，选择对自己合适、有发展前景的职业。参考四项基本原则，并结合自身实际确定职业生涯的规划方向和努力目标，实现自己的人生价值。

3. 职业生涯路线选择

从事什么职业已经确定后，并不代表你在这个职业领域将能做出骄人业绩，并取得伟大的成功，从而实现自己的理想。紧接着还要进行职业生涯路线的选择，以使今后的学习和工作沿着职业生涯路线和预定的方向发展。

职业生涯路线是指一个人选定职业后从什么途径去实现自己的职业目标，是向专业技术方向发展，还是向行政管理方向发展。发展方向不同，要求也不同。这就如登山，要到达山顶，就要选择最佳的登山路线。

典型的职业生涯路线图是一个“V”形图。假如一个人22岁毕业参加工作，即V形图的起点是22岁。以起点向上发展，V形图的左侧是行政管理路线，右侧是专业技术路线。将路线分成若干等分，每等分表示一个年龄段，并将专业技术的等级、行政职务的等级分别标在路线图上，作为自己的职业生涯目标。

通常职业生涯路线的确定要弄明白三个取向问题（图3-3）。

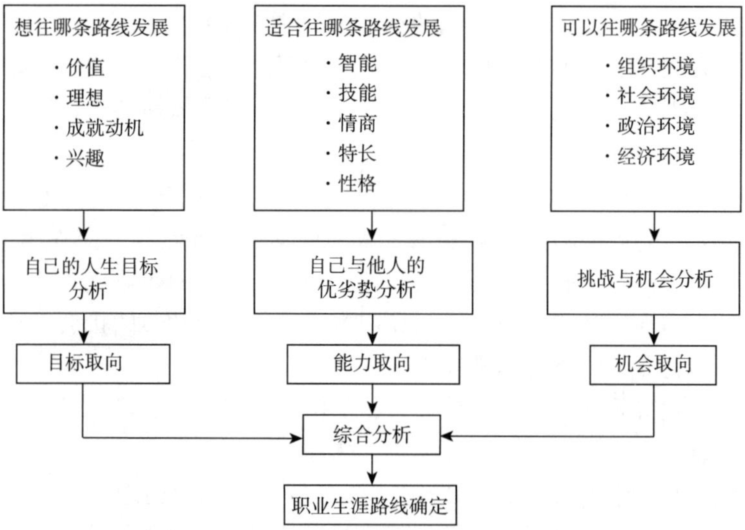

图3-3 职业生涯路线分析过程图

运用目标导向式思维确定职业生涯路线，目标导向式思维不问自己现在有什么，只问自己要实现什么目标，想做什么。通过倒推资源配置，倒推时间分配，链接战略战术和方法手段等来思考。目标导向式思维运用在职业生涯方面又称生涯规划倒推法。例如，假设你想成为一名工程类高级工程师，运用目标导向方式，你的职业生涯路线目标可以这样来推算与分解：60岁时应达到的目标—50岁时应达到的目标—40岁时应达到的目标—10年内—5年内—3年内—1年内—半年内—一周内—目前你要做的。

心随我动

活动一：找寻我的职业目标

我的专业是：__________

近三年来，本专业的师兄、师姐的就业方向是：__________

我的父母希望我从事的职业是：__________

我喜欢的职业是：__________

我如何才能达到自己的目标？__________

活动二：六岛环游游戏

了解自己的人格（兴趣）—职业类型。假设在你度“十一”长假，你所乘坐的轮船发生了意外故障，必须紧急靠岸。此时，轮船正处于以下 6 个岛屿中间。如果要你这辈子生活在某一岛屿上，你会做以下哪种选择？

1. 你最希望选择哪一个岛屿靠岸？__________

2. 你还会选择哪两个岛屿？__________

3. 你绝对不会选的岛屿是哪一个？__________

A 岛：美丽浪漫的岛屿，岛上充满了美术馆、音乐馆，弥漫着浓厚的艺术文化气息。同时，原住民还保留了传统的舞蹈、音乐与绘画，许多文艺界的朋友都喜欢来这里找寻灵感。

I 岛：深思冥想的岛屿，岛上人迹较少，建筑物多僻处一隅，平畴绿野，适合夜观星象。岛上有多处天文馆、科博馆，以及科学图书馆等。岛上居民喜好沉思、追求真知，喜欢和来自各地的哲学家、科学家、心理学家等交换心得。

C 岛：现代井然的岛屿，岛上建筑十分现代化，是进步的都市形态，以完善的户政管理、地政管理、金融管理见长。岛民个性冷静保守，处事有条不紊，善于组织规划。

R 岛：自然原始的岛屿，岛上保留有热带的原始植物林，自然生态保护很好，也有相当规模的动物园、植物园、水族馆。岛上居民以手工见长，自己种植花果蔬菜，修缮房屋，打造器物，制作工具。

S 岛：温暖友善的岛屿，岛上居民个性温和，十分友善，乐于助人，社区自成一个密切互动的服务网络，人们多互助合作，重视教育，充满人文气息。

E 岛：显赫富庶的岛屿，岛上的居民热情豪爽，善于经营企业和贸易。岛上的经济高度发展，处处是高级饭店、俱乐部、高尔夫球场。来往者多是企业家、经理人、政治家、律师等，衣香鬓影，夜夜笙歌。

心灵感悟

一、心语赏析

• 如果没有目标，没有人能有所作为，目标的设定是人类自我驱动的最大力量。

——保尔 · 迈尔

• 眼睛所看到的地方，就是你会达到的地方。伟人之所以伟大，是因为他们决定要做出伟大的事。

——戴高乐

• 有方向感的信心，令我们每一个意念都充满力量。当有强大的自信心推动你的创富巨轮，你可以平步青云，无止境地攀上成功之巅。

——希尔

二、心语倾诉

1. 意向放松训练

根据自己最舒服的姿势做好，微微闭上你的眼睛，将注意力放在自己的呼吸上，轻轻地吸气，缓缓地呼气，在这一呼一吸之间，你来到了你向往工作的地方，你穿着——衣裳，手拿——办公用品，你正在忙着——，你看到了——，你感觉到了——。那就是你的目标，那就是你要的生活。慢慢睁开你的眼睛，让思绪回来。

2. 闭目吟诵

- 我要为目标努力。
- 我会成功的!

修心践行

一、想一想

想象五年后的你

1976 年的冬天，当时我 19 岁，在美国休斯顿的太空总署太空梭实验室里工作，同时也在总署旁边的休斯顿大学主修电脑。纵然忙于学校、睡眠与工作之间，但只要有多余的一分钟，我总是会把所有的精力放在我的音乐创作上。

我知道写歌词不是我的专长，所以在这段日子里，我处处寻找一位善写歌词的搭档，与我一起合作创作。终于，我认识了一位朋友，她的名字叫凡内芮，仅 19 岁的她，在得克萨斯州的诗词比赛中，不知得过多少奖。她的作品总是让我爱不释手。

一个星期六的周末，凡内芮热情邀请我到她家的牧场烤肉。当她知道我对音乐的执着时，突然冒出了一句话："想象你五年后在做什么?"我愣了。她转过身来，手指着我说："嘿！告诉我，你心目中'最希望'五年后的你在做什么，你那个时候的生活是一个什么样子?"我沉思了几分钟，开始告诉她："第一，五年后，我希望能有一张唱片在市场上发行，而这张唱片很受欢迎，可以得到许多人的肯定。第二，我住在一个有很多很多音乐的地方，能天天与一些世界一流的乐师一起工作。"

凡内芮说："你确定了吗?"我慢慢稳稳地回答，而且拉了一个很长的 Yes！凡内芮接着说："好，既然你确定了，我们就把这个目标倒算回来。如果第五年，你有一张唱片在市场上发行，那么你的第四年一定是要跟一家唱片公司签上合约。"

"那么你的第三年一定要有一首完整的作品，可以拿给很多很多的唱片公司听，对不对?"

"那么你的第二年，一定要有很棒的作品开始录音了。"

"那么你的第一年，就一定要把你所有要准备录音的作品全部编曲，排练就位准备好。"

"那么你的第六个月，要把那些没有完成的作品修饰好，让你自己可以逐一筛选。"

"那么你的第一个月就要将目前这几首曲子写完。"

"那么你的第一个礼拜就要先列出整个清单，排出哪些曲子需要修改，哪些需要完工。"

"好了，现在不就已经知道你下个星期一要做什么了吗?"凡内芮笑笑说。

次年（1977 年），我辞掉了令许多人羡慕的太空总署的工作，离开了休斯顿，搬到洛杉矶。说也奇怪，不敢说是恰好五年，大约是第六年，1983 年，我的唱片在亚洲开始销售，我一天二十四小时几乎全都忙着与一些顶尖的音乐高手在一起工作。

每当我在最困惑的时候，我会静下来问我自己，五年后你“最希望”看到你自己在做什么？如果，你自己都不知道这个答案的话，你又如何要求别人或上帝为你做选择或开路呢？

二、测一测

测验共有 10 个项目，如果项目描述的情况与你的实际相符，就请你在其后的括号内填上“是”，如果项目所描述的情况与你的实际不相符，就请你在其后的括号内填上“否”。

1. 我常常想到自己未来要干些什么。(　　)
2. 我知道自己想要从工作中得到什么。(　　)
3. 我知道自己的人生目标在哪里。(　　)
4. 我知道如何实现自己的人生价值。(　　)
5. 我了解自己的性格适合做哪些工作。(　　)
6. 我认为事业是人生所必需的。(　　)
7. 我一直在朝着自己的目标努力。(　　)
8. 我认为大学期间应该好好规划自己的人生发展。(　　)
9. 我了解自己的兴趣和特长。(　　)
10. 我知道自己离所喜欢的职业的要求还有哪些差距。(　　)

你填“是”的项目越多，说明你对职业生涯发展规划的认识越趋成熟。

第二节　职业规划　成功的起点

心灵故事

穿越“玉米地”

在深圳证券交易所的创业企业培训班上，一位学员向讲课者提问：“你能用最简洁的语言告诉我们，企业经营到底是怎么一回事吗?”讲课者回答：“请你们设想一下，此时此刻，你们正站在一片玉米地的面前，展现在你们眼前的是一片果实累累的玉米地。同时，这又是一片隐藏着无数大大小小陷阱的玉米地。现在，你和你的对手们要进行一场有趣的竞赛，看谁最早穿越玉米地，到达神秘的终点。同时，参赛选手手中的玉米又最多。也就是说，你穿越玉米地，要比别人更快，手里要有更多的玉米，而且要时刻保证自己的安全——这就是“玉米地游”的三个生存要素——速度、效益和安全。”

那么，同学们，你们打算怎样穿越“玉米地”？都说好的职业规划是职业生涯的开始，那么你将怎样开启你的职业生涯呢？

心海导航

一、什么是职业生涯规划

职业生涯规划指的是一个人对其一生中所承担职务的相继历程的预期和计划，这个计划包括一个人的学习与成长目标，及对一项职业和组织的生产性贡献和成就期望。个体的职业生涯规划并不是一个单纯的概念，它和个体所处的家庭以及社会存在密切的关系。职业生涯规划要根据实际条件具体安排，因为未来的不确定性，职业生涯规划也需要确立适当的变通性。同时，职业规划也是人生规划的主体部分。

用最通俗的话说，职业生涯规划的意思就是你打算选择什么样的行业，什么样的职业，什么样的组织，想达到什么样的成就，想过一种什么样的生活，如何通过你的学习与工作达到你的目标？

二、为何要进行个人职业生涯规划

凡事“预则立，不预则废”。职业生涯规划活动将伴随我们的大半生，一个没有规划的职业生涯是迷茫的，没有方向的，有时会走很多弯路。拥有一份成功的职业生涯规划，会帮助你实现自己的目标，拥有完美的人生。因此，职业生涯规划具有特别重要的意义。

1. 一份行之有效的职业生涯规划对你的帮助

（1）引导你正确认识自身的个性特质、现有与潜在的资源优势，帮助你重新对自己的价值进行定位，并使其持续增值。

（2）引导你对自己的综合优势与劣势进行对比分析。

（3）帮你树立明确的职业发展目标与职业理想。

（4）引导你评估个人目标与现实之间的差距。

（5）引导你前瞻并明确与实际相结合的职业定位，搜索或发现新的或有潜力的职业机会。

（6）使你学会如何运用科学的方法采取可行的步骤与措施，不断提高你的职业竞争力，实现自己的职业目标与理想。

2. 职业生涯规划可以增强发展的目的性与计划性，提升成功的机会

生涯发展要有计划、有目的，不可盲目，很多时候我们的职业生涯受挫就是由于生涯规划没有做好。树立明确的职业发展目标与职业理想，对自己的综合优势进行分析对比，了解个人素质与职业要求之间的差距，将有利于个人运用科学的方法，采取可行的步骤与措施，取长补短，做好就业准备，增强个人的职业竞争力，实现其职业目标与理想。

3. 职业生涯规划可以提升应对竞争的能力

物竞天择，适者生存。职业活动的竞争非常激烈，要想在这场竞争中脱颖而出并立于不败之地，必须设计好自己的职业生涯规划。这样才能做到心中有数，不打无准备之仗。而不少高职生认为找到理想工作的是学识、业绩、耐心、关系和口才等条件，认为职业生涯规划纯属纸上谈兵，简直是耽误时间，有那时间还不如多跑两家招聘单位。这是一种错误的理念，实际上未雨绸缪，先做好职业生涯规划，有了清晰的认识与明确的目标之后再将求职活动付诸实践，这样的效果要好得多，也更经济、更科学。

职业生涯规划可以帮助高职生解决职业生涯中的“四定”，即定向（确定职业方向）、定点（确定职业的发展地点）、定位（确定自己在人群中的位置）、定心（稳定自己的心态）。

三、影响高职学生职业生涯规划的因素

职业生涯规划是个系统工程，高职生在选择和规划自己的职业生涯时，往往受到多种因素的影响，既受高职生自身的兴趣、气质、能力、性格和价值观等个人因素的影响，也受社会环境因素的制约，如社会评价、家庭与朋辈的影响。

四、高职学生职业生涯规划的实施

1. 进行职业生涯规划的原则

要制定出科学的职业生涯规划方案，必须在设计时贯彻如下十条原则。

（1）清晰性原则：考虑目标、措施是否清晰、明确？实现目标的步骤是否直截了当？

（2）挑战性原则：目标或措施是否具有挑战性，还是仅保持其原来状况而已？

（3）变动性原则：目标或措施是否有弹性或缓冲性？是否能随着环境的变化而作调整？

（4）一致性原则：主要目标与分目标是否一致？目标与措施是否一致？个人目标与组织发展目标是否一致？

（5）激励性原则：目标是否符合自己的性格、兴趣和特长？是否能对自己产生内在激励作用？

（6）合作性原则：个人的目标与他人的目标是否具有合作性与协调性？

（7）全程原则：拟定生涯设计时必须考虑到生涯发展的整个历程，进行全程考虑。

（8）具体原则：生涯设计各阶段的路线划分与安排，必须具体可行。

（9）实际原则：实现生涯目标的途径很多，在进行设计时必须考虑自己的特质、社会环境、组织环境以及其他相关的因素，选择确实可行的途径。

（10）可评量原则：设计应有明确的时间限制或标准，以便评量、检查，使自己随时掌握执行状况，并为设计的修正提供参考依据。

2. 生涯规划模式

（1）斯温（Swain）的生涯规划模式。美国伊利诺大学教授斯温（Swain）博士从个人特质的澄清与了解、教育与职业资料的提供、个人与环境关系的协调三个方面，提出了生涯规划模式图（图3-4）。

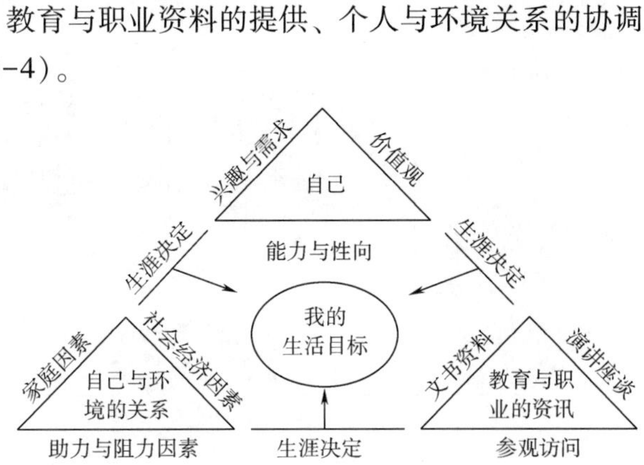

图3-4　斯温的生涯规划模式图

第一个小三角形是指“自己”：包括能力、性向、兴趣、需求、价值观等。

第二个小三角形是指“自己与环境”的关系：包括助力与阻力因素、家庭因素和社会因素等。

第三个小三角形是指“教育与职业的资讯”：包括从参观访问、文书资料和演讲座谈等各种途径所获得的信息和经验、培养的兴趣和锻炼得到的能力等。

（2）我国台湾学者林清文提出的大学生生涯规划模式（图 3-5）。

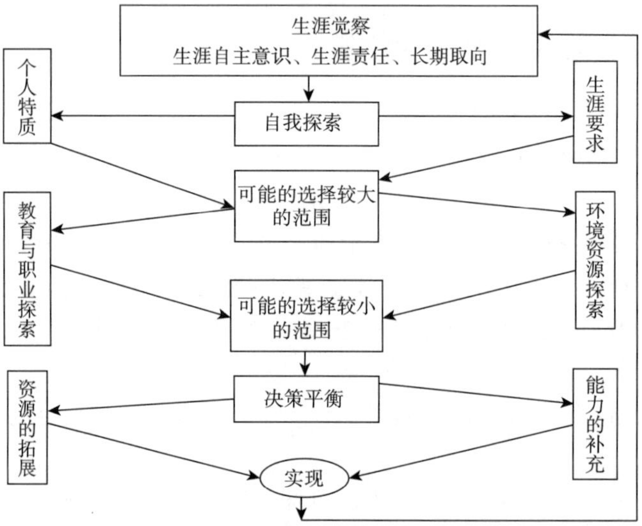

图 3-5　林清文的大学生生涯规划模式

3. 高职生职业生涯规划的步骤

高职生职业生涯规划应当是个性化的，是量体裁衣的，没有一份所有人都使用的规划方案，但生涯规划方案的基本步骤是一致的。高职生的职业生涯规划应包括生涯认知（知己与知彼）、生涯选择、生涯管理，整个过程保持动态评估与修正（图 3-6）。

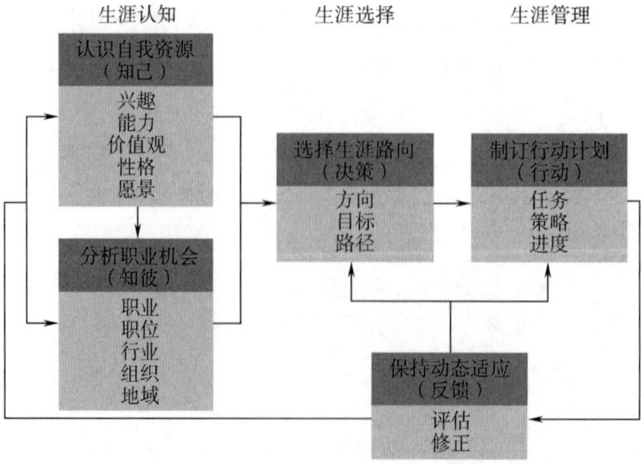

图 3-6　职业生涯规划与管理图

高职生职业生涯规划方案：

（1）大学一年级：探索期。

阶段目标：职业生涯认知和规划。

实施方案：首先要转变由高中生到大学生的角色，重新确定自己的学习目标和要求；其次，要开始接触职业和职业生涯的概念，特别要重点了解自己未来所希望从事的职业或与自己所学专业对口的职业，进行初步的职业生涯设计；熟悉环境，建立新的人际关系，提高交际沟通能力，在职业探知方面可以向高年级学生，尤其是毕业生询问就业情况；积极参加各种各样的社团活动，增加交流技巧；在学习方面，要扎实学好专业基础知识，加强英语、计算机能力的学习，掌握现代职业者所应具备的最基本技能；如果有必要，为可能的转系、获得双学位、留学计划做好资料收集及课程准备，多利用学生手册，为将来的就业选择打下良好的基础。

（2）大学二年级：定向期、准备期。

阶段目标：初步确定毕业方向以及相应能力与素质的培养，掌握求职技能，为择业做好准备。

实施方案：首先，认识自己的需要和兴趣，确定自己的价值观、动机和抱负；考虑未来的毕业方向（深造或就业）；了解相关的活动，参加的活动应以提高自身的基本素质为主；通过参加学生会或社团等组织，培养和锻炼自己的领导组织能力、团队协作精神，同时检验自己的知识技能；开始尝试兼职，参加社会实践活动，最好能在课余时间长时间从事与自己未来职业或本专业有关的工作，提高自己的责任感、主动性和受挫能力，并从不断的总结分析中得到职业的经验；提高英语口语和计算机应用的能力，通过英语和计算机的相关证书考试，并开始有选择性辅修其他专业的知识以充实自己。

加强专业知识学习的同时，考取与目标职业有关的职业资格证书或通过相关的职业技能鉴定。因为临近毕业，所以目标应锁定在提高求职技能、搜集公司信息上。参加和专业有关的暑期工作，和同学交流求职工作心得体会，学习写简历、求职信等求职技巧，了解搜集就业信息的渠道，如果有机会要积极尝试。加入校友网络，向已经毕业的校友了解往年的求职情况；如果决定继续深造，也要做好复习准备；希望出国留学的学生，可多接触留学顾问，参与留学系列活动，准备 TOEFL、GRE 的应试，注意留学考试资讯，向相关教育部门索取简章参考等。

（3）大学三年级：冲刺期。

阶段目标：成功就业。

实施方案：这个阶段大学生的毕业方向已经确定，大部分学生的目标应该锁定在工作申请及成功就业上。这时，可先对前两年的准备做一个总结：首先检验自己已确立的职业目标是否明确，前两年的准备是否已充分；然后，开始毕业后工作的申请，积极参加招聘活动，在实践中检验自己的积累和准备；最后，预习或模拟面试。积极利用学校提供的条件，了解就业指导中心提供的用人公司资料信息，强化求职技巧，进行模拟面试等训练，尽可能地在做出较为充分准备的情况下进行演练。在撰写毕业论文（毕业设计）时，可大胆提出自己的见解，锻炼自己独立解决问题的能力和创造性。另外，要重视实习机会，通过实习，从宏观上了解单位的工作方式、运转模式、工作流程；从微观上明确个人在岗位上的职责要求及规范，为正式走上工作岗位奠定良好基础。

心随我动

活动一：澄清你的职业价值取向

本测验列出了人们在选择工作时通常会考虑的九种因素，即工作价值标准。请回答以下问题：

1. 工资高、福利好
2. 工作环境（物质方面）舒适
3. 人际关系良好
4. 工作稳定有保障
5. 能提供较好的受教育机会
6. 有较高的社会地位
7. 工作不太紧张、外部压力小
8. 能充分发挥自己的能力特长
9. 社会需求与社会贡献大

你找一份工作希望从中获得哪些满足？从中选出 4 条：__________

如果你的这些需要不能同时获得，你最先放弃哪一条？然后再放弃哪一条？依次下去，看看最后剩下哪一条？

活动二：评估职业能力倾向

写出过去的成就。尽可能多地按照表 3-2 内容填写自己做过的自认为比较成功或感觉很不错的事情，至少 10 项，不管大小。

表 3-2 成绩-能力对照表

取得的成绩	体现的能力
参加校篮球赛取得名次	运动能力、团队合作能力
寝室文化节征文获奖	写作能力

活动三：拟写个人职业生涯规划表

请你在分析自身条件和社会环境的基础上，设计一份自我职业生涯规划（可用文字形式，也可用表格形式，可参照下表）。

<table>
<tr><td>姓名</td><td></td><td>性别</td><td></td><td>年龄</td><td></td></tr>
<tr><td>健康状况</td><td></td><td>政治面貌</td><td></td><td>所学专业</td><td></td></tr>
<tr><td>职业意向</td><td colspan="5"></td></tr>
<tr><td>个人因素分析</td><td colspan="5"></td></tr>
<tr><td>环境因素分析</td><td colspan="5"></td></tr>
<tr><td rowspan="4">职业生涯目标</td><td>人生目标</td><td colspan="4"></td></tr>
<tr><td>长期目标</td><td colspan="4"></td></tr>
<tr><td>中期目标</td><td colspan="4"></td></tr>
<tr><td>短期目标</td><td colspan="4"></td></tr>
<tr><td>在校学习规划与措施</td><td colspan="5"></td></tr>
<tr><td>中期规划与措施</td><td colspan="5"></td></tr>
<tr><td>长期规划与措施</td><td colspan="5"></td></tr>
<tr><td>备注</td><td colspan="5"></td></tr>
</table>

心灵感悟

一、心语赏析

● 成功的万能公式：成功＝明确目标+详细计划+马上行动+检查修正+坚持到底。

● 职业生涯发展是从做好本职工作开始的。当你还没有能力做好一件工作时，就没有资格说不喜欢。

● 成功的人和不成功的人就差一点点：成功的人可以无数次修改方法，但绝不轻易放弃目标；不成功的人总改目标，就是不改方法。

二、心语倾诉

1. 胸式呼吸训练

请将双手放在肚脐区域，不要施加压力。吸气时，感觉气沉肺底，因为横膈膜下沉，使腹内脏器下沉，小腹起涨，双手被小腹抬起。

呼气时横膈膜渐渐复位，小腹回落。当气将呼尽时双手微向下施压，感觉肚脐内收并上提，彻底呼尽肺底残留气体。可保持吸气四拍，呼气四拍，练习 10 次。

2. 闭目吟诵

- 我规划，我努力，我成功。
- 我每天都在朝着目标而努力！

修心践行

一、想一想

成功并不像你想象的那么难

1965 年，一个韩国学生到剑桥大学主修心理学。他常到学校的咖啡厅或茶座听一些成功人士聊天，他们中有诺贝尔奖获得者，有学术权威，还有一些创造了经济神话的人。这些人幽默风趣、举重若轻，把自己的成功都看得非常自然和顺理成章。时间长了，他发现，在国内时，一些成功人士把自己的创业艰辛过分地夸大了。

作为心理系的学生，他对韩国成功人士的心态进行了研究。1970 年，他把《成功并不像你想象的那么难》作为毕业论文，提交给现代经济心理学的创始人威尔布·雷登教授。雷登教授读后，大为惊喜。这本书后来鼓舞了很多人，它从一个新的角度告诉人们，成功与“劳其筋骨，饿其体肤”“三更灯火五更鸡”“头悬梁，锥刺股”没有必然的联系，只要你对某一事业感兴趣，长久地坚持下去就会成功。

上帝偏爱她，让她洗厕所

一个美丽的少女通过激烈竞争，终于被录取到著名的东京帝国酒店做服务员，这是她涉世之初的第一份工作。她怀着激动的心情到公司报到，但她万万没有想到，上司安排她洗厕所！上司对她工作质量的要求特别高，必须把马桶抹洗得光洁如新！怎么办？是接受这份工作？还是另谋职业？一位前辈看到她的犹豫态度，不声不响地为她做了示范。当他把马桶洗得光洁如新时，他竟然从中舀了一碗水喝了下去！前辈对工作的态度，让她明白了什么是工作，什么是责任心。

于是，她痛下决心：“就算一生洗厕所，也要做一名洗厕所最出色的人！”从此，她漂亮地迈出了职业生涯的第一步，并踏上了成功之路。自然，她所清洗的厕所，一向光洁如新，她也不止一次地喝过马桶里的水。几十年一瞬而过，她成为日本政府的邮政大臣。她的名字叫野田圣子。

想一想，职业的成功依靠什么？

二、测一测

请你按照下面21种个人价值对你的重要程度来排列它们的顺序。如果你有时间，还可以先把这些价值的名称写在小纸片上，然后再将它们排序。在对你最重要的价值观旁边写下1，接着在对你次重要的价值观旁边写下2，如此继续下去，直到你排列完所有的21种价值观。

1. 成就：通过决心、坚持和努力而达到预定的目标。

2. 审美：为了美而欣赏、享受美。

3. 利他：关心别人，为别人的利益献身。

4. 自主：能够独立地做出决定的能力。

5. 创造性：产生新思想及革命性的设计。

6. 情绪健康：能够克制焦虑的情绪，有效阻止坏脾气的产生；思绪平静，内心感觉安全。

7. 健康：生命存在的条件，没有疾病和痛苦，身体总体条件良好。

8. 诚实：公正或正直的行为，忠诚、高尚的品质或行为。

9. 正义：无偏见，公平、正直；遵从真理、事实和理性；公平地对待他人。

10. 知识：为了满足好奇心，运用知识或满足求知欲而寻求真理、信息。

11. 爱：建立在钦佩、仁慈基础上的感情。温暖的依恋、热情、献身；无私奉献，忠诚地接纳他人，谋求他人的益处。

12. 忠诚：效忠于个人、团队、组织或政党。

13. 道德：相信并遵守道德标准。

14. 身体外观：关心自己的容貌。

15. 愉悦：是一种惬意的感觉，是伴随着对美好事物的期待和对伟大愿望的拥有而产生的。愉悦不在于表面上的高兴，而更在于内心的满足和喜悦。

16. 权力：拥有支配权、权威或对他人的影响。

17. 认可：由于他人的反应而感到自己很重要、很有价值；得到特别的关注。

18. 宗教信仰：与神交流，服从神，代表神行动。

19. 技能：乐于有效使用知识，完成工作的能力；具有专门技术。

20. 财富：拥有大量的物质财富；富足。

21. 智慧：具有洞察内在品质和关系的能力；洞察力、智慧、判断力。

请你列出自己的前六个排序：

1.　　2.　　3.　　4.　　5.　　6.

第四章　调控情绪状态

第一节　认识情绪　表达情绪

心灵故事

被苍蝇击倒的冠军

1965 年 9 月 7 日，世界台球冠军争夺赛在美国纽约举行。路易斯·福克斯的得分一路遥遥领先，只要再得几分便可稳拿冠军了。

而就在这个时候，一只苍蝇落在了主球上。此时路易斯并未在意，一挥手将苍蝇赶走了。可是，当他俯身准备击球的时候，那只苍蝇又飞回到主球上来了。在观众的笑声中，路易斯又去赶苍蝇，情绪也受到了影响。而更为糟糕的是，这只苍蝇好像是有意跟他作对，他一回到球台，它就又跟着飞回到主球上来，引得周围的观众哈哈大笑。

路易斯的情绪恶劣到了极点，终于失去了冷静和理智。他愤怒地用球杆去击打苍蝇，不小心碰动了主球，裁判判为击球，他因此失去了一轮机会。本以为败局已定的对手见状勇气大增，信心十足，愈战愈勇，最终赶上和超过路易斯，夺走了冠军。

第二天早上，人们在河里发现了路易斯·福克斯的尸体——他投河自杀了！

心海导航

一、什么是情绪

1. 定义

情绪是人对客观事物是否符合主观需要而产生的心理体验，是伴随特定生理反应与外部表现的一种心理过程。

2. 分类

关于情绪的类别，长期以来说法不一。我国古代有喜、怒、忧、思、悲、恐、惊的七情说；美国心理学家普拉切克提出了八种基本情绪：悲痛、恐惧、惊奇、接受、狂喜、狂怒、警惕、憎恨；还有的心理学家提出了九种类别。虽然类别很多，但一般认为有四种基本情绪，即快乐、愤怒、恐惧和悲哀。

快乐是指一个人盼望和追求的目的达到后产生的情绪体验。由于需要得到满足，愿望得以实现，心里的急迫感和紧张感解除，快乐随之而生。快乐有强度的差异，从愉快、兴奋到狂喜，这种差异与所追求的目的对自身的意义以及实现的难易程度有关。

愤怒是指所追求的目的受到阻碍，愿望无法实现时产生的情绪体验。愤怒时紧张感增加，有时不能控制自我，甚至出现攻击行为。愤怒也有程度上的区别，一般的愿望无法实现时，只会感到不快或生气，但遇到不合理的阻碍或恶意的破坏时，愤怒会急剧爆发。这种情绪对人的身心的伤害也是明显的。

恐惧是企图摆脱和逃避某种危险情景而又无力应付时产生的情绪体验。所以，恐惧的产生不仅仅由于危险情景的存在，还与个人排除危险的能力和应付危险的手段有关。一个初次出海的人遇到惊涛骇浪或者鲨鱼袭击会感到恐惧无比，而一个经验丰富的水手对此可能已经司空见惯，泰然自若。婴儿身上的恐惧情绪表现较晚，可能是与他对恐惧情景的认知较晚有关。

悲哀是指心爱的事物失去时，或理想和愿望破灭时产生的情绪体验。悲哀的程度取决于失去的事物对自己的重要性和价值。悲哀时带来的紧张的释放，会导致哭泣。当然，悲哀并不总是消极的，它有时能够转化为前进的动力。

人类这些最基本的情绪与动物的情绪表现有本质的不同。因为，即使是人的生理性需要也打上了社会的烙印，人们不再茹毛饮血，满足吃、喝、住、穿的需要时也会考虑适当的方式和现有的社会条件。

二、情绪的功能

1. 情绪是适应生存的心理工具

情绪的适应功能从根本上说是服务于改善和完善人的生存和生活条件的。无论是儿童或成人，通过快乐表示情况良好；通过痛苦表示急需改善的不良处境；通过悲伤和忧郁表示无奈和无助；通过愤怒表示行将进行反抗的主动倾向。同时，由于人生活在高度人文化的社会里，情绪的适应功能的形式有了很大的变化。例如，人用微笑向对方表示友好，通过移情和同情来维护人际联结，掩盖粗鲁的愤怒行为等，情绪起着促进社会亲和力的作用。但是，人们也看到，在个人之间和社会上挑起事端引起的情绪对立，有着极大的破坏作用。

2. 情绪是激发心理活动和行为的动机

情绪构成一个基本的动机系统（motivational system）。它能够驱策有机体发生反应、从事活动，在最广泛的领域里为人类的各种活动提供动机。情绪的这一动机功能既体现在生理活动中，也体现在人的认识活动中。

一般来说，生理内驱力（drive）是激活有机体行为的动力，但情绪的作用则在于能够放大内驱力的信号，从而更强有力地激发行动。

此外，内驱力带有生物节律活动的刻板性。例如，呼吸、睡眠、进食均按生物节律而定。情绪反应却比内驱力更为灵活，它不但能根据主客观的需要及时发生反应，而且可以脱离内驱力而独立地起动机作用。例如，无论在任何时候和何种情况中发生，恐惧均能使人退缩，愤怒定会发生攻击，厌恶一定引起躲避等。

情绪的动机功能还体现在对认识活动的驱策上，这一点通过兴趣情绪明显地表现出来。严格说来，认识的对象并不具有对活动的驱策性；促使人去认识事物的是兴趣和好奇心。兴趣作为认识活动的动机，导致注意的选择与集中，支配感知的方向和思维加工，从而支持对新鲜事物的探索。

3. 情绪是心理活动的组织者

情绪是独立的心理过程，有自己的发生机制和操作规律。作为脑内的一个监测系统，情绪对其他心理活动具有组织的作用（A. Sroufe，1976，1979）。情绪的组织作用包括对活动的瓦解或促进两方面，一般说来，正性情绪起协调、组织的作用；负性情绪起破坏、瓦解或阻断的作用。

情绪的组织功能也体现在对记忆的影响方面。鲍维尔的研究表明，当人处在良好的情绪状态时，更容易回忆那些带有愉快情绪色彩的材料；如果识记材料在某种情绪状态下被记忆，那么在同样的情绪状态下，这些材料更容易被回忆起来（G. Bower，1981）。这说明情绪具有一种干预记忆效果的作用，将记忆的内容根据情绪性质进行归类。

情绪的组织功能还表现在影响人的行为上。人们的行为常被当时的情绪所支配。当人处在积极、乐观的情绪状态时，倾向于注意事物美好的一面，态度和善，乐于助人，并勇承重担。而消极情绪状态则使人产生悲观意识，失去希望与渴求，也更易产生攻击性。

4. 情绪是人际通信交流的重要手段

情绪和语言一样，具有服务于人际通信（interpersonal communication）的功能。情绪通过独特的无词通信手段，即由面部肌肉运动模式、声调和身体姿态变化所构成的表情来实现信息传递和人们之间的互相了解，其中面部表情是最重要的情绪信息媒介。

语言是人际交流的主要工具，而情绪信息的传递则是语言交际的重要补充。而且，在许多情景中，表情能使言语交流所造成的不确定性和模棱两可的情况明确起来，成为人的态度、感受的最好注解；而在另一些场合，人的思想或愿望不宜言传，也能够通过表情来传递信息。

情绪的通信交流作用还体现在构成人际的感情联结上。例如，母婴之间有着以感情为核心的特殊的依恋关系，这是最典型的感情联结模型。半岁以上婴儿在母亲离开时会表现不安和哭闹，称为“分离焦虑”（R. Spitz，1965）。婴儿在七八个月以后，在母亲经常接近和离开的不断重复中，学会预料母亲接近和离开的后果，形成“依恋安全感”（security of attachment，R. Bowlby，1969，1973）。依恋安全感的建立是儿童情绪健康和人格完善发展的重要基础。它使婴儿经常快乐，更容易同他人接近并建立友好关系，更愿意认识和探索新鲜事物。此外，感情联结还有其他多种形式，如友谊、亲情和恋爱，都是以感情为纽带的联结模式。

情绪的功能向我们揭示，情绪既服务于人类基本的生存适应需要，又服务于人类社会群体生活的需要。人们每时每刻发生的情绪过程，都是自然环境和社会环境对人发生影响相结合的反应。情绪卷入人的整个心理过程和实际生活，成为人的活动的驱动力和组织者。

5. 情绪与健康关系密切

情绪可通过神经、内分泌和免疫系统引起的生理变化影响健康，严重时也可导致疾病。乐观的情绪有利于健康和长寿，而严重的负性情绪本身就是一种不健康状态。

三、认识高职生的情绪

1. 健康情绪的标准

健康的情绪是良好的情绪状态。良好的心理状态，首先是情绪上的成熟，一个人的情绪的发展、反应水平和自我控制的能力与其年龄和社会对此的要求相适应，并为社会所接受。

美国心理学家马斯洛在阐述关于“自我实现者”的情绪特点中，曾经提出了健康情绪的六个特征：

（1）适度的欲望。

（2）有清醒的理智。

（3）平和、稳定、愉悦和接纳自己。

（4）对人类有深刻、诚挚的感情。

（5）富于哲理、善意的幽默感。

（6）丰富、深刻的自我情感体验。

2. 高职生的情绪表现

高职生正处于由青春期向青年期的过渡时期，在生理发育接近成熟的同时，心理上也经历着急剧的变化，尤其反映在情绪上。相对于中学生来讲，高职生的情绪内容趋向于深刻和丰富，情绪的表达趋于隐蔽，情绪的变化也逐渐趋向于稳定。主要表现为，一是高职生随着自身的成长与发展，情绪状态逐渐趋于成熟，并接近成人；二是高职生在情绪上仍然存在许多尚不成熟的方面；三是高职阶段，在情绪上表现出一些特殊的情绪反应（如矛盾性，两极性和想象性）。具体来说，高职生情绪特点主要表现为以下几个方面：

（1）外向，活泼，充满激情。就高职生整体水平而言，在情绪特点上，表现为乐观、活泼、开放、热情、精力旺盛和积极向上，充满着朝气和激情。

（2）情绪延迟性及趋向于心境化。情绪的心境化，是高职生情绪的重要特点，中学时代的青少年的情绪特点往往受制于外界情境。随着情境的变化，情绪反应来得快，消失得也快；而高职生的情绪反应的发生，往往不会随着外界的刺激环境的改变而随即消失，而表现为一定的延迟性，趋向于心境化。

（3）情感体验更加深刻，更加丰富。高职生的情绪体验更加丰富多彩，并随着自我意识的不断发展和各种需要和兴趣的扩展而表现为更加丰富、敏感、细腻和深刻，并更加带有社会内容的情感体验。

（4）波动性与两极性。高职生的情绪年龄正处于未成年人与成年人的转变阶段，在情绪状态上反映出两种情绪并存的特点。一方面，相对于中学阶段，高职生的情绪趋于稳定和成熟；另一方面，与成年人相比，高职生的情绪带有明显的起伏波动性，容易从一个极端走向另一个极端。情绪有时会表现为大起大落、大喜大怒的两极性。

（5）冲动性与爆发性。高职生的情绪特点在情绪体验上还表现出特别强烈和富有激情。对任何事都比较敏感，有时一旦情绪爆发，自己则难以控制，甚至表现为一定的盲目狂热和冲动。在处理同学关系、师生关系的矛盾时，在对待学业生活中的挫折时，常常易走极端，给自己及他人带来伤害。

（6）矛盾性与复杂性。大学阶段正是高职生面临着许多重大选择的时期，常常会呈现出一种矛盾和复杂的情绪状态。例如，希望自己具有独立性和希望依赖于他人的需要同时存在；对自己既不满，又不想承担责任；既希望得到他人的理解，又不愿意接受他人的关心等。

（7）内隐与掩饰性。高职生的情绪表现，虽然有时也会喜形于色，但已经不像青少年时期那样坦率直露，不少高职生常会将自己的情绪隐藏和掩饰，体现为外在表现与内在体验并不一致。这在无形中给高职生的同学之间的相互交流带来障碍，使一些学生出现孤独和苦闷的情感困惑。

（8）想象性。有时高职生的情绪体验，还会出现陶醉于以前的某一特定的愉快情绪状态，或是沉湎于某种负性的情绪状态之中，甚至会陷入某种想象出来的欢乐或是忧虑之中而不能自拔。例如，有的高职生因为在运动会比赛中的一次失利，而感到无地自容，后来竟然泛化想象为周围人都在轻视自己，产生了从此处处都不如人的不良心态。

3. 影响高职生情绪的因素

（1）需要是否得到满足。每个学生都有各种各样的需要，当学生的需要得到满足时就会产生积极的肯定的情绪；反之，则会产生消极的否定的情绪。

（2）身体状况。身体健康、精力旺盛是产生积极的情绪的原因之一，身体欠佳或过度疲劳，容易产生消极情绪。

（3）集体的人际关系。学生所在的集体状况和集体内的人际关系对学生的情绪产生影响，一个集体中成员之间心理相容，互相信任，团结和谐，就会使人心情愉快，情绪积极；如果成员之间互不信任，互相戒备，则会使人随时都处在不安全的情绪中。

（4）生活条件。生活条件是一种外在的刺激，它引起人的知觉从而产生情绪体验。学校硬件设施、管理的方式，以及校园环境等因素都是影响情绪的重要方面。

心随我动

活动一：悟一悟

1. 据史记记载，伍子胥在过边关时，陷入进退两难的处境，结果因极度焦虑而一夜间须发全白。

2.《三国演义》中的周瑜才华出众，机智过人，但诸葛亮利用其气量狭小的弱点巧设计谋，气得他断送了风华正茂的性命。

3.《儒林外史》中的范进，多年考不中举人，直到50多岁时，终于听到自己金榜题名，“喜极而疯”。

问：这三则材料分别表达了什么情绪？你有什么感悟？

活动二：说一说

完成下面的句子，哪些事件引起你生气、难过、焦虑、害怕、丢脸、无助的感觉呢？

1. 我最生气的一件事：________________
2. 我最难过的一件事：________________
3. 我最焦虑的一件事：________________
4. 我最害怕的一件事：________________
5. 我最丢脸的一件事：________________
6. 我最无助的一件事：________________

讨论：（1）你在填写中有何感受？请说出来。（2）你认为自己的情绪的觉知能力如何？负面情绪出现时你是置之不理还是平和接纳、主动调适？（3）别人的情绪经历对你有何启示？

心灵感悟

一、心语赏析

• 任何时候，一个人都不应该做自己情绪的奴隶，不应该让一切行动都受制于自己的情绪，而应该反过来控制情绪。无论境况多么糟糕，你应该努力去支配你的环境，将自己从黑暗中拯救出来。

• 生气是拿别人做错的事来惩罚自己。

• 忍得一时之气，免得百日之忧。

二、心语倾诉

1. 放松训练

（1）坐下，闭上眼睛。

（2）吸气，约持续吸气六秒钟，尽可能收紧你的肌肉。

（3）发出嘶嘶声地呼出你吸进的气，让身体松弛下来，然后有节奏地呼吸二十秒。

（4）再重复两次即可。

2. 闭目吟诵

• 我们不能左右天气，但是我们可以改变心情。

• 我们不能选择容貌，但是我们可以展现笑容。

• 我们不能支配他人，但是我们可以掌握自己。

• 我们不能样样顺利，但是我们可以事事尽心。

修心践行

一、试一试

每天早晨起床后和睡觉前，大声对自己说，“我很棒！我真的很不错！我一定能做好自己想做的事!”

二、测一测

你的情绪稳定吗?

对下列题目作出“是”或“否”的回答:

1. 尽管发生了不快,仍能毫不在乎地思考别的事情。
2. 不计小隙,经常保持坦率诚恳的态度。
3. 习惯于把担心的事情写在纸上并进行整理。
4. 在做事情时,往往具体规定有可能实现的目标。
5. 失败时仔细思考,反省其原因,但不会愁眉不展,整天闷闷不乐。
6. 具有悠闲自娱的爱好。
7. 常常倾听众人的意见。
8. 做事有计划地积极进行,遇挫折也不气馁。
9. 无路可走时,能够改变生活方式和节奏,以适应生活。
10. 在学业上,尽管别人比自己强,但仍保持“我走我的路”的信条。
11. 对自己的进步,哪怕只是一点点,都会很高兴。
12. 乐于一点一滴地积聚有益的东西。
13. 很少感情用事。
14. 尽管很想做某一件事,但自己估量不可能时也会打消念头。
15. 往往理智、周密地思考和判断,不拘泥于细枝末节。

测试结果:

每题选择“是”记1分,“否”不记分。然后将各题得分相加,算出总分。

0~6分:你的情绪不是很稳定,经常患得患失,又不能很好地生活。常常拘泥于一些小事情,无论做什么事情都过分认真,总是忙忙碌碌,耗费心机。难于做出重大的决策,一丝不苟反而使自己感觉迟钝。

7~9分:情绪一般稳定。

10~15分:你的情绪很稳定,能掌握处理事物的方法,并能自主判断及思考等,不拘泥于细微小节,能积极大胆地处理一些事情,在各种困难面前毫不动摇。

第二节 做情绪的主人

心灵故事

情绪钉的故事

从前,有个脾气很坏的小男孩,常常爱发脾气。一天,他父亲给了他一大包钉子,要求他每发一次脾气就必须用铁锤在他家后院的栅栏上钉一个钉子。第一天,小男孩一共在栅栏上钉了37颗钉子。过了几个星期，由于学会了控制自己的愤怒，小男孩每天在栅栏上钉钉子的数目逐渐减少了。他发现控制自己的坏脾气比往栅栏上钉钉子要容易得多了……最后，小男孩变得不爱发脾气了。他把自己的转变告诉了父亲，他父亲又建议说："如果你能坚持一整天不发脾气，就从栅栏上拔下一个钉子。"经过一段时间，小男孩终于把栅栏上的所有的钉子都拔完了。父亲拉着小男孩的手来到栅栏边，对他说："儿子，你做得很好。但是，你看一看那些钉子在栅栏上留下的那么多小孔，栅栏再也不是原来的样子了。"于是，小男孩醒悟到：当你向别人发过脾气之后，你的言语就像这些钉孔一样，会在人们的心灵里留下伤痕，无论你说多少次对不起，那些伤口都会永远地存在。其实，口头上对人们造成的伤害与伤害人们的肉体没有什么两样啊！

心海导航

一、什么是情绪管理

情绪管理（emotion management）是指用心理科学的方法有意识地调适、缓解、激发情绪，以保持适当的情绪体验与行为反应，避免或缓解不当情绪与行为反应的实践活动。情绪管理，最先由因《情绪智商》（《Emotional Intelligence》）一书而成名的丹尼高曼（Daniel Goleman）提出。他认为透过控制情绪，管理者可以成为卓越的领导人。

情绪是指个体对本身需要和客观事物之间关系的短暂而强烈的反应，是一种主观感受、生理的反应、认知的互动，并表达出一些特定行为。情绪管理是将这些感受、反应、评估和特定行为进行挖掘并驾驭的一种手段。情绪管理是指通过研究个体和群体对自身情绪和他人情绪的认识、协调、引导、互动和控制，充分挖掘和培植个体和群体的情绪智商、培养驾驭情绪的能力，从而确保个体和群体保持良好的情绪状态，并由此产生良好管理效果的一种管理手段。简单说，情绪管理是对个体和群体的情绪感知、控制、调节的过程。包括两个方面，正面情绪是指以开心、乐观、满足、热情等为特征的情绪；负面情绪是指以难过、委屈、伤心、害怕等为特征的情绪。负面工作情绪无论是对个人还是组织而言，危害都是很大的。长期的情绪困扰得不到解决，除了会降低个人的生活质量，还会使个人丧失工作热情，影响个人与同事的人际关系，并且影响个人的绩效水平。

二、管理情绪的意义

良好的情绪状态，不仅有利于提高工作和学习的效率，而且也有益于身心健康。现代医学研究证明，人们的生理疾病中，70%同时伴有心理上的病症。尤其是现代社会中的高血压、心脏病、癌症等直接威胁人类生命的重要病症，都与人的情绪状态有着直接的关系。许多人出现失眠、紧张、神经性头痛、消化系统疾病等，大都是因为情绪状态没能得到很好的调整。在青年中所见的抑郁症、恐惧症、强迫症等心理障碍和疾病，也大都与不良情绪密切相关。如果情绪失控，后果无法预料。

1. 情绪调控有利于青年的全面成长

弗洛伊德曾说，学习管理自己的情绪是成为文明人的基础。一个个性成熟的人懂得适时调控自己的情绪，在各方面表现出得体的行为举止，从而表现出良好的高素质人才的风貌。反之，失控的情绪会带来极大的恶果。作为一个完整意义的人，仅有良好的智力和一定的学识是远远不够的。懂得调控情绪才可能使你的人格更健全，使你的生活更丰富，才可能使你真正成才。一个人一生的成长都离不开情绪的调节适应机制，该机制包括正确辨认、解读别人的情绪，理解别人的感受以适应社会的需要；控制自己情感的外部表现以适应文化环境；借助情感的表达功能实现人际情感沟通和情感认同。不解决情感表达问题，通向学习和生活之门便关闭着。早些学会正确理解、表达情绪以及控制情绪，对于人一生的顺利成长、人际适应、工作的拓展、生活的充实、满意度的增加等各方面均有重要影响。

2. 良好的情绪有利于开发人的潜能

潜能的开发和利用必须有情绪的参与和支持。情绪既有其外部表现，又是一种主观体验，既是调节器又是监视器，对生活、学习有促进或阻碍两方面的作用。有较好的情绪调控能力，经常拥有积极的情绪状态，对于自身的潜能开发有巨大的意义。良好的情绪可以激发起热情、好奇心、美感，推动青年挖掘自身的潜力，自觉学习，趋向学习目标，还可以激发人的想象力，有利于产生创见。积极的情绪也会带来良好的人际关系，创造良好的工作、学习氛围，有利于创造力的发挥。

3. 良好的情绪有利于身心健康

情绪稳定、积极健康的心态原本就是心理健康的重要标志之一。积极的情绪有利于身心健康，不良情绪会干扰学习、人际适应、身心健康等各个方面。生活中不可避免地会有各种负面性事件（如学业不顺利、失恋等）发生，相应地产生负面情绪，如烦恼、悲伤等，此时如果情绪调控能力差，往往会缺乏自控，丧失有效的沟通能力，并产生不良后果。

三、怎样做情绪的主人

1. 提高情商法

美国心理学家戈尔曼提出了情商（emotional quotient，EQ）的概念。所谓情商，是指了解、控制、调整和激励自己的情绪，使自己为实现一定的目标而提高注意力和创造力的能力。

美国心理学家认为，情商包括以下几个方面的内容，一是认识自身的情绪。因为只有认识自己，才能成为自己生活的主宰；二是能妥善管理自己的情绪，即能调控自己；三是自我激励，它能够使人走出生命中的低潮，重新出发；四是认知他人的情绪。这是与他人正常交往，实现顺利沟通的基础；五是人际关系的管理，即领导和管理能力。

情商的水平不像智力水平那样可用测验分数较准确地表示出来，它只能根据个人的综合表现进行判断。情商水平高的人具有如下的特点，即社交能力强，外向而愉快，不易陷入恐惧或伤感，对事业较投入，为人正直，富于同情心，情感生活较丰富但不逾矩，无论是独处还是与许多人在一起时都能怡然自得。

2. 改变认知法

人的情绪在本质上是一种态度与认知的过程。一个人的情绪不但源于个人的哲学信念，且会因为不改变这些观念而使情绪持续下来，所以我们可以通过改变我们的认知和态度来改变与控制情绪。合理情绪疗法就是认知疗法的一种。合理情绪疗法的基本理论主要是ABC理论，是20世纪50年代由艾利斯在美国创立。这一理论是建立在艾利斯对人的基本看法之上的。艾利斯对人的本性的看法可归纳为以下几点：

（1）人既可以是有理性的、合理的，也可以是无理性的、不合理的。当人们按照理性去思维、去行动时，他们就会很愉快、富有竞争精神及行动有成效。

（2）情绪是伴随人们的思维而产生的，情绪上或心理上的困扰是由于不合理的、不合逻辑的思维所造成的。

（3）人具有一种生物学和社会学的倾向性，倾向于存在有理性的合理思维和无理性的不合理思维，即任何人都不可避免地具有或多或少的不合理思维与信念。

（4）人是有语言的动物，思维借助于语言而进行，不断地用内化语言重复某种不合理的信念，这将导致无法排解的情绪困扰。

（5）情绪困扰的持续，实际上就是那些内化语言持续作用的结果。

3. 注意力转移法

注意力转移法，就是将注意力从引起不良情绪反应的刺激情境，转移到其他事物上去或从事其他活动的自我调节方法。当出现情绪不佳的情况时，要将注意力转移到自己感兴趣的事上去，如外出散步，看电影电视、读书、打球、下盘棋，找朋友聊天，换换环境等，有助于让情绪平静下来，在活动中寻找到新的快乐。这种方法，一方面中止了不良刺激源的作用，防止不良情绪的泛化、蔓延；另一方面，通过参与新的活动特别是自己感兴趣的活动而达到增进积极的情绪体验的目的。

4. 适度宣泄法

过分压抑只会使情绪困扰加重，而适度宣泄则可以将不良情绪释放出来，从而使紧张情绪得以缓解。因此，遇有不良情绪时，最简单的办法就是“宣泄”；宣泄一般是在背地里、在知心朋友中进行的。采取的形式或是用过激的言辞抨击、谩骂、抱怨恼怒的对象；或是尽情地向至亲好友倾诉自己认为的不平和委屈等，一旦发泄完毕，心情也就随之平静下来；或是通过体育运动、劳动等方式来尽情发泄；或是到空旷的山林原野，拟定一个假目标大声叫骂，发泄胸中怨气。必须指出，在采取宣泄法来调节自己的不良情绪时，必须增强自制力，不要随便发泄不满或者不愉快的情绪，要采取正确的方式，选择适当的场合和对象，以免引起意想不到的不良后果。

5. 自我安慰法

当一个人遇有不幸或挫折时，为了避免精神上的痛苦或不安，可以找出一种合乎内心需要的理由来说明或辩解。如为失败找一个冠冕堂皇的理由，用以安慰自己，或寻找的理由强调自己所有的东西都是好的，以此冲淡内心的不安与痛苦。这种方法对于帮助人们在大的挫折面前接受现实，保护自己，避免精神崩溃是很有益处的。因此，当人们遇到情绪问题时，经常用“胜败乃兵家常事”“塞翁失马，焉知非福”“坏事变好事”等词语来进行自我安慰，可以摆脱烦恼，缓解矛盾冲突，消除焦虑、抑郁和失望，达到自我激励，总结经验，吸取教训之目的，有助于保持情绪的安宁和稳定。

6. 交往调节法

某些不良情绪常常是由人际关系矛盾和人际交往障碍引起的。因此，当我们遇到不顺心、不如意的事，有了烦恼时，能主动找亲朋好友交往、谈心，比一个人独处胡思乱想、自怨自艾要好得多。因此，在情绪不稳定的时候，找人谈一谈，具有缓和、抚慰、稳定情绪的作用。另一方面，人际交往还有助于交流思想，沟通情感，增强自己战胜不良情绪的信心和勇气，能更理智地去对待不良情绪。

7. 情绪升华法

升华是改变不为社会所接受的动机和欲望，而使之符合社会规范和时代要求，是对消极情绪的一种高水平的宣泄，是将消极情感引导到对人、对己、对社会都有利的方向去。如一同学因失恋而痛苦万分，但他没有因此而消沉，而是将注意力转移到学习中，立志做生活的强者，从而证明自己的能力。

8. 积极暗示法

心理暗示，从心理学角度讲，就是个人通过语言、形象、想象等方式，对自身施加影响的心理过程。这个概念最初由法国医师库埃于 1920 年提出，他的名言是“我每天在各方面都变得越来越好”。自我暗示分消极自我暗示与积极自我暗示。积极自我暗示，在不知不觉之中对自己的意志、心理以致生理状态产生影响。积极的自我暗示令我们保持好的心情、乐观的情绪、自信心，从而调动人的内在因素，发挥主观能动性。心理学上所讲的“皮格马利翁效应”也称期望效应，就是讲的积极的自我暗示。而消极的自我暗示会强化我们个性中的弱点，唤醒我们潜藏在心灵深处的自卑、怯懦、嫉妒等，从而影响情绪。

与此同时，我们可以利用语言的指导和暗示作用，来调适和放松心理的紧张状态，使不良情绪得到缓解。心理学的实验表明，当个人静坐时，默默地说“勃然大怒”“暴跳如雷”“气死我了”等语句时心跳会加剧，呼吸也会加快，仿佛真的发起怒来。相反，如果默念“喜笑颜开”“兴高采烈”“把人乐坏了”之类的语句，那么他的心里面也会产生一种乐滋滋的体验。由此可见，言语活动既能唤起人们愉快的体验，也能唤起不愉快的体验；既能引起某种情绪反应，也能抑制某种情绪反应。因此，当我们在生活中遇到情绪问题时，我们应当充分利用语言的作用，用内部语言或书面语言对自身进行暗示，缓解不良情绪，保持心理平衡。比如，默想或用笔在纸上写出下列词语：“冷静”“三思而后行”“制怒”“镇定”等。实践证明，这种暗示对人的不良情绪和行为有奇妙的影响和调控作用，既可以松弛过分紧张的情绪，又可用来激励自己。

在上述方法都失效的情况下，仍不要灰心，在有条件的情况下，去找心理医生进行咨询、倾诉。在心理医生的指导、帮助下，克服不良情绪。

心随我动

活动一：管理情绪有妙招

1. 各小组讨论，讨论的主题是：结合自己的生活经历，在调节情绪方面，你有哪些妙招？

2. 将小组讨论的结果汇总，写在纸上，并标出序号。
3. 代表发言。
4. 评出支招最多的小组。

活动二：背诵

不气歌

他人生气我不气，我本无心他来气。
倘若生气中他计，气出病来无人替。
请来医生将病治，反说气病治非易。
气之为害太恐惧，诚恐因气命休矣。
我今尝过气中味，不气不气就不气！

心灵感悟

一、心语赏析

• 如果能左右自己的思想，就能够控制自己的情感。

• 成功的最大敌人是缺乏对自己情绪的控制。愤怒时，不能制怒；消沉时，放纵自己的萎靡。

• 烦恼时时有，看开自然无。

二、心语倾诉

1. 放松训练（同上一节）
2. 闭目吟诵

• 积极主动地控制情绪，才能掌握自己的命运。

• 笑一笑，十年少；愁一愁，白了头。

修心践行

一、品一品

张良年轻时，所在的国家被秦始皇消灭，他倾家荡产雇用一个大力士，欲在博浪沙追杀秦始皇，却未成功，后来被朝廷通缉。张良隐居于一个小乡村之中，他每天早上都去散步，有一天经过一座桥的时候，有一位老人坐在桥上，看到张良来，就将自己脚上的鞋子丢下桥，然后指着张良说："帮我捡上来！"

张良当时很生气，想揍这个老人，后来想想，不跟老人家计较，就下去把鞋子捡上来。岂知老人又命令张良："帮我穿上！"张良又想揍他，后来想想既然已经捡回来了，就帮他穿上好了。鞋子穿上之后，老人很高兴地说："孺子可教也！五天以后到这桥上来，我会送你一本书。”

五天以后张良依约前往，老人坐在桥上，看到张良大发脾气说：“年轻人跟老头子约会还会迟到，五天以后再来！”五天以后张良又去，看到老人又已坐在桥上，又对他发脾气说：“五天以后再来！”五天后，这一次张良半夜就去桥上等，过一会儿老人来了，看到张良很高兴，就说：“孺子可教！”然后老人送给了张良一本兵书。这就是《太公兵法》。

这位老先生在传张良兵书之前，先磨他性情，原因何在？因为一个人学问再好，如果性情不好，情绪管理的能力不好，有了学问也没用。

二、试一试

情绪管理三部曲

1. What——我现在有什么情绪？

由于平常容易压抑感觉或常认为有情绪不好，因此，我们常常忽略真实的感受。情绪管理第一步就是要先能察觉我们的情绪，接纳我们的情绪。情绪没有好坏之分，只要是我们真实的感受，就要正视并接受它。只有当我们认清我们的情绪，知道自己现在的感受，才能掌握情绪，也才能为自己的情绪负责，不会被情绪所左右。

2. Why——我为什么会有这种感觉（情绪）？

我为什么生气？为什么难过？为什么觉得挫折无助？为什么……找出原因，才知道这样的反应是否正常，找出引发情绪的原因，才能对症下药。

3. How——如何有效处理情绪？

用什么方法舒解自己的情绪？心情不好时会怎么处理？什么方法对你比较有效？深呼吸、肌肉松弛、静坐冥想、运动、到郊外走走、听音乐等，都能让心情平静，大哭一场、找人聊聊、涂鸦、用笔抒情等，也可以宣泄或换个乐观想法改变心情。

第五章　学会耐挫减压

第一节　人生难免有挫折

心灵故事

受伤后变得更硬

高中毕业后，儿子跟着父亲做起了木匠。由于没有考上大学，儿子的情绪十分低落，感到前途渺茫。

一天，儿子学刨木板，刨子在一个木结处被卡住，怎么使劲也刨不动它。“这木结怎么这么硬?”儿子不由自言自语。“因为它受过伤。”在一旁的父亲插了一句。“受过伤?”儿子不明白父亲话里的含义。“这些木结，都曾是树受过伤的部位，结疤之后，它们往往变得最硬。”父亲说，“人也一样，只有受过伤后，才会变得坚强起来。”

父亲的话让儿子心头一亮。第二天，儿子放下了刨子，要求回学校复读。

心海导航

人的行为总是从一定的动机出发达到一定的目的。如果在通向目标的道路上遇到了障碍，那么就会产生三种情况，即改变行为，绕过障碍，达到目标；如果障碍不可逾越，可能改变目标，从而改变行为的方向；在障碍面前无路可走，不能达到目的。只有在后一种情况面前，人们才会产生挫折。

一、大学生挫折的内涵

挫折是指人们在从事有目的的活动中，遇到了难以克服或自以为无法克服的障碍或干扰，致使个人需要或动机无法满足时所产生的紧张状态和消极的情绪反应。这一概念应包括三个方面的含义，即挫折情境、挫折认知和挫折反应。

1. 挫折情境

挫折情境是指人们的需要不能获得满足的内外障碍或干扰等情境因素，如考试不及格，比赛未取得理想名次，受到讽刺、打击等。

2. 挫折认知

挫折认知是指人们对挫折情境的知觉、认识和评价，挫折认知既可以是对实际遭遇的挫折情境的认知，也可以是对想象中可能出现的挫折情境的认知。如有的人总是怀疑别人在议论自己，虽然事实并非如此，但他在心理上因此产生与他人关系不和睦的想法。另外，不同的人对相同的挫折情境所产生的主观心理压力也不尽相同，个人的知识结构也会影响其对挫折情境的知觉判断。

3. 挫折反应

挫折反应是人们伴随着挫折认知，对于自己的需要不能满足时产生的情绪和行为的反应，常见的有焦虑、紧张、愤怒、躲避或攻击等。

一般情况下，挫折情境（真实的或想象）引起挫折认知进而产生挫折反应。可见，挫折认知起着十分重要的中介作用。假如两个人遇到同样的挫折情境，如考试成绩不理想，一个人认为问题很严重，另一个人认为无所谓，那么两人所产生的反应明显不同，前者可能引起强烈的情绪反应，而后者则可能反应很微弱，这主要是由于认知的不同。

二、大学生挫折心理的成因

1. 外在的客观原因

即由外界事物或客观情况阻碍个体达到目标而产生的挫折，也称环境起因挫折，分为自然条件与社会条件两种。自然条件的制约往往能给人带来不幸的结果。一些无从预料、不可抵挡的自然现象，诸如山洪暴发、火山地震、江河决堤、大旱大涝等，都会使人滞留在不利的环境中。而人们要在不利的环境中取得满意的结果就要付出更大的艰辛努力，即便如此，其成功的概率也低于良好自然条件下的努力；社会条件，含个人在社会生活中受到的阻碍，如政治迫害、婚姻关系破裂、人际关系不顺、领导者管理方式不妥等都能让人产生挫折。

2. 内在的主观原因

即由自身条件的限制阻碍了目标的实现，也叫个人起因挫折。主要有两方面原因，一是个体生理原因，包括导致个人活动失败或无法达成目标的生理素质、体力、外貌及生理缺陷等。如一个身体条件不好的人梦想成为姚明那样的球星，显然不现实；二是个人心理原因，包括个人生活条件、经济水平、人格特点、心理发展水平不高、意志薄弱、能力不强、自卑感重等。如目标超越了个人的客观实际，或者自我估计过高的人，也常因为目标设置的不现实，很多愿望不能实现遭受挫折。

三、大学生挫折心理的反应

个体在受到挫折后，无论挫折情境是由客观因素还是由主观因素造成的，都会给个体的生理、心理与行为带来一些影响。了解受到挫折后的种种反应，弄清这些反应的实质，是增强心理健康的关键。

1. 受挫后的生理反应

个体受挫后，机体内部的自我调节机制将会最大限度地调动机体的潜在能力，以维持超常状态下的正常生命活动，以有效地应对外界环境的变化。然而，潜能的大量突然消耗，会引起有关器官功能出现衰竭趋向，从而发生病变。如受挫初期的紧张、焦虑情绪可使交感神经系统的兴奋性增强，需要消耗大量的能量。于是，神经末梢释放生物信息，刺激各种激素分泌增加，促进蛋白质、脂肪、糖原分解；刺激心肌收缩力增强，以促进血液循环加快，血压升高；刺激呼吸加快，以保证氧气供应。体内潜能大量消耗的同时，机体内部那些与情绪反应无直接联系的器官或系统则得不到必要的能量而不能维持正常功能，如消化道蠕动减慢，胃肠液分泌减少等。如果长期处于挫折情境中得不到解脱，上述生理变化将会进一步增强，从而引起身心病变，出现皮肤和面色苍白、四肢发冷、心悸、气急、腹胀、尿少等一系列症状。医学研究表明，心律失常、支气管哮喘、消化道溃疡、类风湿性关节炎、偏头痛、失眠等疾病多与受挫后的生理反应有关。

2. 受挫后的心理反应

由于个体的心理承受能力不同，自我调适能力不同，大学生遇到挫折后，会有不同的行为表现。总体上可以分为两种，一种是积极的心理行为表现，即个体在遭受挫折后能够审时度势、不失常态地、有控制地、转向摆脱挫折情境为目标的理智性行为；另一种是消极的心理行为表现，指失常的、失控的、没有目标导向的非理智性行为。

（1）理智性反应。

①坚持目标，继续努力。当个体受挫后，根据自己的知识、经验，通过分析，发现自己追求的目标是现实的，那么即使暂时遇到了挫折，也应克服困难，找到摆脱挫折情境的办法，毫不动摇地朝既定目标迈进，最终实现自己的愿望，达到预定的目标。

②降低目标，改变行为。当既定目标经一再尝试仍不能成功时，个体应调整目标，变换方式，通过别的方法和途径实现目标，或者把原来制定的不切实际的目标往下调整，改变行为方向，则有可能成功，并满足某种需要。这种目标的重新审定和转移，不是惧怕困难，而是实事求是的表现，同时也有利于避免由于目标不当难以达成而产生焦虑情绪和挫折心理。

③改换目标，取而代之。在个体确定的目标由于自身条件或社会因素的限制，不能实现并受到挫折时，可以改变目标，用另一目标来代替，使需要得到满足；或通过另一种活动来弥补心理的创伤，驱散由于失败而造成的内心忧愁和痛苦，增强前进的信心和勇气。

④寻求支持。在挫折的打击下，有些人往往感到自己势单力薄，力量有限，从而将注意力转向寻求他人和社会的支持，或找亲朋好友倾诉衷肠，或找组织、团体要求得到帮助和关心，以此来减轻挫折感和烦恼程度。这也是一种理智性的挫折反应。

（2）非理智性反应。

①焦虑。焦虑是挫折后常见的一种心理反应。适度焦虑，可唤醒大脑皮质的觉醒状态，如考试前适度紧张，可增强注意力，提高记忆水平，对提高学习效率、发挥潜能等有一定的积极作用。而过度焦虑则会使注意力不集中，记忆力下降，思维紊乱，辨别能力降低等，是一种有害的情绪反应，严重的会导致心理疾病，发展成焦虑症。

②攻击。个体遭受挫折后，常常引起愤怒的情绪。为了将愤怒的情绪发泄出去，或是要对构成挫折的人进行报复，可能会产生过激的举动，而表现为攻击性行动。

直接攻击：是指受挫者将愤怒的情绪直接发泄到对自己构成挫折的人或物上，多以动作、表情、言语、文字等方式表现出来。如采取打斗、辱骂、讽刺、漫画等形式，侮辱对方人格，发泄自己内心的不满。

转向攻击：转向攻击不是直接攻击造成挫折的一方，而是将其他人或物作为发泄的对象。直接攻击常常会造成严重后果，因而为社会所不容。有时也无法向真正的对象进行攻击，而且事实上也常常不能解决问题，可能造成严重的后果。因此，有的人在受挫后，就会采取变相的攻击方式，即转向攻击。例如，在公司受了上司气的丈夫回家拿妻儿出气。在许多情况下，成为转向攻击的目标都是无辜的。

③冷漠。这是一种与攻击相反的行为反应。当个人遭遇挫折时表现出无动于衷、漠不关心的态度，似乎毫无情绪反应。其实，冷漠并非不包含愤怒的情绪成分，只是个体把愤怒暂时压抑，而以间接方式表现出来。这种表面冷漠退让，内心深处则往往隐藏着很深的痛苦，是一种受压抑极深的反应。

④退化。又叫倒退或回归。指个体遇到挫折时表现出与自己的年龄、身份极不相称的幼稚行为。当一个人遭到挫折时，可能会以简单、幼稚的方式应付挫折，以求得到别人的同情和照顾。退化是一种由成熟向幼稚倒退的反常现象，而且其本人对此并非能清醒地意识到。如有些学生遇到挫折或一些不顺心的事情后，或暴跳如雷，或蒙头大睡，装病不起，甚至幼稚得像小孩一样哭闹。退化的另一种表现是受暗示性增高，受挫折后降低了明辨是非的能力，盲目地相信别人，盲目地顺从别人和盲目地执行别人的暗示。

⑤幻想。又称白日梦，指个体企图以自己想象的虚幻情境来对付挫折，借以摆脱现实的痛苦，并在此虚幻情境中寻求满足。此法偶尔用之，并非失常，可使人暂时摆脱苦恼，缓冲情绪紧张，但对解决实际问题毫无益处，多用会形成病态的行为反应。

⑥固着。个体在受到挫折后，采取刻板的方式，盲目重复某种无效的行为，以不变应万变的现象叫固着。一般而言，个体受挫折后需要有一种随机应变的能力来摆脱所遭遇的困境。但是有人在反复碰到类似的困境后，依旧用先前的方法，盲目地解决已经变化了的问题，尽管他们知道这些动作对目标的达成、需要的满足并无帮助。

⑦逃避。逃避是指有些人遭受挫折后，往往不敢面对现实、正视现实，而是躲开受挫的现实，放弃原来所追求的目标，撤退到比较安全的地方去。如有的人在生活中碰钉子，或者所追求的目标、理想一时不能实现时，便心灰意冷；还有的人在学习、工作开始的时候积极性很高，但对困难估计不足，结果一遇挫折便退却下来。逃避的显著特点是“一朝被蛇咬，十年怕井绳”。遇到挫折后便意志消沉，一蹶不振。逃避虽然能使心理紧张得到暂时的缓解，但问题并没有解决，长期下去会形成不良适应，使人害怕困难和挫折，因而不求进取。

⑧自杀。自杀是遭遇挫折后的极端反应。如果挫折的打击来得突然而沉重，受挫者对挫折的承受力又很低，就会深陷于万念俱灰的泥潭而不能自拔。此时，如果得不到外力的帮助，受挫者又把受挫的原因归结为自己，就可能会自暴自弃，伤害自己的身体，甚至产生轻生厌世的思想。

四、大学生应对挫折的方法

人们常说，“解铃还须系铃人”，战胜挫折，社会、学校等外界环境是重要的。但是，在众多的挫折中，许多是由大学生自己的主观因素导致的，并且挫折是大学生自己的挫折，它引起大学生自己种种不良、痛苦的体验。因此，正像大作家雨果所说，“应该相信自己，自己是生活的战胜者”，要真正战胜挫折，更主要是依靠受挫的大学生自己。

1. 正确认识挫折

正确认识挫折，树立正确的挫折观，是大学生战胜挫折的先导和前提。在现实生活中，考试不理想、人际关系困难、生活不适应等挫折几乎每个人都曾遇到过。有的人总认为生活中的挫折、困境、失败都是消极和可怕的，受挫后往往悲观抑郁，甚至丧失了生活的勇气。事实上，挫折并不都是坏事，处理得好的话，它也可以成为自强不息、奋起拼搏、争取成功的动力和精神催化剂。生活中许多优秀人物就是在挫折磨炼中成熟，在困境中崛起。相反，过于一帆风顺的生活反而会使人耽于安逸、丧失斗志，在挑战到来时措手不及。因此，挫折也是一种机会。只要能坦然面对挫折，树立战胜挫折的勇气和信心，就可以适应任何变化中的环境。

2. 改变不合理观念

心理学研究表明，引起强烈挫折感的与其说是挫折、冲突，不如说是受挫者对所受挫折的看法，以及所采取的态度。常见的不合理观念有以下几种。

（1）此事不该发生。有些人把生活中的不顺利，学习、交往中的挫折和失败看作是不应该发生的。他们认为，生活应该是愉快的、丰富的，人际关系应该是和谐的、互助的。一旦生活中出现诸如人际的冲突，成绩滑坡，好友负心，评不上优秀等事件，就认为它不应该发生，因而变得烦躁易怒、束手无策、痛苦不堪、失去信心。

（2）以偏概全。有些人常常以片面的思维方式看待事物，简单地以个别事件来断言全部生活。例如，有人对自己不友好，就得出结论说自己人缘不好或缺乏交往能力；一次考试不如意，就认为自己彻底失败，不是读书的材料；一次失恋就认为自己对异性没有吸引力等，从而导致自责自怨、自卑自弃的心理而焦虑或抑郁。以偏概全不仅表现在对自己的认识上，也表现在对他人、对社会的认识上。例如，因一事有错而对他人全盘否定；因社会有缺陷，存在阴暗面，就看不到光明，而彻底丧失信心。

（3）无限夸大后果。有些人遇到一些小挫折，却把后果想象得非常糟糕、可怕。夸大后果的结果是使人越想越消沉，情绪越来越恶劣，最后难以自拔。例如，一门功课考试不及格，就认为自己能力不行，学不下去，毕不了业，找不到工作，人生没前途，生命没价值。这实际上是一种自己吓唬自己，给自己施加压力的做法。只有改变不良的认知方式，纠正错误的观念，才能实事求是地评价挫折带来的后果，从困难中看到希望。

3. 对挫折进行正确归因

美国心理学家韦纳（B. Weiner）对人们失败的归因进行了研究。认为一般情况下，失败由客观因素（包括任务难度和机遇）和主观因素（人的能力与努力）造成。人们把失败归因于何种因素，对以后的活动、积极性有很大影响：把失败归因于主观因素，会使人感到内疚和无助；把失败归因于客观因素，会产生气愤与敌意。

大学生应正确分析自己的成败归因模式，特别要注意避免韦纳指出的两种错误的归因模式。例如，有的学生总是把自己学习的成败，归因于外在因素，如学习上受挫折后，把失败归因于运气不好，没能猜中题目或埋怨教师的命题和评分，而不努力去克服困难和改变失败的处境；还有的学生把失败归因于自身的能力、技能和努力的程度过低，因而抱怨自己，过多地责备自己。这两种习惯性归因，不可能找出造成挫折的真实原因，无助于战胜挫折。总之，大学生受挫以后，应当冷静、客观地分析自己失败的原因，找出造成挫折的真实原因，对挫折做客观、准确、符合实际的归因，从而战胜挫折。

4. 优化自身人格品质，提高挫折承受力

挫折承受力与人格特征有关。以下几种人格类型的人常常容易引起挫折感：

（1）性情急躁的人。他们情绪变化大，易动怒，火爆脾气一点就着，常常因为一点芝麻绿豆的事而引起挫折感。

（2）心胸狭窄的人。他们气量小、好猜疑，喜欢斤斤计较，容易体验消极的情感。

（3）意志薄弱的人。他们做事缺乏耐力和持久性，患得患失，害怕困难，只看眼前利益，经不起打击和挫折。

（4）自我偏颇的人。他们缺乏自知之明，或者自高自大、目空一切，或者自卑自贱、畏首畏尾。

为了提高挫折承受能力，大学生都应主动培养自己良好的人格品质，改变那些不适应发展的不良的人格品质。重点应培养自信乐观、自强不息、宽容豁达、开拓创新等品质。自信才能乐观，乐观才能自信，两者相辅相成。自强不息是良好的意志品质，是一切成功者的共同特征。宽容豁达和开拓创新的人胸怀宽阔，对挫折不是被动地适应，一味地忍耐，而是面向未来，积极进取，勇于创造新生活。因此，提高承受挫折的能力应从培养良好的人格品质入手，从细微小事中严格要求自己，努力在实践中锻炼，使自己的心理得到充分、有效的发展，心理健康达到高水平的状态。

5. 建立社会支持网络，主动寻求帮助

社会支持既涉及家庭内外的供养与维系，也涉及各种正式与非正式的支援和帮助。包括物质帮助、行为支持、情感互动、信息反馈等。在大多数情况下，一个人的社会支持网络的规模越大，密度越高，则社会支持力量越强，社会支持的心理保健功效越明显。因此，大学生应当建立一定的社会支持网络，在挫折来临时，主动求助，相互支持，这是克服困难、战胜挫折的有效方法。

6. 合理运用心理防御机制

当遭遇挫折和失败时，人们都有一种摆脱困境、减轻不安、稳定情绪、重新达到心理平衡的倾向，这种倾向称为心理防御机制。每个人在处理挫折和紧张情绪时，都会自觉不自觉地运用心理防御机制。因世界观、生活态度及个性特征不同，每个人所使用的防御机制也有差异，其中有些是积极的，有些是消极的。积极的心理防御机制有：

（1）升华。人的有些行为和欲望，如直接表现出来可能会产生不良后果或不为自己理智所接受。如果将其导向比较崇高的方向，使其具有建设性并有利于本人和社会时，便是升华。如有些同学对班里的成绩优秀者存在嫉妒心理，他不将它表现出来，而是将其作为促使自己奋发的动力，这便是升华的表现。升华因为让原来的欲望得到间接宣泄而消除了焦虑感，还可以使个体获得成功的满足，所以具有积极意义。

（2）补偿。个体在追求目标、理想的过程中受挫后，改变活动方向，以其他可能成功的活动来弥补，起到“失之东隅，收之桑榆”的目的。

（3）认同。当一个人在生活中无法获得成功时，将自己比拟成其他成功的人，借以在心理上分享他人的成功感，从而消除因挫折而产生的痛苦。如有的大学生通过模仿崇拜偶像或名人的言行得到内心满足，从而激发奋发向上的决心。

（4）幽默。当一个人遇到挫折，处境尴尬时，用幽默来化解困境，摆脱失衡状态，也是一种积极的防御机制。

心随我动

活动一：快乐猜猜看

一天，农夫的驴子不小心掉进了一口枯井。农夫没办法将驴子救出，只得找了几个人帮忙铲土把驴子埋掉……。请同学们猜测一下，驴子的命运？

活动二：挫折即学习

请同学们写下令自己伤心、失望、沮丧、痛苦的事情，并思考从这些事情中学到了什么？全体同学分成小组交流，每组 8~10 人。

生活中遇到的负性事件	学到的道理
1. ________________	1. ________________
2. ________________	2. ________________
3. ________________	3. ________________
4. ________________	4. ________________

活动三：情景表演（任选一）

1. 求职遇到挫折　　2. 恋爱遇到挫折　　3. 学习遇到挫折

思考：如果你遇到这类挫折，你会采取哪些积极的应对措施？

活动四：合唱

阳光总在风雨后

人生路上甜苦和喜忧，愿与你分担所有。难免曾经跌倒和等候，要勇敢地抬头。谁愿常躲在避风的港口，宁有波涛汹涌的自由。愿是你心中灯塔的守候，在迷雾中让你看透。阳光总在风雨后，乌云上有晴空。珍惜所有的感动，每一份希望在你手中。阳光总在风雨后，请相信有彩虹。风风雨雨都接受，我一直会在你的左右。

心灵感悟

一、心语赏析

- 塞翁失马，焉知非福。　　——刘安
- 宝剑锋从磨砺出，梅花香自苦寒来。　　——古语
- 苦难对于强者来说是一块垫脚石，使人站得更高；对于弱者来说却是一块绊脚石，

使人止步不前。——巴尔扎克

- 不幸是一所最好的大学。——别林斯基

二、心语倾诉

1. 放松训练（同第四章第一节）
2. 闭目吟诵

- 人生难免有挫折，挫折是财富。
- 笑对挫折才能战胜挫折。
- 即使跌倒一百次，也要一百零一次地站起来。

修心践行

一、搜一搜

积极面对挫折的典型案例或名人名言。当自己人生遭遇挫折时，用这些典型案例或名人名言激励自己、渡过难关。

二、看一看

励志电影《当幸福来敲门》。该剧由威尔·史密斯主演，讲述的是一个在人生道路上屡遭挫折的投资家，经过自己的不懈努力最后获得成功与幸福的故事。

三、品一品

生活是美好的

生活是极不愉快的玩笑，不过要使它美好却也不难。为了做到这一点，光是中头彩赢了20万卢布、得了“白鹰”勋章、娶了个漂亮女人、以好人出名，还是不够的——这些福分都是无常的，而且也很容易习惯。为了不断感受到幸福，甚至在苦恼和愁闷的时候也感到幸福，那就需要：①善于满足现状；②很高兴地感到：“事情原来可能更糟呢”。

要是火柴在你的衣袋里燃起来了，那你应当高兴，而且感谢上苍：多亏你的衣袋不是火药库。

要是有穷亲戚上别墅来找你，那你不要脸色发白，而要喜气洋洋地叫道：“挺好，幸亏来的不是警察！”

要是手指扎了一根刺，那你应当高兴：“挺好，多亏这根刺不是扎在眼睛里！”

如果你的妻子或者小姨练钢琴，那你不要发脾气，而要感激这份福气：你是在听音乐，而不是在听狼嗥或者猫的音乐会。

你该高兴，因为你不是拉长途马车的马，不是寇克的“小点”（寇克是19世纪德国细菌学家，“小点”指细菌），不是毛毛虫，不是猪，不是驴，不是茨冈人牵的熊，不是臭虫……

如果你不是住在边远的地方，那你一想到命运总算没有把你送到边远的地方去，你岂不觉着幸福？

要是有一颗牙痛起来，那你就该高兴，幸亏不是满口的牙痛起来。

你该高兴，因为你居然可以不必读《公民报》，不必坐在垃圾车上，不必一下子跟三个女人结婚……

要是你被送到警察局去了，那就该乐得跳起来，因为多亏没有把你送到地狱的大火里去。

要是你挨了一顿木棍子的打，那就该蹦蹦跳跳，叫道："我多么运气，人家总算没有拿带刺的棒子打我!"

要是你的妻子对你变了心，那就该高兴，多亏她背叛的是你，不是国家。

依此类推……朋友，照着我的劝告去做吧，你的生活就会欢乐无穷了。

第二节　紧握压力双刃剑

心灵故事

无压力的老鼠

科学家曾经对两只老鼠进行"精神压力"的实验。他把其中一只老鼠的压力基因全部抽取出来，另外一只则维持原样。然后把它们放到一个仿真的环境中。那只无压力基因的老鼠兴奋异常，到处乱跑。另外那只则仍是"胆小如鼠"，小心翼翼，一遇风吹草动便警觉躲避。也许有人说："就像人一样，有压力，很可能畏首畏尾一事无成。"

实验的结果是：那只无压力的老鼠爬上13米高的假山，掉下来摔死了。

心海导航

一、压力概述

1. 什么是压力

心理学上普遍认为压力是指由刺激引起的伴有躯体机能以及心理活动改变的一种身心紧张状态，也被称为心理压力，或称心理应激。

正性压力可以使个体产生一种愉快、满意的体验，负性压力则会使个体产生一种不愉快、消极痛苦的体验，从而产生挫折感和失败感。

适度的压力可以调动工作者的资源来应对当前问题，达到心理与工作压力的良性适应；而过度压力则会对工作者的机体造成抑制，导致身体、情绪和行为的不适，对其心理带来负面影响。

2. 压力的来源

压力源可分为4类：

(1) 心理性压力源。心理性压力的发生，简单来说就是"要与不要"的问题。在每个人的心中都有满足基本需求与达成愿望的想法。如果这些需求的追寻遭受挫折，就会产生心理压力。

（2）生理性压力源。对躯体产生直接性损害的刺激，如各种疾病、环境的噪声、温度变化等。

（3）社会性压力源。指社会生活中所发生的变化，广义如政治动乱、战争、社会制度的变革等；狭义如工作环境的变动、家庭成员的生离死别等重大生活事件。

（4）文化性压力源。这是指迁徙、移民或是跨国旅行时，因为生活方式、语言的不同而产生的适应性压力。

3. 压力引起的不良身心反应

压力反应是生理和心理相互作用的结果，是一系列生理和心理反应的综合表现。适度的压力能引起我们的积极反应，如集中注意力、激发斗志、促进思考等；压力过度则可能引起我们生理上、心理上、行为上的消极反应。这里主要谈一下不良的压力反应。

（1）生理反应。

①经常体验到肌肉抽搐和紧张，如感到机体的某一部位不由自主地跳动，眼睛、面部、肩部、背部、腿部以及身体的其他部位发紧、酸痛，缺乏柔性和灵活性。

②动作僵硬、急促，经常摆弄手指、抖动腿脚或身体的其他部位。

③经常感到气闷，消化不良，食欲不振。

④皮肤经常无缘无故地发痒、过敏，吃药也不起作用。

⑤全身无力、疲劳，休息后也很难恢复。

⑥免疫力下降。

（2）心理反应。在压力状态下，生理上的紧张和心理上的紧张是同时出现的，而且相互影响。心理上的紧张一般有如下表现：心烦意乱、焦虑、压抑、敏感、注意力不集中、思维混乱、感到生活空虚无聊、缺乏自信。如果长期得不到调节，就易引起以下的心理疾病：

①焦虑症。表现为持续性的神经紧张或发作性的惊恐状态，其焦虑往往并非由实际危险引起，焦虑的程度也往往同现实的压力源不相符。个体主观上总是感到无缘无故的紧张不安，整日忧心忡忡，似乎这种不安状态已经普遍化，成为其情绪的主宰。

②抑郁。表现为情绪情感低落、忧伤、失望，怀疑自己的智力和学习能力，对许多事情持消极、悲观的看法，反应迟钝。

③失眠。由于植物性神经系统紊乱引起生理活动的失调所致，表现为入睡困难、夜间觉醒和多梦等。长期的失眠会严重影响日常的生活和学习。

④人际关系障碍。表现为缺乏自信，思维不清，动作不自然，缺乏语言表达能力等。

二、大学生常见的压力

1. 学习压力

学习是大学生的首要任务。大学生生活中的绝大多数时间是在与学习打交道，所以由学习所形成的压力有时虽强度不是很大，但持续时间却很长，对大学生的影响不可低估。据调查，有 30%的被试者感到目前最大的压力是学习问题。在学习方面的压力，主要与以下几个因素有关：一是不恰当的社会比较；二是由对专业和专业知识不感兴趣所导致的压力；三是学习时间长，学习头绪多所带来的压力。

高等职业教育的课程设置与一般学术型课程有很大的差别，它突出应用性，淡化系统性。许多学生无法适应这一转变，觉得学习负担加重，感到压力很大；其次是考证的压力，一般高职院校都实行“双证”制度，要求学生不仅要拿到毕业证，还要考取各种技能证书，既要花钱，又要花时间和精力。许多学生认为“多一本证就多一份竞争实力”，于是互相攀比，在你追我赶中奋力考证，也带来了相应的竞争压力；还有校内各种社会工作的竞争带来的压力。

2. 生活压力

也许对一部分大学生来讲，最大的压力莫过于生活的艰辛。大学生所缴费用与上学花销在逐年加大，这成了一部分同学尤其是一些贫困生和特困生的压力源。首先是生活上的窘迫感。有的严重程度甚至到了“不敢随便多吃一点东西，否则生活费就没有了”的地步；第二是对家人的内疚感。有的同学来自老、弱、病甚至有父母死亡的家庭，他们最大的内疚就是对不起亲人，不想让家人替自己背包袱，可自己又无能为力。

3. 交往压力

部分大学生交往中会有自卑感。有的同学总担心别人看不起自己，同学间不经意的一句玩笑或某种行为都会深深地刺伤他们的心灵，强烈的自尊渴望与脆弱的情绪、情感相交织。心理学研究认为，社会支持（或良好的人际关系）能对应激状态下的个人提供保护，即对应激起缓冲作用，能有效地减少忧郁倾向和心态失衡。美国社会心理学家的一项调查认为，使人们感到幸福的既不是金钱，也不是名利、地位、成功，而是良好的人际关系。我国在对大学毕业生所做的一项调查中发现，大学生最留恋的是与朋友间的友谊。但在现实的大学生群体中，人际交往并没有那么顺利，反而成了一些人心理障碍的根源。“踏着铃声进出课堂，宿舍里面不声不响，互联网上诉说衷肠”。这句顺口溜实际上反映了相当一部分大学生的交际现状。

4. 情感压力

情感生活作为大学生活主旋律之一，始终是问题的敏感点和多发点，在出现心理危机的学生群体中，情感危机引发的心理问题占了相当比例。性与恋爱问题处理不当，造成的后果最为严重。很多大学生在与异性的接触过程中，不知道该接触到什么程度合适，一些学生难以把握自己，一旦出现问题就可能走极端。

5. 个体内部压力

有研究者把性爱问题、学业问题和交往问题并列为当代大学生心理行为的三大问题。生理方面，大学生正处于由少年向成年过渡的青春后期。生理成熟与学业间关系以及与异性间关系都是大学生们经常思考的一个问题。承认这个问题的存在是自然的，也是必要的，它有助于我们正视问题和解决问题。在心理因素方面，不同的个性对人的影响不同，如性格内向者与性格外向者之间、胆汁质的人与抑郁质的人之间对压力的看法会有明显的不同。

6. 就业压力

就业是大学生最为关注的一个话题，其所形成的压力更大，涉及面也更广。高校逐年扩招，而其中高职高专比例增幅最大，超过40%。在这种情况下，大学生就业面临的压力就可想而知了。人才需求市场萎缩（或饱和）以及大学生择业种类和择业地的过于集中，是造成这种压力的根本原因。

另外，就业压力还有部分原因来自大学生个体家庭背景的差别，家庭背景的差异一定程度上造成学生就业上的差异，形成就业机遇的差异。因此，一到毕业临近，那些家庭背景较差的同学就会为自己的前途感到焦虑、担忧，感叹社会的不公，甚至产生怨恨以及某些过激行为。

三、快速减压小窍门

1. 饮食调节法

研究表明，有的食物有直接减轻心理压力的作用，如维生素 C 就具有减压作用。建议大家多吃富含维 C 的蔬菜水果，如辣椒、绿叶蔬菜、橙子、菠萝、葡萄等。

2. 合理宣泄法

压力过大、心情紧张焦虑时，不妨通过哭泣、大笑、歌唱、运动等方式释放压力，哭泣可排毒，大笑及运动可使身体产生腓肽效应，并愉悦神经。还可以通过和朋友倾诉、写心理日记的方式宣泄内心压力。当然大哭大笑、大声歌唱都要注意合适的时间和地点，避免干扰他人。

3. 注意转移法

压力过大时，可通过做自己感兴趣的事情或通过改变原有环境转移注意焦点，让疲倦的身心得到休憩。

4. 放松缓解法

放松主要有音乐放松和肌肉放松，一般是两者的结合。伴随音乐，我们逐步放松自己的身体，从头部、脖子、肩膀、手臂直到身体的各个部位，音乐可使被压抑的情绪、欲望释放出来，获得心理平衡，从而消除紧张焦虑。按摩可以刺激身体的重要穴位，消除疲累，恢复脑力和体力。

5. 积极认知法

人有时感觉压力大，是因为不合理的认知造成的。比如：两个囚犯住在同一间牢房，往同一个窗外看，一个看到的是泥巴，另一个看到的是星星。看到泥巴的人对自己的处境忧心忡忡，而看到星星的人则对自己的未来充满希望。因此，面对压力事件，我们要积极认知，乐观对待。

6. 冥想减压法

冥想五分钟等于熟睡一小时。冥想是一种“留心”与“注意”的能力。找个舒适的姿势坐下，专注自己的呼吸，用心感受自己的一呼一吸，弄清自己是怎么走神的，渐渐地让自己不再受思虑的困扰，进入虚无境界，不因前事而懊悔，不因后事而忧惧。

心随我动

活动一：做心理减压操

第一种：“静思颐养操”，用一种你认为最舒适的体姿坐在高度适中的椅子上，让家人缓缓地按摩你的肩、颈部肌肉。其间，做均匀的深呼吸，并轻微地转动头部。时间一般以

15 分钟左右为宜。可缓解学习时注意力不能很好地集中、思维凌乱等心理障碍。

第二种："耳部按摩操"，选择一种舒服的体姿平躺或静坐，然后闭上双眼，用拇指和食指夹住耳朵。拇指在后，食指在前，自耳朵上部向下部来回轻轻捏揉约 10 分钟左右，可改善记忆力减退的状况。

第三种："提腿摸膝操"，两脚开立与肩同宽。先平抬左腿，用右手摸左膝；再抬起右腿，换左手摸右膝，如此交叉反复练习 3 分钟。然后改做平行练习，即抬左腿，以左手够左膝；再抬右腿，以右手够右膝，持续练习 3 分钟。该练习可以促进大脑的两半球协调工作的能力，缓解单侧用脑过度而引发的身心疲劳症状。

第四种："想象放松操"。选择舒适的姿态让自己倚靠或平躺下来，然后闭上双眼，努力想象。总之，怎么美怎么想，练习时间每次为 10 分钟。

活动二：故事解读

九只狐狸与压力应对

盛夏酷暑，一群口干舌燥的狐狸来到一个葡萄架下。一串串晶莹剔透的葡萄挂满枝头，狐狸们馋得直流口水，可葡萄架很高。

第一只狐狸跳了几下摘不到，从附近找来一个梯子，爬上去满载而归。

第二只狐狸跳了多次仍吃不到，找遍四周，没有任何工具可以利用，笑了笑说："这里的葡萄一定特别酸！"于是，心安理得地走了。

第三只狐狸高喊着"下定决心，不怕万难，吃不到葡萄死不瞑目"的口号，一次又一次跳个没完，最后累死在葡萄架下。

第四只狐狸因为吃不到葡萄整天闷闷不乐，抑郁成疾，不治而亡。

第五只狐狸想："连个葡萄都吃不到，活着还有什么意义呀！"于是找个树藤上吊了。

第六只狐狸吃不到葡萄便破口大骂，被路人一棒子了却了性命。

第七只狐狸抱着"我得不到的东西也绝不让别人得到"的阴暗心理，一把火把葡萄园烧了，遭到其他狐狸的共同围剿。

第八只狐狸想从第一只狐狸那里偷、骗、抢些葡萄，也受到了严厉惩罚。

第九只狐狸因为吃不到葡萄气极发疯，蓬头垢面，口中念念有词："吃葡萄不吐葡萄皮……"

另有几只狐狸来到一个更高的葡萄架下，经过友好协商，利用叠罗汉的方法，成果共享，皆大欢喜！

读完伊索寓言新编《九只狐狸与压力应对》的故事，思考：狐狸面对压力时，分别采用了哪种心理防御机制？当你在生活中面临压力时，你愿做哪只狐狸？为什么？

活动三：一个好汉三个帮

时间：20 分钟。

准备：纸和笔。

过程：请每位同学想一想以下几个问题。

1. 目前自己面临的最大压力是什么？
2. 通常在压力状况下你有什么表现？
3. 通常你自己怎样应对压力？
4. 你自己应对压力的方法是否有效？为什么？

想好之后，把你的情况写在纸上，不必署名。写完后交给老师，由老师随机抽出一张，大声读出纸上的内容，并请所有的同学共同思考，提出自己的解决办法，来帮助提问题的人解决问题。讨论完一张之后，再讨论另一张，直到结束。

心灵感悟

一、心语赏析

• 生于忧患，死于安乐。 ——孟子

• 井没压力不出油，人无压力轻飘飘。 ——王进喜

• 人们最出色的工作往往在处于逆境的情况下做出。思想上的压力，甚至肉体上的痛苦都可能成为精神上的兴奋剂。 ——贝弗里奇

二、心语倾诉

1. 放松训练（同第四章第一节）
2. 闭目吟诵

• 压力是把双刃剑，无压力才是最大的压力。

• 压力就好比弹簧：你越强它就越弱，你越弱它就越强。

• 积极应对压力，压力才会变成动力。

修心践行

一、看一看

看看缓解压力的经典电影，如《阿甘正传》《美丽心灵》《跳出我天地》《肖申克的救赎》《面对巨人》等。

二、测一测

心理压力自我测试

生活中，我们每个人都在经历着不同内容、不同程度的压力。下面列出的一些项目都是人们在面临压力时常见的一些反应，请你对照一下自己的情况选择“是”或“否”。

1. 虽然经过充分的休息，但还是觉得疲劳。（ ）
2. 有头痛或头脑不清醒的昏沉感。（ ）
3. 近期出现胃溃疡、口腔溃疡或疱疹等疾病。（ ）
4. 睡眠不好。（ ）

5. 有体重突然减轻或暴食的情况出现。(　)

6. 总感到有许多问题还没有解决，不能集中精力专心做事。(　)

7. 面对自己喜欢吃的东西，却毫无食欲。(　)

8. 面对选择时难以作出决定。(　)

9. 很容易发脾气，心情总是烦躁不安。(　)

10. 抽烟、喝酒、上网等成瘾行为多了起来。(　)

测试评分标准：

如果你有一半以上的题目都回答“是”，那你就要留意你所面临的压力是否超过了你所能承受的范围。

三、品一品

压力催生奇迹

一位出生在普通人家的年轻人十分喜欢文学，但在他30岁之前从来没写过令他满意的作品。

他的亲人希望他能经商，这样生活可以更富足些，但他却希望能够写作。他最大的希望就是有人能提供他一年的生活费用，让他能够安心地写作。

但残酷的生活让他不得不走上经商的道路，他先后办了不少厂子，但没有一家能够成功；他也曾和出版商合作，经营书籍，但也失败了；他又办了铸字厂和印刷厂，但厄运连连，这两家厂先后倒闭，而且欠下的巨额债务足以让他还30年。

没有钱的他不得不走上卖字求生和还债的道路。一年之内，他发疯似地完成了3部小说，但那些书反响平平，销售也不理想，而且因为版权得不到保护，即使小说写成，也不足以解决生计问题。他改做记者，为多家日报撰稿，他每天写大量的文字，换来一些微薄的稿酬。

他一天睡四五个小时，喝大量咖啡，每天晚上8点上床，午夜起来写作，直到早晨8时。

他在30岁之后的生活几乎全是为债务而发疯似地写作。在后来的20年内，他创造了100多部小说，其中的《人间喜剧》《高老头》等数10部小说成为传世之作。在他逝世的前两年，他还在修改20多年前的手稿。

他就是法国著名的作家巴尔扎克。很难想象一个伟大的作家这样的创作动机，但巴尔扎克的故事却让我们明白，压力是成功的催化剂，它可以催生许多奇迹。

第六章　自主高效学习

第一节　自主学习　终身受用

心灵故事

逼鸡吃米

1938 年，陶行知先生到武汉大学演讲。他从皮包里抓出一只大公鸡，又从口袋里掏出一把米放在桌上。接着，用左手按住鸡头逼它吃米，鸡只叫不吃。又掰开鸡的嘴，把米硬塞进去，鸡挣扎着仍不吃。当陶先生松开手，把鸡放在桌上，大公鸡就吃米了。陶先生用这个深入浅出的道理批评了生活中那种“先生强迫学生去学习”的现象，同时，又启发学生要“自主地学习”。学习同公鸡吃米一样，是自觉自动的行为。老师按住头，把知识硬灌给学生、硬喂给学生，是学不成的。多年来，在应试教育制度的束缚下，许多学生“全然依赖”老师。一旦离开老师，没了参考书、练习册，便不知怎样学习。然而，学生最大的能力，莫过于学会自主学习。

心海导航

一、什么是自主学习

自主学习是与传统的接受学习相对应的一种现代化学习方式。顾名思义，自主学习是以学生作为学习的主体，通过学生独立的分析、探索、实践、质疑、创造等方法来实现学习目标。一般来讲，自主学习有以下三方面的含义，第一，自主学习是由学习者的态度、能力和学习策略等因素综合而成的一种主导学习的内在机制。也就是学习者指导和控制自己学习的能力，比如制定学习目标的能力、针对不同学习任务选择不同学习方法和学习活动的能力、对学习过程进行监控的能力、对学习结果进行评估的能力等；第二，自主学习指学习者对自己的学习目标、学习内容、学习方法以及使用的学习材料具有控制权。通俗地讲，就是学习者在以上方面进行自由选择。从另外一个角度讲，就是教育机制（教育行政部门、教学大纲、学校、教师、教科书）给予学习者的自主程度，或者是对学习者自由选择的宽容度。对教育实践者来说，培养自主学习就是在一定的教育机制中提供自主学习的空间以及协调自主学习与总体教育目标的关系；第三，自主学习是一种学习模式，即学习者在总体教学目标的宏观调控下，在教师的指导下，根据自身条件和需要制定并完成具体学习目标的学习模式。当然这种学习模式有两个必要前提，即学习者具备自主学习的能力和教育机制提供自主学习的空间。

二、自主学习的特点

从自主学习的界定，我们可以看到自主学习强调培育学生强烈的学习动机和浓厚的学习兴趣，从而进行能动的学习，即主动自觉自愿地学习，而不是被动或不情愿地学习。

因此，“自主学习”这一范畴本身就昭示着学习主体自己的事情，体现着“主体”所具有的“能动”品质；学习是“自主”的学习，“自主”是学习的本质，“自主性”是学习的本质属性。学习的“自主性”具体表现为“自立”“自为”“自律”三个特性，这三个特性构成了“自主学习”的三大支柱及所显示出的基本特征。

1. “自主学习”具有“自立性”

（1）每个学习主体都是具有相对独立性的人，学习是学习主体“自己的”事、“自己的”行为，是任何人不能代替、不可替代的。

（2）每个学习主体都具有自我独立的心理认知系统，学习是其对外界刺激信息独立分析、思考的结果，具有自己的独特方式和特殊意义。

（3）每个学习主体都具有求得自我独立的欲望，是其获得独立自主性的内在根据和动力。

（4）每个学习主体都具有“天赋”的学习潜能和一定的独立能力，能够依靠自己解决学习过程中的“障碍”，从而获取知识。

学习“自立性”的四层含义是相互联系有机统一的。具有独立性的学习主体，是“自主学习”的独立承担者；独有的心理认知结构，是“自主学习”的思维基础；渴求独立的欲望，是“自主学习”的动力基础；而学习主体的学习潜能和能力，则是“自主学习”的能力基础。可见，自立性是“自主学习”的基础和前提，是学习主体内在的本质特性，是每个学习主体普遍具有的。它不仅经常体现在学习活动的各个方面，而且贯穿于学习过程的始终。因此，自立性又是“自主学习”的灵魂。

2. “自主学习”具有“自为性”

学习主体将学习纳入自己的生活结构之中，成为其生命活动中不可或缺的有机组成部分。学习自为性是独立性的体现和展开，它内含着学习的自我探索性、自我选择性、自我建构性和自我创造性四个层面的结构关系。因此，自为学习本质上就是学习主体自我探索、自我选择、自我建构、自我创造知识的过程。

（1）自我探索往往基于好奇心。好奇心是人的天性，既产生学习需求，又是一种学习动力。自我探索就是学习主体基于好奇心所引发的，对事物、环境、事件等的自我求知、索知的过程。它不仅表现在学习主体对事物、事件的直接认识上，而且也表现在对“文本”知识的学习上。文本知识是前人或作者对客观事物的认知，并非学习主体的直接认识。因此，对“文本”知识的学习，实际上也是探索性的学习。通过自我探索而求知、认知，这是学习主体自为获取知识的方式之一。

（2）自我选择性是指学习主体在探索中对信息的选择注意性。外部信息只有经学习主体的选择才能被纳入认知领域；选择是由于被注意，只有经学习主体注意的信息才能被选择而被认知（故有“视而不见、听而不闻”的状况）。因此，学习是从学习主体对信息的注意开始的。而一种信息要引起注意，主要是由于它与学习主体的内在需求相一致。由内在所求引起的对信息选择的注意，对头脑中长时记忆信息的选择提取运用从而发生的选择性学习，是自为学习的重要表现。

（3）自我建构性是指学习主体在学习过程中自己建构知识的过程，即其新知识的形成和建立过程。在这过程中由选择性注意所提供的新信息、新知识是学习的对象。对这一对象的学习则必须以学习主体原有的经验和认知结构为前提，而从头脑中选择提取的信息是学习新信息、新知识的基础。这两处信息经由学习主体的思维加工而发生新旧知识的整合和同化，使原有的知识得到充实、升华、联合，从而建立新的知识系统。因此，建构知识即是对新信息、新知识的建构，同时又包含了对原有经验和知识的改造和重组。既是对原有知识的保留，又是对原有知识的超越。

（4）自我创造性是学习自为性更重要、更高层次的表现。它是指学习主体在建构知识的基础上，创造出能够指导实践并满足自己需求的实践理念模型。这种实践理念及模式，是学习主体根据对事物发展的客观规律、对事物真理的超前认识、对其自身强烈而明确的内在需求，从而进行创造性思维的结果。建构知识是对真理的认识，是对原有知识的超越；而实践理念模式则是以现有真理性知识为基础，并超越了它（即是对事物真理的超前认识）。这种超前认识是由明确的目标而导引的创造性思维活动。在这种活动中，学习主体头脑中的记忆信息库被充分地调动起来，信息被充分地激活起来，知识系统被充分地组织起来，并使学习主体的目标价值得到了充分张扬。

可见，不管是探索性学习、选择性学习，还是建构性学习、创造性学习，都是自为学习重要特征的显现，也是学习主体获取知识的途径。从探索到选择到建构、再到创造的过程，基本上映射出了学习主体学习、掌握知识的一般过程，也大致反映出其成长的一般过程。从这个意义上说，自为学习本质上就是学习主体自我生成、实现、发展知识的过程。

3. “自主学习”具有“自律性”

自律性，即学习主体对自己学习的自我约束性或规范性。它在认识领域中表现为自觉地学习。自觉性是学习主体的觉醒或醒悟性，是对自己的学习要求、目的、目标、行为、意义的一种充分觉醒。它规范、约束自己的学习行为，促使自己的学习不断进取、持之以恒。它在行为领域中则表现为主动和积极。主动性和积极性是自律性的外在表现。因此，自律学习也就是一种主动、积极的学习。主动性和积极性来自于自觉性。只有自觉到自己学习的目标意义，才能使自己的学习处于主动和积极的状态；而只有主动积极的学习，才能充分激发自己的学习潜能和聪明才智，从而确保目标的实现。自律学习体现学习主体清醒的责任感，它确保学习主体积极主动地探索、选择信息，积极主动地建构、创造知识。

综上所述，“自主学习”就是学习主体自立、自为、自律的学习。学习的自立性、自为性和自律性是学习自主性的三个方面的体现，是“自主学习”的三个基本特征。其中，自立性是自主学习的基础，自为性是自主学习的实质，自律性则是自主学习的保证。这三个特性都说明了同一个思想，即学习主体是自己学习的主人，学习归根结底是由学习主体自己主导和完成的。

三、自主学习中学习者的责任

以人本主义心理学为基础的教育思想在给予学习者较大自主权的同时，也附带更大的责任。为了充分履行他们的权力，学习者应该具备以下几方面的能力（Sheerin，1997），从而对自己的学习负责。

①制定并在必要的情况下调整学习目标的能力。

②判断学习材料和学习活动是否符合学习目标的能力。

③选择学习材料和学习内容的能力。

④选择或自我设计学习活动方式并执行学习活动的能力。

⑤与教师或其他学习者进行协商的能力。

⑥监控学习活动实施情况的能力。

⑦调整态度、动机等情感因素的能力。

⑧评估学习结果的能力。

自主学习者需要具备的能力可能还不止以上列出的八个方面，但一般认为，计划、实施、评估的能力是自主学习者需要具备的主要能力。因此，要采用自主学习方式，就必须注意培养学习者自身的能力。

四、大学生自主学习能力的培养

1. 学会自我激发学习动机

心理学家布鲁纳认为，学习是一个主动的过程。内因是获取知识的关键，学习内因的激发是激起学生对所学材料的兴趣，这直接推动学生主动学习的心理动机。主动学习包括产生强烈的求知欲，自己确定学习目的，制定具体的、能够达到的学习目标，在学习中体验成功等。兴趣一旦被激发起来，思维的兴奋点都集中在问题上，内心就会产生对新知识的渴求。带着疑惑进入新课，从而产生兴趣，自然而然就会逐渐产生主动学习的意识。

2. 培养良好的学习意志和习惯

自主性越强，学习意志就越强。在学生的交往中，只有互相尊重、互相协作，才能发展学生的独立评判能力、自我做出决定的能力和自主选择的能力。

3. 充分了解自身的条件

选择适合个人特点的学习方式。了解自己对知识、技能的掌握情况、自己的智力水平、学习风格、个性特征、情感特征等。学生学习过程中的背景知识、学习能力、认知风格都有差异，学生可以按照自己的需要选择学习内容，按照自己的特点选择学习方法，按照自己的时间安排学习的进度，按照自己的能力选择学习内容的深度。

4. 掌握学习策略，对自身学习活动进行自我监控

学生会对自己的学习进行自我规划、自我管理和自我评价。自学能力包括制定并调整

学习目标的能力，对学习材料和学习活动的判断能力，选择学习材料和学习内容的能力，自我选择学习活动方式并执行学习活动的能力，与学习伙伴（包括教师）协商交流的能力，对学习活动实施情况的自我调控能力，调整态度、动机等情感因素的能力，自我评价、矫正学习结果的能力。只有具备了这些自主学习能力，学生才能充分地履行自己的权力和责任。

5. 善于从各种渠道获取信息，自由决定学习内容，灵活选择学习材料

学生可以根据自己的兴趣、能力来选择运用信息技术满足自身的学习需要。例如，可以调用教学资源中的各种素材，如文本、动画、视频、图片、教师个人网站、资料库等，以巩固学习的内容，解决学习的疑惑，了解不同的观点，掌握不同的方法。根据自己的需要，也可以在服务器终端找到教师自己设计、制作的课件等。

当然，自主学习能力的培养和发展主要是通过大学生学习者自身来实现。教师在这一过程中起指导、辅导、顾问、合作、帮助的作用。大学生要学会对自己的学习负责，一个不愿对自己学习负责的人是很难进行自主学习的。社会对大学生的素质要求是具有专博结合、文理兼容的知识，能够掌握当今社会发展的前沿信息和动态的复合型、技能型的实用人才。大学生要想成为社会所期望的人才，就要按照社会对人才素质的要求，找准适合自己发展的社会定位，按照自己所期望的成才模式去自主学习、自主建构合理的知识结构和能力结构，主动获取知识、锻炼能力、提高素质。

心随我动

活动一：高职学生自主学习能力评估

1. 你希望怎样学习？
A. 独立支配学习时间　B. 有一定学习自主权　C. 基本上由老师来讲
2. 你觉得你个人的学习主动性如何？
A. 主动完成学习任务　B. 能够完成学习任务　C. 不得不完成学习任务
3. 对自己的学习能力，你有信心吗？
A. 充满信心　B. 比较有信心　C. 信心不足
4. 如果在学习中遇到失败时，你认为
A. 学习方法不对或努力不够　B. 运气不好　C. 能力不够
5. 以前老师在自主学习方法上指导过
A. 系统讲过　B. 零星讲过　C. 没有
6. 你积极参加课余学习讨论吗？
A. 积极参加　B. 有时参加　C. 没有兴趣
7. 在学习过程中，你关注自己的学习过程吗？
A. 经常关注　B. 偶尔关注　C. 从不关注
8. 为了学习知识，你去图书馆查阅相关资料吗？
A. 经常去　B. 偶尔去　C. 没时间去

9. 为了学习知识，你寻求过同学的帮助吗？

A. 经常　　　　B. 偶尔　　　　C. 没有

10. 你认为学习环境（如学习地点）对学习重要吗？

A. 重要　　　　B. 一般　　　　C. 不重要

11. 除了上课和日常生活，如果有时间，你主动学习过相关的知识吗？

A. 只要有时间就学　　　　B. 偶尔学　　　　C. 从来没有

12. 你对课余学习时间有计划安排吗？

A. 有　　　　B. 偶尔有　　　　C. 没有

评分标准：A：3 分，B：2 分，C：1 分。总分 31~36 分表明自主学习能力较强，21~30 分表明自主学习能力一般，12~20 分表明自主学习能力较差。

活动二：即兴模拟表演

在我们平时的学习中存在的一些现象，请每个小组依情景需要派同学用现场即兴模拟的形式表现出来，并让其他小组猜测这是什么学习现象，有何看法？自己在平时的学习中是否存在这种现象？从即兴模拟中你是否看到了自己的身影？谈谈你的感受，并说说今后该如何做？拟设学习中存在下列现象：

1. 自主学习 = 自闭学习。
2. 抄作业或机械地抄参考书答案。
3. 一有问题就问其他人。
4. 时间总是有的。
5. 双休日百无聊赖，不知如何打发时间，不是蒙头大睡就是整日上网或瞎逛。
6. 平时不烧香，临时抱佛脚。

活动三：反思与交流

根据自主学习的三特征，谈谈你的自主学习能力如何？哪些方面表现好，需要巩固和坚持？哪些方面比较欠缺，需要加强与改进？（可以分组讨论与交流，每组 6~8 人）

心灵感悟

一、心语赏析

• 教是为了不需要教，不教是为了养成学生一辈子自学的能力。　——叶圣陶

• 一个学生如果不知道如何安排时间和精力，如何按时完成作业，如何记笔记，如何使用图书馆，一句话，不知道如何学习，那么，在课程的各个方面，他会处于不利地位。

——布卢姆

• 教师培养学生，主要是教会他动脑筋，这是根本。这是老师给学生的最宝贵的礼物，就是给他一把钥匙，他拿了这把钥匙能够自己开箱子，开门，到处去找东西。

——吕叔湘

二、心语倾诉

1. 放松训练（同第四章第一节）
2. 闭目吟诵
- 自主学习是指学生自己主宰自己的学习。
- 人人都有自主学习能力。
- 变被动学习为主动学习。
- 自主学习，终身受益。

修心践行

一、填一填

请你在晚自习时完成今天的学习自我评价表。

今天的课上得怎样（好、中、差分别记 3、2、1 分）

1. 上课的准备是否充分？（ ）
2. 家庭作业是否按时完成？（ ）
3. 上课时注意力是否集中？（ ）
4. 课堂发言是否积极？（ ）
5. 不懂的地方是否主动请教他人？（ ）
6. 课堂练习都做对了吗？（ ）
7. 每节课的学习任务都完成了吗？（ ）
8. 学习方法的使用情况怎样？（ ）
9. 学习的东西都感兴趣吗？（ ）
10. 今天的学习与昨天相比怎样？（ ）
11. 请写下自己的感想和意见：________________

二、看一看

韩国电影《学习之神》改编自日本漫画，是日剧《龙樱》的韩国版，讲述了一群不良学生以考上最好的大学为目标而奋斗的故事。

三、品一品

自修之道：从举一反三到无师自通

记得我在哥伦比亚大学任助教时，曾有位中国学生的家长向我抱怨说：“你们大学里到底在教些什么？我孩子读完了大二计算机系，居然连 VisiCalc 都不会用。”

我当时回答道：“电脑的发展日新月异。我们不能保证大学里所教的任何一项技术在五年以后仍然管用，我们也不能保证学生可以学会每一种技术和工具。我们能保证的是，你的孩子将学会思考，并掌握学习的方法，这样，无论五年以后出现什么样的新技术或新工具，你的孩子都能游刃有余。”

她接着问：“学最新的软件不是教育，那教育的本质究竟是什么呢?”

我回答说：“如果我们将学过的东西忘得一干二净时，最后剩下来的东西就是教育的本质了。”

我当时说的这句话来自教育家 B. F. Skinner 的名言。所谓“剩下来的东西”，其实就是自学的能力，也就是举一反三或无师自通的能力。大学不是“职业培训班”，而是一个让学生适应社会，适应不同工作岗位的平台。在大学期间，学习专业知识固然重要，但更重要的还是要学习独立思考的方法，培养举一反三的能力，只有这样，大学毕业生才能适应瞬息万变的未来世界。我认识的不少在中国读完大学来美国念研究生的朋友。他们认为来美国后，不论是学习，工作还是生活，他们最缺乏的是独立思考的能力，因为在国内时他们很少独立思考和独立决策。

上中学时，老师会一次又一次重复每一课里的关键内容。但进了大学以后，老师只会充当引路人的角色，学生必须自主地学习、探索和实践。走上工作岗位后，自学能力就显得更为重要了。微软公司曾做过一个统计：在每一名微软员工所掌握的知识内容里，只有大约 10%是员工在过去的学习和工作中积累得到的，其他知识都是在加入微软后重新学习的。这一数据充分表明，一个缺乏自学能力的人是难以在微软这样的现代企业中立足的。

自学能力必须在大学期间开始培养。许多同学总是抱怨老师教得不好，懂得不多，学校的课程安排也不合理。我通常会劝这些学生说：“与其诅咒黑暗，不如点亮蜡烛”。大学生不应该只会跟在老师的身后亦步亦趋，而应当主动走在老师的前面。例如，大学老师在一个课时里通常要涵盖课本中几十页的信息内容，仅仅通过课堂听讲是无法把所有知识学通、学透的。最好的学习方法是在老师讲课之前就把课本中的相关问题琢磨清楚，然后在课堂上对照老师的讲解弥补自己在理解和认识上的不足之处。

中学生在学习知识时更多的是追求“记住”知识，而大学生就应当要求自己“理解”知识并善于提出问题。对每一个知识点，都应当多问几个“为什么”。一旦真正理解了理论或方法的来龙去脉，大家就能举一反三地学习其他知识，解决其他问题，甚至达到无师自通的境界。

事实上，很多问题都有不同的思路或观察角度。在学习知识或解决问题时，不要总是死守一种思维模式，不要让自己成为课本或经验的奴隶。只有在学习中敢于创新，善于从全新的角度出发思考问题，学生潜在的思考能力、创造能力和学习能力才能被真正激发出来。

《礼记·学记》上讲：“独学而无友，则孤陋而寡闻”。也就是说，大学生应当充分利用学校里的人才资源，从各种渠道吸收知识和方法。如果遇到好的老师，你可以主动向他们请教，或者请他们推荐一些课外的参考读物。除了资深的教授以外，大学中的青年教师、博士生、硕士生乃至自己的同班同学都是最好的知识来源和学习伙伴。每个人对问题的理解和认识都不尽相同，只有互帮互学，大家才能共同进步。

有些同学曾告诉我说，他们很羡慕我在读书时能有一位获得过图灵奖的大师传道授业。其实，虽然我非常推崇我的老师，但他在大学期间并没有教给我多少专业知识。他只是给我指明了大方向，给我分享他的经验，给我提供研究的资源，并教我做人的方法。他没有时间也没有必要指导我学习具体的专业知识。我在大学期间积累的专业知识都是通过自学获得的。刚入门时，我曾多次红着脸向我的师兄请教最基本的知识内容，开会讨论时我曾问过不少肤浅的问题，课余时间我还主动与同学探讨、切磋。“三人行必有我师”，大学生的周围到处是良师益友。只要珍惜这些难得的机会，大胆发问，经常切磋，我们就能学到最有用的知识和方法。

大学生应该充分利用图书馆和互联网，培养独立学习和研究的本领，为适应今后的工作或进一步的深造做准备。首先，除了学习老师规定的课程以外，大学生一定要学会查找书籍和文献，以便接触更广泛的知识和研究成果。例如，当我们在一门课上发现了自己感兴趣的课题，就应当积极去图书馆查阅相关文献，了解这个课题的来龙去脉和目前的研究动态。熟练和充分地使用图书馆资源，这是大学生特别是那些有志于科学研究的大学生的必备技能之一。读书时，应尽量多读一些英文原版教材。有些原版教材写得深入浅出，附有大量实例，比中文教材还适于自学；其次，在书本之外，互联网也是一个巨大的资源库，大学生们可以借助搜索引擎在网上查找各类信息。“开复学生网”开通半年以来，我发现很多同学其实并没有很好地掌握互联网的搜索技巧，有时他们提出的问题只要在搜索引擎中简单检索一下，就能轻易找到答案。还有些同学很容易相信网上的谣言，而不会利用搜索引擎自己查考、求证。除了搜索引擎以外，网上还有许多网站和社区也是很好的学习园地。

自学时，不要因为达到了学校的要求就沾沾自喜，也不要认为自己在大学里功课好就足够了。在21世纪的今天，人才已经变成了一个国际化的概念。当你对自己的成绩感到满意时，我建议你开始自学一些国际一流大学的课程。例如，美国麻省理工学院（MIT）的开放式课程已经在网上无偿发布出来，大家不妨去看看MIT的网上课程，做做MIT的网上试题。当你可以自如地掌握MIT课程时，你就可以更加自信地面对国际化的挑战了。

总之，善于举一反三，学会无师自通，这是大学四年中你可以送给自己的最好的礼物。

第二节　高效学习　策略为先

心灵故事

两只蚂蚁

有两只蚂蚁想翻越一堵墙，去寻找墙那边的食物。一只蚂蚁来到墙脚就毫不犹豫地向上爬去，可是当他爬到大半时，就由于劳累、疲倦而跌落下来。它不气馁，一次次跌落下来，又一次次迅速调整自己，重新开始向上爬去。另一只蚂蚁观察了一下，决定绕过墙去。很快地，这只蚂蚁绕过墙来到食物前，开始享受起来。第一只蚂蚁仍在不停地跌落下去又重新开始。

思考：这则寓言向我们昭示了一个什么道理？

心海导航

一、学习策略的界定

所谓学习策略，就是学习者为了提高学习的效果和效率，有目的、有意识地制定的有关学习过程的复杂方案。

二、学习策略的特征

1. 主动性

一般学习者采用学习策略都是有意识的心理过程。学习时，学习者先要分析学习任务和自己的特点，然后，根据这些条件，制订适当的学习计划。对于较新的学习任务，学习者总是在有意识、有目的地思考着学习过程的计划。只有对于反复使用的策略才能达到自动化的水平。

2. 有效性

所谓策略，实际上是相对效果和效率而言的。一个人在做某件事时，使用最原始的方法，最终也可能达到目的，但效果不好，效率也不会高。比如，记忆一列英语单词表，如果一遍又一遍地朗读，只要有足够的时间，最终也会记住。但是，保持时间不会长，记得也不是很牢固；如果采用分散复习或尝试背诵的方法，记忆的效果和效率一下子会有很大的提高。

3. 过程性

学习策略是有关学习过程的策略。它规定学习时做什么不做什么、先做什么后做什么、用什么方式做、做到什么程度等诸多方面的问题。

4. 程序性

学习策略是学习者制订的学习计划，由规则和技能构成。每一次学习都有相应的计划，每一次学习的学习策略也不同。但是，相对同一种类型的学习，存在着基本相同的计划，这些基本相同的计划就是我们常见的一些学习策略，如 PQ4R 阅读法。

三、学习策略的分类

1. 认知策略

认知策略是学习者加工信息的一些方法和技术，其基本功能有两个方面，一是对信息进行有效的加工与整理；二是对信息进行分门别类的系统储存。

（1）复述策略。复述策略是在工作记忆中为了保持信息，运用内部语言在大脑中重现学习材料或刺激，以便将注意力维持在学习材料之上。

①利用无意识记和有意识记。无意识记是指没有预定目的、不需经过努力的识记。无意识记很轻松，不易疲劳。有意识记是指有目的、有意识的识记。大学生学习主要靠有意识记。

②排除相互干扰。在安排复习时，要尽量考虑预防前摄抑制、倒摄抑制的影响。如坚持睡前和清晨复习效果好，因为睡前复习无后继活动的干扰，清晨复习无前行活动干扰。

另外，要尽量错开学习两种容易混淆的内容。学习时，还要充分考虑首因效应和近因效应，要把最重要的新概念放在复习的开头或最后。

③整体识记和分段识记。对于篇幅短小或者内在联系密切的材料，适于采用整体识记，即整篇阅读，直到记牢为止。对于篇幅较长、较难、内在联系不强的材料，适于采用分段识记，即将整篇材料分成若干段，先一段一段记牢，然后合成整篇识记。

④多种感官参与。在进行识记时，要学会同时运用多种感官。有心理学家证明，人的学习83%通过视觉，11%通过听觉，3.5%通过嗅觉，1.5%通过触觉，1%通过味觉。而且，人一般可记住自己阅读的10%，自己听到的20%，自己看到的30%，自己看到和听到的50%，交谈时自己所说的70%。这一结果说明，多种感官的参与能有效地增强记忆。

⑤复习形式多样化。所谓复习形式多样化，就是用多种不同的变化的方式复习同一内容比只用一种方法多次复习同一内容效果好得多。

⑥画线强调。画线是阅读时常用的一种复习策略。在画线时，首先了解在一个段落中什么是重要的，如主题句等；其次，要谨慎地画线，只划重要的信息；最后，复习和用自己的话解释这些画线的部分。此外，还可以使用一些圈点批注的方法，与画线策略一起使用。

（2）精细加工策略。精细加工策略是一种深层加工策略，它是为了寻求字面意义背后的深层意义，将新学材料与头脑中已有知识联系起来，以增加新信息的意义。下面就是一些常用的精细加工策略。

①记忆术。记忆术包括位置记忆法，缩简和编歌诀，谐音联想法，关键词法，视觉想象和语义联想等。

②做笔记。笔记能够促进新信息的加工和整合。笔记能帮助学习者维持该注意的东西，有助于学习者抓住学习材料的重要部分，能使学习材料变得特别有意义和清晰。记笔记时，笔记本上不要写得密密麻麻的，在笔记本上要留出足够的空地。事后，要学会自己整理好笔记，即根据自己的情况梳理笔记，增减笔记内容，附上自己的疑问和感想。还要根据笔记来组织复习，积极思考笔记中的观点，并与其他有关联的知识相联系，使知识系统化，以巩固学过的知识。

③提问。无论阅读还是听讲，学生要经常评估自己的理解状况，思考这样一些问题：如：“谁”“什么”“哪儿”和“如何”等问题，多提问能对学习中的问题领会得更好。

④生成性学习。生成性学习就是要训练学生对他们阅读的东西产生一个自己的类比或表象，如图形、图像、表格和图解等，以加强其深层理解。这种方法最重要的一点，就是需要积极地加工，不是简简单单地记录和记忆信息，不是从书中寻章摘句或稍加改动，而是要改动对这些信息的知觉，产生新的东西，从而把所学的信息、自身的知识和经验联系起来进而产生新的理解。比较常用的生成性学习是类比、比较、扩展和引申。

⑤利用背景知识，联系生活实际。新学信息能否和已有知识建立联系，背景知识的多少在学习中是非常重要的。对于某一事物，我们到底能学会多少，最重要的一个决定因素就是我们对这一方面的事物已经知道多少。学习者一定要把新的学习和已有的背景知识联系起来，还要联系实际生活。这不仅能帮助学习者理解这些信息的意义，而且能帮助他们感觉到这些信息是有价值的。

（3）组织策略。组织策略是整合所学新知识与新旧知识之间的内在联系，并形成新的知识结构。组织策略是使信息由繁到简、由无序到有序的一种重要手段。组织过的材料储存在大脑中，就像图书馆经过编码的书，易于检索。它不仅有利于材料的识记和提取，也能有效地提高对材料的理解和表达。下面是一些常用的组织策略。

①列提纲。列提纲时，先对材料进行系统的分析、归纳和总结，然后，用简要的词语，按材料中的逻辑关系，写下主要和次要的观点。

②利用图形（系统结构图、流程图、模式或模型图、网络关系图）。首先是系统结构图。学完某学科知识，对学习材料进行归类整理，将主要信息归纳成不同水平或不同部分，然后形成一个系统结构图；其次是流程图。流程图可用来表现步骤、事件和阶段的顺序。流程图一般是从左向右展开，用箭头联系各步；再次是模式图或模型图。模式图是利用图解的方式来说明在某个过程中各要素之间是如何相互联系的。模型图是用简图表示事物的位置，以及各部分的操作过程；最后是网络关系图。利用网络关系图可以解释各种观点是如何相互联系的。做关系图时，首先找出主要观点，然后找出次要观点或支持主要观点的部分，接着标出这些部分，并将次要的观点和主要的观点联系起来。在关系图中，主要观点位于图正中，支持性的观点位于主要观点的周围。

③利用表格（一览表、双向表等）。制作一览表，首先要对材料进行全面的综合分析，然后抽取主要信息，并从某一角度出发，将这些信息全部陈列出来，力求反映材料的整体面貌。双向表是从纵横两个维度罗列材料中的主要信息。层次结构图和流程图都可以衍变成双向表。

2. 元认知策略

元认知策略大致可分为三种，即计划策略、监控策略和调节策略。

（1）计划策略。元认知计划是根据认知活动的特定目标，在一项认知活动之前计划各种活动、预计结果、选择策略、想出各种解决问题的方法，并预估其有效性。元认知计划策略包括设置学习目标、浏览阅读材料、产生待回答的问题以及分析如何完成学习任务。

（2）监控策略。元认知监控是在认知活动进行的实际过程中，根据认知目标及时评价、反馈认知活动的结果与不足，正确估计自己达到认知目标的程度、水平；并且根据有效性标准评价各种认知行动、策略的效果。元认知监控策略包括阅读时对注意加以跟踪，对材料进行自我提问，考试时监控自己的速度和时间。

（3）调节策略。元认知调节是根据对认知活动结果的检查，如发现问题，则采取相应的补救措施，根据对认知策略的效果的检查，及时修正、调整认知策略。元认知调节策略和监控策略有关。例如，当学习者意识到他不理解课程的某一部分，他会退回去读困难的段落，在阅读困难或不熟的材料时放慢速度，进行反复阅读等。测验时，暂时跳过某个难题，先做简单题目等。

3. 资源管理策略

资源管理策略是辅助学生管理可用环境和资源的策略，有助于学生适应环境并调节环境以适应自己的需要，对学生的动机有重要的作用。

（1）时间管理策略。

①统筹安排学习时间。每个人根据自己的总体目标，对时间作出总体安排，并通过阶

段性的时间表来落实。对每一天的活动，都要列出一张活动优先表。

②高效利用最佳时间。首先，要根据自己的生物钟安排学习活动；其次，要根据一周内学习效率的变化安排学习活动；再次，要根据一天内学习效率的变化安排学习活动。

③灵活利用零碎时间。大段时间的学习容易导致学习疲劳，而零碎时间的学习能使大脑处于兴奋状态，效果甚佳。

（2）学习环境管理策略。应选择干扰较少的地方学习，尽量避免使人分心的环境刺激。如果有条件，最好有专门的学习场所。

（3）努力管理策略。努力管理策略主要包括意志控制策略和自我强化策略。如为了维持意志努力，可以进行自我激励。

（4）社会资源利用策略。社会资源的利用包括学习工具的利用和社会人力资源的利用。大学生可以利用的学习工具有参考资料、工具书、图书馆、广播电视以及电脑与网络等；可以利用的人力资源主要有教师的帮助以及同学间的合作与探讨。

心随我动

活动一：学习技能测验

下面有25道题，每道题有5个备选答案，请你根据自己的实际情况，在题目后面圈出相应字母，每题只能选择一个答案。被选答案的具体含义为：A——很符合自己的情况；B——比较符合自己的情况；C——很难回答；D——较不符合自己的情况；E——很不符合自己的情况。

（下面开始测验，请准备纸笔，记录下自己的答案。）

1. 记下阅读中的不懂之处。 A B C D E
2. 经常阅读与自己专业无直接关系的书籍。 A B C D E
3. 在观察或思考时，重视自己的看法。 A B C D E
4. 重视预习和复习。 A B C D E
5. 按照一定的方法进行。 A B C D E
6. 做笔记时，把材料归纳成条文或图表，以便理解。 A B C D E
7. 听人讲解问题时，眼睛注视着讲解者。 A B C D E
8. 利用参考书和习题集。 A B C D E
9. 注意归纳并写出学习中的要点。 A B C D E
10. 经常查阅字典、手册等工具书。 A B C D E
11. 面临考试，能克服紧张情绪。 A B C D E
12. 认为重要的内容，就格外注意听讲和理解。 A B C D E
13. 阅读中若有不懂的地方，非弄懂不可。 A B C D E
14. 联系其他学科内容进行学习。 A B C D E
15. 动笔解题前，先有个设想，然后抓住要点解题。 A B C D E
16. 阅读中认为重要的地方，就画线或做记号。 A B C D E
17. 经常向老师或其他人请教不懂的问题。 A B C D E

18. 喜欢讨论学习中遇到的问题。 A B C D E
19. 善于汲取别人好的学习方法。 A B C D E
20. 对需要记牢的公式、定理等反复进行记忆。 A B C D E
21. 观察实物或参考有关资料进行学习。 A B C D E
22. 听课时做好笔记。 A B C D E
23. 重视学习的效果，不浪费时间。 A B C D E
24. 如果实在不能独立解出习题，就看了答案再做。 A B C D E
25. 能制订出切实可行的学习计划。 A B C D E

记分与评价：

统计你所圈各个字母的次数，每圈一个 A 得 5 分、B 得 4 分、C 得 3 分、D 得 2 分、E 得 1 分，把你所得的分数全部相加，算出总分，对照评价表，就能了解到自己的学习技能水平。

评价表

总分	评价
101 分以上	优秀
86 分~100 分	较好
66 分~85 分	一般
51 分~65 分	较差
50 分以下	很差

建议：

任何一个学习者，都有必要培养和提高自己的学习技能。要想提高自己的学习技能，必须全面掌握各个学习环节的具体方法。对于在校学生来说，也就是要掌握预习、听课、复习、作业和应考方法。在许多有关青年学习问题的读物上都介绍了许多学习成功者的学习方法。这些具体方法可供你选择、参考，但不宜全部照搬。因为这些方法是他们根据自己的智力水平、知识、经验、生理和生活环境状况而摸索出来的。你也应该在学习过程中摸索出适合自己特点的行之有效的学习方法，这样才能真正提高你的学习技能。

活动二：活学活用

将本课的知识点运用某种组织策略（列提纲或利用图形、表格）进行加工处理，并谈谈策略使用后的心得体会。

活动三：分享最适合个人的“独门学习秘籍”

目的：交流学习策略，分享学习经验，并学习求助与助人的技能。

操作：

1. 每个同学在纸上写出适合自己的学习方法与策略，也可提出自己在学习中遇到的困难与问题。

2. 每 6~8 位同学组成一组，每个同学在小组中交流个人的学习方法和问题，共同分享经验，并讨论学习问题的解决办法。

3. 每个小组派一名代表总结小组成员的学习经验、问题及解决问题的办法，在班上交流，大家共同分享团体活动的成果。

心灵感悟

一、心语赏析

• 没有不好的土地，只有不好的耕作方法。 ——中国古代谚语

• 工欲善其事，必先利其器。 ——孔子

• 我们怎样学习比我们学习什么重要得多，最重要的是学习应该怎样学习和学习怎样思考。 ——（美）珍妮特·沃斯

• 未来的文盲已不是不能阅读的人，而是没有学会学习的人。 ——（美）赫伯特·格乔伊

二、心语倾诉

1. 放松训练（同第四章第一节）

2. 闭目吟诵

• 每个人都能找到适合自己的个性化学习策略。

• 掌握了策略，学习省时省力，事半功倍。

• 最适合自己的学习策略是最有效的。

修心践行

一、读一读

1. 珍尼特·沃斯，戈登·德莱顿. 学习的革命［M］. 上海：上海三联书店出版社，1998.

2. 李晓鹏. 学习改变命运［M］. 北京：新世界出版社，2005.

二、试一试

养成良好的学习习惯

据行为心理学研究发现，21 天的重复，会形成一种习惯；90 天的重复会形成一种稳定的习惯。这一过程大致可分为三个阶段：

第一阶段：第 1 天至第 7 天。此阶段的特征是“刻意，不自然”。你需要十分刻意提醒自己改变，而且会觉得有些不自然，不舒服。这一阶段，你能感受到新旧习惯格斗的疲累，也能体味到不断超越旧习惯的欣喜。

第二阶段：第 7 天至第 21 天。不要放弃第一阶段的努力，继续重复，跨入第二阶段。此阶段的特征是“刻意，自然”。你已经觉得比较自然，比较舒服了，但是一不留意，你又会回到从前。因此，这一时期也是最危险的时期，许多新习惯由于在这一时期疏忽了对

自己的提示而又回到原点。所以，你还需经常刻意提醒自己改变。

第三阶段：第 21 天至第 90 天。此阶段的特征是“不经意，自然”。一旦你跨入此阶段，你已经完成了自我改造，这项习惯已经成为你生命中一个有机组成部分，它会自然而然地不停地为你服务。在一个新习惯形成的全过程中，有两个最关键的字——坚持。特别是第一阶段和第二阶段，没有坚持，你什么习惯都不可能形成。只有不断坚持，你才会由“刻意，不自然”过渡到“刻意，自然”，最终形成一种“不经意，自然”的好习惯。

现在，请你找出一种你最想养成的良好的学习习惯，从今天开始实践，坚持 90 天，相信一定能形成一种稳定的好习惯。如养成课前预习的习惯，养成集中注意力听课的习惯，养成做笔记的习惯，养成及时完成作业的习惯，养成及时复习总结的习惯等。

三、学一学

尖子生的十大学习秘诀

根据教育专家和尖子生自己的意见，成功的学习秘诀主要有以下十项。

1. 以学为先

在他们心目中，学习是正事，理应先于娱乐，一心向学，气定神闲，心无旁骛，全力以赴，忘我备战。

2. 随处学习

善用零碎时间，每天在晨跑中、吃饭时、课间、课前、休息前等零碎时间里记忆词语，背诵公式，破解疑难，调整情绪。无论怎样各具特色，有一点他们是一致的：保证学习时间，学会见缝插针，利用好空余时间，经过日积月累，效果很可观。

3. 讲究条理

将重要的学习用品和资料用书包或纸袋装好，分类存放，避免用时东翻西找。每天有天计划，每周有周计划，按计划有条不紊地做事，不一日曝十日寒。

4. 学会阅读

学会速读和精读，提高单位阅读量。学会读一本书或者一个单元的目录、图解和插图，提前了解内容，获取更有效的信息。当积极的阅读者，不断地提问，直到弄懂字里行间的全部信息为止，特别要弄懂知识的起点和终点，梳理好知识要点。

5. 合理安排

在合理的时候做合理的事情，不背道而驰。比如抓课堂效率，当堂听，当堂记，当堂理解，不理解的话课下或者当天主动找老师请教，做到堂堂清。利用好时间，勉励自己完成当天的学习任务，做到日日清。能够劳逸结合，张弛有度，动静相宜。坚持紧跟老师步伐复习，不误入歧途。坚持勤睁眼常开口，对课本上的东西多看，对未懂的内容能多问。总之做好学习、工作、生活的“司令员”。

6. 善做笔记

尖子生往往一边听课一边记重点，不是事无巨细全盘记录，而是善于记下老师补充的东西，课本上没有的东西，特别是思维方法，更是认真记录。能及时整理笔记，对老师强调的重要知识点，格外注意、特别注意，让知识系统化，积极思考能解决什么问题。

7. 作业规范

认真审题，冷静应答，把每次作业当作高考，作业工整，步骤齐全，术语规范，表述严谨。规范不仅训练仔细认真的品质，更能养成细心用心的习惯，从而激发学习潜能。

8. 勤于思考，善于思考

这一条应贯穿于听课、做作业、复习等各个阶段。如做完一道题后，要对答案，这里应有一个反思的过程，要弄清这道题考的是什么，用了哪些方法，为什么用这样的方法，这样才能达到举一反三、触类旁通的效果。学习时不仅要将课本中各知识点记住，还要通过思考，抓住各知识点之间的内在联系，甚至要注意到不同学科之间的渗透，以便形成清晰的知识网络。

9. 学习互助

与同学开心地相处，遇事不斤斤计较，宽容豁达；珍惜同学间的友谊，在学习中互相支持和帮助，经常一起讨论学习中的问题，使用不同的解题方法并相互交流心得。有了这种和谐的同学关系，才能全身心地投入到学习中，从而保持较高的学习效率。

10. 自我调整

不回避问题，遇到问题能通过找老师或者同学或者自我反思进行自我调节，摒弃外界和自身的压力，自觉地放下思想包袱，化压力为动力，不管是课业繁重还是轻松顺利，都保持一颗平常心。不断地对自己进行积极的心理暗示，在这样不断的积极心理暗示下，信心值就会不断上升，从一点信心都没有，逐渐过渡到有了坚强的不可动摇的信心。通过努力，去想了，去做了，就没有什么是不可能的！情绪千万不能浮躁，要用良好的方法从容应对。一旦在学习中遇到了挫折，心情变得非常急躁时，就暂时停止学习，一个人静静地思索，进行心态的调整，不断地告诫自己——“宁可不打仗，绝不打乱仗”。备考阶段与前期一样，每一天都努力学习，完成当天的学习任务，追求高效每一天，不把时间浪费在焦虑上。相信同学们通过规范习惯、调整心态、训练技巧、利用环境，能够提高学习效率，最终成为真正的尖子。

第七章　合理管理时间

第一节　强化时间观念　科学安排时间

心灵故事

时间无价

有一个一无所长的年轻人，感到自己生活得非常无聊。于是，他就去拜访一位哲人，希望哲人能够给他的未来指明一条道路。

哲人问他："你为什么来找我呢？"

年轻人回答道："我至今仍一无所有，恳请你给我指明一个方向，使我能够找到人生的价值。"

哲人摇了摇头，说："我感觉你和别人一样富有啊，因为每天时间老人也在你的'时间银行'里存下了86400秒的时间。"

年轻人苦涩地一笑，说："那有什么用处呢？它们既不能被当作荣誉，也不能换成一顿美餐……"

哲人肃然打断了他的话，问道："难道你不认为它们珍贵吗？那你不妨去问一个刚刚延误乘机的游客，一分钟值多少钱；你再去问一个刚刚死里逃生的'幸运儿'，一秒钟值多少钱；最后，你去问一个刚刚与金牌失之交臂的运动员，一毫秒值多少钱？"

听了哲人的一番话，年轻人羞愧地低下了头。

哲人继续道："只要你明白了时间的珍贵，去发现一件自己想做的事情，那你脚下的路便会慢慢明朗起来。"

只要我们拥有现在，那么我们就是富有的。因为，我们每天都拥有86400秒的时间可以支配。如果你不珍惜，时间就会像风一样从你身边溜过，给日子留下一片苍白。当你懂得珍惜，知道每一秒都应该给生活涂上一抹色彩，那么你的人生自然就绚丽起来了。

心海导航

一、时间的重要性

我国伟大的思想家和文学家鲁迅非常珍惜时间。他有一句至理名言："时间就是生命，无端的空耗别人的时间，其实无异于谋财害命。"

鲁迅确实惜时如命，他把别人喝咖啡、闲聊天的时间都用在工作和学习上。鲁迅还以各种形式来鞭策自己珍惜时间，刻苦学习和工作。

在北京时，他的卧室兼书房里，挂着一副对联，集录我国古代伟大诗人屈原的两句诗，上联是"望崦嵫而勿迫"（看见太阳落山了还不心里焦急），下联为"恐鹈鴂之先鸣"（怕的是一年又去，报春的杜鹃又早早啼叫）。

书房墙上还挂着一幅鲁迅最崇敬的日本老师藤野先生的照片。鲁迅在《朝花夕拾》中写道："每当夜间疲倦，正想偷懒时，仰面在灯光中瞥见他黑瘦的面貌，似乎正要说出抑扬顿挫的话来，便使我忽又良心发现，而且增加勇气了，于是点上一支烟，再继续写些为'正人君子'之流所深恶痛疾的文字。"

鲁迅用这朝夕相处的对联和照片督促自己抓紧时间。正是因为有了这种惜时如命的精神，鲁迅在他56岁的生命旅途中，广泛涉及自然、社会科学的许多领域，一生著译一千多万字，留给后人一份宝贵的文化遗产。

二、时间的有效管理

时间管理理论是个人管理理论的一部分，即更有效地安排自己的工作与学习计划，掌握重点，合理有效地利用时间。简而言之，时间管理的目标是掌握工作与学习的重点。其本质是管理个人，是自我的一种管理，方法是通过良好的计划和授权来完成这些任务。

时间管理的方法有一个演变的过程。最早的时间管理是利用便条、备忘录和记事本等，记下工作的重点；第二代时间管理更注重计划性，人们利用安排表、效率手册及商务通等电子手段来安排工作事项；第三代时间管理，人们设立近期、中期和长期的工作目标，根据不同的目标来分配各自的工作重点，安排工作时间。现在已经进入了时间管理理论的时代。前几代的时间管理注重完成工作的时间和工作量，而时间管理理论则更注重个人的管理，注重效能，关注完成的工作是否具有有用性。

时间的帕金森定理表明工作会自动地膨胀占满所有可用的时间。80/20原则表明应该把最佳的时间用在最重要的事情上，所谓"好钢用在刀刃上"。时间管理是个人财富之源，"时间就是金钱"的观念早已深入人心，而对于处于高校中的学生而言，做好时间管理不仅意味着丰厚的经济利益，更能令自己的学业突飞猛进。保持重点，一次只做一件事情，一个时期只有一个重点。聪明人要学会抓住重点，远离琐碎。

在我们学生的实际生活中，浪费时间的症状主要表现为办事拖拉、打牌和玩游戏、连续看小说、电话聊天、长时间QQ、经常性喝酒聚餐、闲聊、办事犹豫、没目标、不考虑轻重缓急、凭记忆办事等。鉴于更好地适应以后工作的压力和外部的竞争状况，在学校里学会有效管理时间对我们大学生来说十分重要。在管理个人的时间过程中应注意以下几点。

1. 良好的习惯是一种个人竞争力

对学习和工作先做计划。每天、每周给自己定学习与工作的计划与目标。应准备一个待办事项清单或时间记录本，以备分析检查或查阅待办事项；在台历或记事本上，标注当天或预定的学习与工作计划，以免遗忘，也可在电脑或电子记事本上设置及时提醒；时常反思自己是否浪费了别人的时间，如情况消极应及时纠正。

（1）现在就做（DO IT JUST NOW）。许多人习惯于“等候好情绪”，即花费很多时间以“进入状态”，却不知状态是干出来而非等出来的，最佳时机是需要把握的。请记住，栽一棵树的最好的时间是20年前，第二个最好的时间是现在，手中的鸟比林中的鸟更有效。

（2）学会说“不”。生活中计划赶不上变化是经常遇到的情况。例如，朋友拉你打牌或喝酒，会占用你大部分自由时间。在这种情况下，要学会恰当地拒绝，这是摆脱变化和纠缠的有效方法。但是拒绝时要讲究技巧，应用他人觉得的确合理的理由来拒绝。要学会限制时间，不仅是给自己，也是给别人。不要被无聊的人和无关紧要的事缠住，不要在不必要的地方逗留太久，也不要将整块的时间拆散。一个人只有学会说“不”，他才会得到真正的自由。

（3）时间价值观念。避免“一分钱智慧，几小时愚蠢”的事例，如为省两元钱而排半小时队，为省两毛钱而步行三站地等，都是极不划算的。对待时间，就要像对待经营一样，时刻要有一个“成本和价值”的观念，要注重时间的机会成本，让时间产生的价值最大化。

（4）集腋成裘。生活中有许多零碎的时间很不为人注意，其实这些时间虽短，却可以充分利用起来做一些事情。如等车的时间可以用来思考下一步的工作，翻翻报纸或记英语单词；运动时可回想所遭遇到困难的事或急待解决的事等。在疲劳之前休息片刻，既避免了因过度疲劳导致的超时休息，又可使自己始终保持较好的“竞技状态”，从而大大提高工作效率。

（5）搁置的哲学。不要固执于当前解决不了的问题，可以把问题记下来，让潜意识和时间去解决它们。这就像踢足球，左路打不开，就试试右路。

2. 常用的时间管理工具

（1）计划管理。关于计划，时间管理的重点是待办单、日计划、周计划和月计划。待办单是指事先列出每日要做的工作，排出优先次序，确认完成时间，以突出工作重点，避免遗忘。其内容主要包括非日常工作、特殊事项、行动计划中的工作和昨日未完成的事项等。使用待办单时应注意：每天在固定时间制定待办单（一起床就做）、只制定一张待办单、完成一项工作划掉一项、待办单要为应付紧急情况留出时间，最关键的一项，每天坚持。

每学期末作出下一学期的学习工作规划；每季季末作出下季的学习工作规划；每月月末作出下月的学习工作计划；每周周末作出下周的学习工作计划等。

（2）时间“四象限”法。究竟什么占据了人们的时间？这是一个经常令人困惑的问题。著名管理学家科维提出了一个时间管理的理论，把工作按照重要和紧急两个不同的程度进行了划分，基本上可以分为四个“象限”：既紧急又重要（如学习任务、四六级考试等）、重要但不紧急（如建立人际关系、新的机会等）、紧急但不重要（如电话铃声、不速之客进入等）、既不紧急也不重要（如客套的闲谈、无聊的信件、个人的爱好等）。时间管理理论的一个重要观念是应集中精力和时间处理那些重要但不紧急的学习与工作，这样可以做到未雨绸缪，防患于未然。

（3）有效的时间管理。美国管理学者 P. F. Drucker 认为，有效时间管理主要是记录自己的时间，以认清时间耗在什么地方；管理自己的时间，设法减少非生产性工作的时间；集中自己的时间，由零星而集中，成为连续性的时间段。

（4）考虑不确定性。在时间管理的过程中，还需应付意外的不确定性事件，因为计划没有变化快，需为意外事件预留时间。有三个预防此类事件发生的方法：第一，为每件计划都留有多余的预备时间；第二，努力使自己在不留余地，又饱受干扰的情况下，完成预计的工作。这并非不可能，事实上，工作快的人通常比慢吞吞的人做事精确些；第三，另准备一套应变计划。迫使自己在规定时间内完成工作，你对自己的能力有信心，你已仔细分析过将做的事了，然后把它们分解成若干意境单元，这是正确迅速完成它们的必要步骤。

三、利用生物节律

一天中什么时候人的记忆力最好呢？什么时候才是最佳学习时间呢？据生理学家研究，人的大脑在一天中有一定的活动规律。

6~8 点：机体休息完毕并进入兴奋状态，肝脏已将体内的毒素全部排净，头脑清醒，大脑记忆力强，此时进入第一次最佳记忆期。

8~9 点：神经兴奋性提高，记忆仍保持最佳状态，心脏开足马力工作，精力旺盛，大脑具有严谨、周密的思考能力，可以安排难度大的攻坚内容。

10~11 点：身心处于积极状态，热情将持续到午饭，人体处于第一次最佳状态。此时为内向性格者创造力最旺盛时刻，任何工作都能胜任，此时虚度实在可惜。

12 点：人体的全部精力都已调动起来。全身总动员，需进餐。此时对酒精仍敏感。午餐时一桌酒席后，下半天的工作会受到重大影响。

13~14 点：午饭后，精神困倦，白天第一阶段的兴奋期已过，精力消退，进入 24 小时周期中的第二低潮阶段，此时反应迟缓，有些疲劳，宜适当休息，最好午睡半到一小时。

15~16 点：身体重新改善，感觉器官此时尤其敏感，精神抖擞，试验表明，此时长期记忆效果非常好，可以合理安排一些需“永久记忆”的内容进行记忆。工作能力逐渐恢复，是外向性格者分析和创造最旺盛的时刻，可以持续数小时。

17~18 点：工作效率更高，体力活动的体力和耐力达一天中的最高峰时期，试验显示，这段时间是完成复杂计算和比较消耗脑力作业的好时期。

19~20 点：体内能量消耗，情绪不稳，应休息。

20~21 点：大脑又开始活跃，反应迅速，记忆力特别好，直到临睡前为一天中最佳的记忆时期（也是最高效的）。

22~24 点：睡意降临，人体准备休息，细胞修复工作开始。

据此，大家可以合理安排自己的学习时间表。然而，正如安东尼罗宾德所说：“世界上没有两个人的个人生物钟是一样的”，每个人的最佳学习时间也存在一定的差异，所以，要掌握自己的“黄金时间”进行合理的安排，以便提高学习效率。

心随我动

活动一：画一生时间数轴

画一画你的一生的时间数轴，标明每个时段你要完成的任务。

0	10	20	30	40	50	60	70	80
		7300 天		14600 天				29200 天

活动二：规划一天时间

说一说你的时间安排，画一画你的一天的时间分布，科学规划你一天的时间。

1. 说说你一天时间都用到哪里去了。

2. 画一画你一天的时间分布。

哪些是高效的时间？哪些是低效的时间？哪些是必花的时间？哪些是浪费的时间？

3. 科学规划你一天的时间。

活动三：案例分析

在一次上时间管理的课上，教授在桌子上放了一个罐子。然后又从桌子下面拿出一些正好可以从罐口放进罐子里的“鹅卵石”。当教授把石块放完后问他的学生道：“你们说这罐子是不是满的？”

“是。”所有的学生异口同声地回答说。

“真的吗？”教授笑着问。然后再从桌底下拿出一袋碎石子，把碎石子从罐口倒下去，摇一摇，再加一些，再问学生：“你们说，这罐子现在是不是满的？”这回他的学生不敢回答得太快。最后班上有位学生怯生生地细声回答道：“也许没满。”

“很好！”教授说完后，又从桌下拿出一袋沙子，慢慢地倒进罐子里。倒完后，于是再问班上的学生：“现在你们再告诉我，这个罐子是满的呢？还是没满？”

“没有满。”全班同学这下学乖了，大家很有信心地回答说。

“好极了！”教授再一次称赞这些“孺子可教也”的学生们。称赞完了后，教授从桌底下拿出一大瓶水，把水倒进看起来已经被鹅卵石、小碎石、沙子填满了的罐子。当这些事都做完之后，教授正色问他班上的同学：“我们从上面这些事情得到什么重要的启发？”

班上一阵沉默，然后一位自以为聪明的学生回答说：“无论我们的工作多忙，行程排得多满，如果要逼一下的话，还是可以多做些事的。”这位学生回答完后心中很得意地想：

“这门课到底讲的是时间管理啊!”

教授听到这样的回答后，点了点头，微笑道：“答案不错，但并不是我要告诉你们的重要信息。”说到这里，这位教授故意顿住，用眼睛向全班同学扫了一遍说：“我想告诉各位最重要的信息是，如果你不先将大的“鹅卵石”放进罐子里去，你也许以后永远没机会把它们再放进去了。”

问：你从中得到什么启示？

心灵感悟

一、心语赏析

- 抛弃今天的人，不会有明天；而昨天，不过是行云流水。 ——约翰·洛克
- 志士惜年，贤人惜日，圣人惜时。 ——魏源

二、心语倾诉

1. 渐进式放松训练

渐进式放松训练是指一种逐渐的、有序的、使肌肉先紧张后放松的训练方法。它可以消除人身心的紧张状态。渐进式放松训练强调，放松要循序渐进地进行，要求被试在放松之前先使肌肉收缩，继而进行放松。这样做是为了进一步要求被试在肌肉收缩和放松后，通过比较，细心体验那种放松感。同时，它还要求被试训练时要自上而下有顺序地进行，放松一部分肌肉之后再放松另外一部分，“渐进”而行。

具体做法：找一个安静的场所，先使肌肉紧张，保持5~7秒，注意肌肉紧张时所产生的感觉。紧接着很快地使紧张的肌肉彻底放松，并细心体察放松时肌肉有什么感觉。每部分肌肉一张一弛做两遍，然后对那些感到未彻底放松的肌肉，依照上述方法再进行训练。当使一部分肌肉进行一张一弛的训练时，尽量使其他肌肉保持放松。按照下列部位的顺序进行放松：优势的手、前臂和肱二头肌，非优势的手、前臂和肱二头肌，前额，眼，颈和咽喉部（双臂向前，双臂向后，耸肩），肩背部，胸，腹，臀部，大腿，小腿（脚尖向上，脚尖向下），脚（内收外展）。

2. 闭目吟诵

- 一寸光阴一寸金，寸金难买寸光阴。
- 合理安排时间，就等于节约时间。
- 把握住今天，胜似两个明天。

修心践行

一、评一评

对照你的一天时间规划，评估你的落实情况。

二、品一品

和时间赛跑

原文/林清玄

读小学的时候，我的外祖母去世了。外祖母生前最疼爱我。我无法排除自己的忧伤，每天在学校的操场上一圈一圈地跑着，跑得累倒在地上，扑在草坪上痛哭。

那哀痛的日子持续了很久，爸爸妈妈也不知道如何安慰我。他们知道与其欺骗我说外祖母睡着了，还不如对我说实话：外祖母永远不会回来了。

“什么是永远不会回来了呢?”我问。

“所有时间里的事物，都永远不会回来了。你的昨天过去了，它就永远变成昨天，你再也不能回到昨天了。爸爸以前和你一样小，现在再也不能回到你这么小的童年了。有一天你会长大，你也会像外祖母一样老，有一天你度过了你的所有时间，也会像外祖母永远不能回来了。”爸爸说。

爸爸等于给了我一个谜语，这谜语比课本上的“日历挂在墙壁，一天撕去一页，使我心里着急”和“一寸光阴一寸金，寸金难买寸光阴”还让我感到可怕；也比作文本上的“光阴似箭，日月如梭”更让我觉得有一种说不出的滋味。

以后，我每天放学回家，在庭院时看着太阳一寸一寸地沉进了山头，就知道一天真的过完了。虽然明天还会有新的太阳，但永远不会有今天的太阳了。

我看到鸟儿飞到天空，它们飞得多快呀。明天它们再飞过同样的路线，也永远不是今天了。或许明天再飞过这条路线，不是老鸟，而是小鸟了。

时间过得飞快，但我的小心眼里不只是着急，还有悲伤。有一天我放学回家，看到太阳快落山了，就下决心说：“我要比太阳更快回家。”我狂奔回去，站在庭院里喘气的时候，看到太阳还露着半边脸，我高兴地跳起来。那一天我跑赢了太阳。以后我常做这样的游戏，有时和太阳赛跑，有时和西北风比赛，有时一个暑假的作业，我十天就做完了。那时我三年级，常把哥哥五年级的作业拿来做。每一次比赛胜过时间，我就快乐得不知道怎么形容。

后来的二十年里，我因此受益无穷。虽然我知道人永远跑不过时间，但是可以比原来跑快一步，如果加把劲，有时可以快好几步。那几步虽然很小很小，用途却很大很大。

如果将来我有什么要教给我的孩子，我会告诉他：假若你一直和时间赛跑，你就可以成功。

第二节　避免拖沓行为　提高工作效率

心灵故事

永远砍不倒的树

杰森和约翰是邻居，他们的家坐落在离村庄两公里远的山坡上，那里空气清新，景色宜人。每到春夏交替的那段日子，山花与松叶所散发的清香就会弥漫整个山谷，惬意极了。然而美中不足的是，在通往他们两家的路上，有一棵胡杨树挡在路中，每次开车路过时，他们不得不小心翼翼地绕过它。

一天杰森和约翰在路上相遇了，他们商量要把这棵树砍掉，并且约翰想要明天就动手。

“可是……可是我明天有一件非常重要的事情！”杰森说。

“那么就过几天好了，我想我们会干得很好的！”约翰耸了耸肩说。

然而事情的发展并没有像约翰所预想的那样。几乎每次谈及此事，他们都会有一些意外的事情要去处理。就这样，日子一天天地过去了，一年、两年、五年、十年、二十年……当他们须发斑白的时候，一天，两位老人再次在树旁相遇了。

“老伙计，我们真的应该把它砍掉了，要不然琳达和凯森他们会在这儿出事的。看，这家伙的体形越来越大了，占据了半条路的空间。”约翰望着已经长得粗壮如柱的胡杨树说。“是啊，这么久了，我们还是没有砍掉它，这回我们该用锯子锯喽！”杰森边说边蹒跚着向家里走去，他决心用小钢锯锯断它。

可是，由于他们已老迈，再也拉不动那把小钢锯了。拖沓是最危险的恶习，它会毁灭你的一生。

心海导航

经拖延症研究专家加拿大渥太华卡顿大学蒂姆和美国芝加哥德保尔大学费拉里研究，有70%的大学生存在学业拖延现象，正常成人也有20%的人每天存在拖延行为，全球有近10亿人存在拖延现象；在我国的一项职场调查中发现超过50%的人承认自己有拖延的习惯。可见拖延症覆盖很广，绝不是可以忽略的小事。

一、什么是拖延症

拖延症，英文Procrastination，取意“将之前的事情放置明天”。拖延症总是表现在各种小事上，但日积月累，特别影响个人发展。拖延现象现已成为管理学家和心理学家研究的一个重要课题。

该词的最初亮相是在爱德华·霍尔出版于1542年的书里。几乎是相同的年代，正处于明清交替的中国，一位名叫钱鹤滩的学者写下了脍炙人口的《明日歌》：“明日复明日，明日何其多。我生待明日，万事成蹉跎。”圣经从希腊文翻译为英文的过程中，拖延更多被译成“罪过（sin）”，直到工业革命后，拖延才逐渐具有了现在的含义，被视为“以推迟的方式逃避执行任务或做决定的一种特质或行为倾向，是一种自我阻碍和功能紊乱行为”。关于“拖延症”的研究也处在“拖延”中。国外对“拖延”的研究也只是近一二十年的事情，国内则一直缺乏这方面的研究。关于“拖延”的界定，一直没有一个研究者普遍接受的定义，也从未形成一个全面的理论，但拖延无时不在。

1. 拖延症的特征

你身上如果发生以下情况，非常不幸，你已经是“拖延症”患者了！

①每次开工都要整点开始，一点半、两点、两点半……然而迟迟无法动手，从一个整

点拖到另一个整点。

②对一项任务缺少分步的计划，任务前期效率低下，在截止期（deadline）前百米冲刺。

③对时间的掌控感很弱，以至于没有勇气去接受新任务和新挑战。

④不容许别人占用或浪费自己的时间，而自己却不珍惜时间。

⑤一有什么欲望就想立刻实现。本来在着手一项工作，一有什么欲望和想法，就抛下手中工作去干下一件。

纵然信箱里有20条留言催你办事，但你仍旧无聊地在网上闲逛。虽然你看起来若无其事，但内心的焦灼却让你如坐针毡。连你自己都不明白，为什么成堆的任务如大山般压顶而来，你也为此万分焦虑，但你就偏偏缺乏做事的动力，甚至还浪费时间去做一些毫不相干的事情。

哥伦比亚大学组织心理学系的教授安吉拉认为："不能按时完成任务的情形"属于消极的拖延。在《对拖延的再思考：态度和行为中"积极拖延"的正面效果》一文中，她将拖延区分成消极拖延和积极拖延两种状态，相比之下，后者往往更喜欢在压力下工作，这样他们可以做出更深思熟虑的决定，并更及时地实行。

除了焦虑和逃避控制，常与拖延联系起来的还有完美主义。费拉里教授认为，某些拖延行为并非拖延者缺乏能力或不够努力，而是某种形式的完美主义或求全观念的反映，他们共同的心声是"多给我一些时间，我可以做得更好"。

拖延造成任务在最后截止期才得到解决，这种紧迫感和焦虑往往促发人的斗志，会让人觉得自己只有在压力下才有做事情的状态。最后拿到成绩时，成绩往往不是很差，这样就强化了自己最适合在deadline之前短期高压的状态下工作的心态，并且对以后的行为不断进行自我暗示。反复循环，周而复始。

2. 拖延的危害

据温哥华大学的学者们的研究结果发现，拖延看似小事，但拖延的代价其实很高昂。拖延是一种自我折磨。

首先，办事拖沓会影响健康。温哥华大学的学生中，学习拖沓的人，往往身体免疫系统运转不佳，肠胃也会因不时的精神高度紧张而变得脆弱；其次，做事拖拉会导致恶劣情绪的产生。自责、沮丧、丧失价值感；再次，拖延而造成的精神高度紧张以及情绪低落，会使得拖延者找寻不到健康的生活方式，如酗酒、熬夜、找寻外部刺激来舒缓情绪；最直接的一点是，因拖延症患者的低效率，往往会影响整个团队整体任务或计划的完成，造成不可估量的损失，进而影响拖延症患者的人际关系。

二、为何形成拖延症

1. 生理学根源研究

关于拖延的生理学根源，目前（指2009年）大多围绕前额叶皮层的功能进行研究。这个脑区负责大脑的执行功能，比如计划、冲动的控制和注意力的执行，还起到过滤器的作用，从而降低来自其他脑区分散注意力的刺激。前额叶皮层的损伤或者低活动性，会导致过滤干扰刺激的能力降低，进而使处理任务的组织能力变差。

2. 易患者的心理特点

（1）缺乏自信：由于多次不能按自己的最高要求完成任务，心里积压了太多的挫败感，对自我能力的评估也就会越来越低。

（2）总觉得自己很忙：明知是给自己找的借口，明明闲到玩游戏解闷，也要给自己心里暗示——拖着没做是因为自己一直很忙。

（3）个性顽固：顽固地坚持自己的决定，绝不听从他人的建议，这类人常会说："催我也没用，我准备好了自然会开始做。"

（4）内心的操控欲：这类人的心声是："让他们去急吧，再急也没用，一切都要等我到了才能开始。"

（5）对抗压力的手段：由于自我调节能力差，经常处于高压状态而不懂得如何减压，在面对任务时，选择拖延来让自己好受点。

（6）受害者心态：我也不知道自己怎么会这样，别人能做的自己做不到。

3. 拖延症的深层原因

（1）完美主义。所有事情都要达到一个很高的境界，要一次做好，所以不愿意匆匆忙忙开始，要万事俱备才行。

（2）抵制与敌意。这个老师对我态度太差了，所以我不高兴做他布置的作业。

（3）容易颓废。任务太难了，或者别人都不需要做，我干吗要做，不能忍受持续做这件事情，等明天再做吧。但是往往明天到了，心里还是不高兴做，又继续往后推。

（4）自我贬低。如果常常不能很好地完成任务，自己对自己的能力的评估会越来越低，即使以后完成好了，也认为是运气。

三、如何避免拖延行为

1. 正确认识拖延症

（1）有20%的人认为自己是长期拖延的人。对他们来说拖延是一种生活方式，虽然并不适应它。这种状态充满了他们的生活。他们不能按时付账单，他们忘了买音乐会的门票，他们直到圣诞前一天才去买礼物……

（2）拖延并非不重要。虽然通常我们不把它当作一个严重问题，它其实是一个自我调节的深奥问题。通常我们都宽容别人拖延的借口，这也是问题的根源。

（3）拖延并不是时间管理或者计划方面的问题。拖延并不因个人对时间的估计能力而不同，虽然这些人会更乐观一些。Ferrari 博士强调说："要一个拖拉的人做一个有计划的人，就像让一个长期消沉的人马上振奋起来一样。"

（4）拖延不是天生的。它是从周围的人学来的，但并不直接。它可能来自强权的家教，拖拉甚至可能是一种反抗的形式。这种家庭环境下，朋友对拖拉者的宽容会助长这种习惯。

（5）拖延的饮酒者会有更高的酒精需求量。拖拉的人会喝得更多，这是自我调节有问题的表现。

（6）拖延的人对自己撒谎。比如"我更想明天做这件事"，或者"有压力我才能做好"，但实际上并非如此。拖拉者的另一个谎言是时间压力会让他们更有创造力，其实这只是他们的感觉而已，他们只是在挥霍时间。

（7）拖延的人不断找消遣的事儿。查看电子邮件就是绝佳的目标，这样的事情成为他们调节情绪（比如害怕失败）的一个途径。打开网就先浏览新闻与八卦等。

（8）拖延带来的损失巨大。健康是其中之一，研究表明拖拉的人更容易患病。拖拉也影响人的情绪，更会破坏团队协作和人际关系。

（9）拖延会改变人的行为，但不会耗费多少精神力量。这并不意味着一个念头就能马上改变。这个问题可以通过高度规范的认知行为治疗来解决。“对行事拖拉的人进行劝诫，就如同让抑郁症患者高兴起来那么困难”。

2. 治疗拖延的步骤

（1）意识到自己的拖延是完全没有必要的。

（2）把拖延的原因逐条写出来。

（3）一条条克服这些毛病。

（4）开始行动。

3. 治疗拖延的策略

策略一：设定更具体的目标。如果你的计划是“我要减肥，保持好身段”，它很可能流产；但如果你的计划是“我每周三次早上七点起床跑步”，那么这个计划很可能被坚持下来。所以，建议习惯拖延者不妨把任务划分成一个个可以控制的小目标。当你的家里看起来像一个垃圾站时，让它立刻纤尘不染可能是一件不现实的事，但是花 15 分钟把洗手间清洁一下却也不算太难。

策略二：不要给自己太长期限。心理专家弗瓦尔发现，计划花一年时间完成论文的研究生，总能在最后给自己留下一点时间放松、休整。而那些计划花两年时间写论文的人，却几乎每分钟都在搜集资料和写作。所以，有时候预留的工作时间越长，工作效率越低。

策略三：压力之下未必有勇夫。不要轻易相信“压力之下必有勇夫”这种错误的说法。你可以列出一个设定短期、中期和长期目标的时间表，以避免把什么事情都耽搁到最后一分钟。

策略四：做事有选择性。如果你是个完美主义者，请只在真正重要的事情上全力以赴。你发每封电子邮件时不一定要字斟句酌，但是呈交老板的计划书却要周详细密。

策略五：寻求专业的帮助。如果拖延影响了你的前程，不妨去看看心理医生，认知行为学的疗法可能会很有效。

心随我动

活动一：分享拖延造成的痛苦经历

请谈一谈你拖延的事情，你的感受怎样？怎样改变？请其他同学出出主意。

活动二：案例分析

28 岁的成佳佳是一名市场活动主管，独自负责公司的促销活动，毫无疑问，她应该是快节奏的、忙碌的。然而，只有成佳佳自己知道，如果有五天时间来筹备活动，前四天她一定是心不在焉的、看似轻闲的。只有到了第五天，大限逼近，她才像疯了一样联络商场、备货，急瞎促销员。往往，到了最后一秒钟，她才搞定所有的事情，让悬着的心放下。别以为成佳佳工作得法、有张有弛。其实，在看似无所事事的前四天里，她一直备受煎熬——每天她都告诉自己：该行动了，时间不多了！可是，她就是无法进入工作状态，仍旧忍不住在办公室里闲逛。每天下班，她又不断地谴责自己：这么没有效率，真是不可救药！

其实，成佳佳只不过是习惯性拖延者中的一员，在我们生活中有20%的人过着拖延的生活。别以为他们没有责任心或者是懒惰，实际上他们往往更为焦虑，因为他们知道，拖延危及了自己的前途，搅乱了内心的平静，但他们仍然重蹈覆辙。

问：能干的成佳佳会得到上司的提拔吗？你是成佳佳的话，你怎样改变习惯性拖延？

活动三：建立克服拖延小组

岳晓东回忆说："我在哈佛读博士的时候，就曾经参加了一个'博士论文不拖延小组'，大家每天互相交流论文进度，交换想法，最后论文很顺利地就完成了。"拖延可以传染，不拖延也是可以"传染"的，找些朋友一起克服这个坏习惯，比单打独斗容易得多。

问：如何成立"上课不迟到小组""作业不拖延小组""天天运动小组""天天减肥小组""戒烟小组"等？(确定组长、组员活动、组员公约等)。

心灵感悟

一、心语赏析

- 今天能做的事，绝不拖到明天。——富兰克林
- 行动是治愈恐惧的良药，而犹豫拖延将不断滋养恐惧。

二、心语倾诉

1. 渐进式放松训练（同上一节）
2. 闭目吟诵
- 今日事，今日毕。
- 行动，行动，马上行动。

修心践行

一、拟一拟

拟定一份告别一种拖延行为的行动方案。

二、品一品

立即行动

对一位成功者而言，拖延与苟且是最具破坏性的，也是最危险的恶习，它使你丧失掉主动的进取心。一旦开始遇事推脱，你就很容易再次拖延，直到它们变成一种根深蒂固的

习惯。唯一的解决良方就是行动。当你真的着手做一件事时，你会惊讶地发现，你正迅速地改变自己和所处的情况。行动未必总能带来幸福，但没有行动却一定没有幸福。

如果你存心拖延，你总能找出成打的理由来辩解事情为什么不可能完成，事情为什么做不了，而对为什么该做的理由却想得少之又少。将“事情太困难、太昂贵、太花时间”的种种理由合理化，要比相信“只要我们够努力，够聪明，衷心期盼，就能完成任何事”的念头容易得多。这类人不愿许下承诺，只想找个借口。如果你发现自己经常为了没做某些事而制造借口，或想出千百个理由为事情未能如计划实现而辩解时，真该面对现实好好检讨。

我们通常将上述所说的人称之为“摇摆人”，他们做事往往举棋不定、拖泥带水。我们所需要的是一种雷厉风行的办事作风。搁着今天的事不做而想留到明天做，在这个拖延过程中所耗去的时间、精力，实际上能够将这件事做好。每个人做以前积压下来的事时，都会觉得不愉快和讨厌！在当初可以很愉快、很容易地做好的事，拖延了数日、数星期之后，就会显得厌烦而困难了。

命运无常良缘难。在我们的一生中，每个人都有良机到来的一刻，但它总是一瞬即逝。我们当时不把它抓住，以后就可能永远失去了。

有计划而不去执行，使之烟消云散，这对于我们的品格会产生非常不良的影响。有计划而努力执行，这就能增强我们的品格力量。有计划不算稀奇，能执行订下的计划才算可贵。一个生动而强烈的意象、观念闪入一位作家的脑海，生出一种不可阻遏的冲动——就要提起笔来，将那美丽生动的意象、观念移向白纸。但那时他或许有些不方便，所以没立刻就写。尽管那个意象不断地在他脑海中活跃、催促，然而他还是在拖延。后来那意象便逐渐地模糊、暗淡了，最终整个消失。一个神奇美妙的印象突然闪电一般地袭入一位艺术家的心胸，但他不想立刻提起画笔将那不朽的印象绘在画布上。尽管这个印象占据了他全部的心灵，然而他总是不跑进画室埋首挥毫，最终这幅神奇的图画会渐渐从他心头淡去。

第八章　和谐人际关系

第一节　知己知彼　喜纳他人

心灵故事

别太在意你自己

盖泽尔博士在美国几乎是家喻户晓、妇孺皆知的儿童文学作家，一直被人们称为“天才”，甚至是“国宝”。有一天，几位美国知名作家现场签名售书，盖泽尔博士也在其中。一个十一二岁的学生从人群中挤到博士跟前，举着铅笔让他签名，尽管用铅笔签名是对自己的不尊重，但盖泽尔博士还是欣然答应了他。孩子接过签名，说了一句：“噢，签错了，我找的不是你。”说完转身离去了。

这一下，在场的人全都惊呆了，盖泽尔博士脱口而出：“原来自己没什么了不起！”

几位助手面面相觑，其中一位助手轻声地说：“博士先生，请不要在意。”盖泽尔博士镇定地说：“我当然在意，但我在意的不是孩子，而是我自己。现在我明白了，别太把自己当回事儿。我们所看重的那个自己，对于别人，可以是珠宝，也可以是没有价值的瓦砾。我们不能期望别人眼里的自己会光芒四射，那样会失望的……”话音刚落，人群中响起了热烈的掌声。

面对一个不谙世事的孩子，盖泽尔博士放低自己的姿态，与他平等相处，自然就遇事不惊不愠了。人际交往中，凡事别太在意你自己，要多在意他人。只有提升了自身的人格魅力，才能赢得他人的尊重。

心海导航

一、人际交往概述

1. 定义

所谓人际交往是指人运用语言或非语言符号交换意见、交流思想、表达情感和需要的过程。

2. 人际吸引的影响因素

（1）人格因素。人格因素是指性格特征在人际交往中的影响作用。心理学的研究发现，那些具有让人喜爱、仰慕并渴望接近的性格特征的人具有持久的吸引力。

受高度喜欢的人格特质：真诚，诚实，善解人意，忠诚，真实，值得信赖，聪明，可靠，有思想，体贴，可信赖，温暖，心地善良，友善，快乐，不自私，幽默，负责任，开朗和信任别人。

介于稍微喜欢与稍微不喜欢的人格特质：固执，循规蹈矩，大胆，谨慎，追求完美，易激动，文静，冲动，精力旺盛，害羞，感情丰富，内向，天真，好动，白日梦者，追求物质享受，反叛，孤独和依赖性。

最不受喜欢的人格特质：态度不佳，不友善，敌意，多嘴多舌，自私，目光短浅，粗鲁，自傲自大，贪婪，不真诚，心地不好，不值得信赖，恶毒，可憎，不真实，虚伪，卑劣，欺骗和说谎。

（2）时空因素。时间因素是指交往的机会、频率。一般来说，交往的频率越高，越容易相互了解；而交往次数少，缺乏相互了解和沟通，较难建立良好的人际关系；空间因素指交往双方距离的远近。俗话说，“近水楼台先得月”“远亲不如近邻”，这就说明时空距离是形成密切人际关系的一个重要条件。如大学生由于同住一个宿舍，或经常在一起学习，或是同乡等原因，经常接触，相互交往的次数多，容易具有共同的经验和共同的话题，从而建立起较密切的人际关系。

（3）相似性因素。相似性因素是指交往双方在理想、信念、价值观、兴趣、爱好等方面有相似的态度。具有相同的理想、信念和价值观，具有共同或相似的生活、学习习惯，感情上就容易产生共鸣，形成良好的人际关系。俗话说：“物以类聚，人以群分”，这说明，性格兴趣相投，谈得拢，有共同的语言，就能相互吸引，产生亲密感，有利于良好的人际关系的建立。

（4）需求互补因素。人际交往中，当双方的需要和期望正好互补时，往往也会产生强烈的吸引力。如“郎才女貌，男刚女柔”、利益需要、能力特长的互补性格或作风上的互补。

（5）仪表的因素。亚里士多德曾说过：“美丽是比介绍信更为伟大的推荐书。”美国社会心理学家西格尔等人通过实验发现，外貌与交往关系密切。

（6）能力和才华的因素。一个人能力的大小与他人喜欢程度的高低有着密切的关系。一般来说，人们比较喜欢聪明能干的人，特别是有某些特长的人，会增加人际吸引力。追星族就是典型的对他人某方面能力和特长的极度崇拜。“宁给智者背包袱，也不给愚者当军师”就是这个道理。

3. 人际交往的心理效应

（1）首因效应。首因，即最初的印象，或称第一印象。在人际交往中，人们往往注意开始接触到的细节，如对方的表情、身材、容貌等，而对后来接触到的细节不太注意。这种由先前的信息而形成的最初的印象及其对后来信息的影响，就是首因效应，即我们常说的“先入为主”。

第一印象赖以产生的信息是有限的，第一印象不一定真实可靠。由于认知具有综合性，随着时间的变化、认识的深入，人完全可以把这些不完全的信息贯穿起来，用思维填补空缺，形成一定程度的整体印象。正如“路遥知马力，日久见人心”。

（2）近因效应。近因，即最后的印象。近因效应，指的是最后的印象对人们认知具有的影响。最后留下的印象，往往是最深刻的印象，这也就是心理学上所阐释的后摄作用。

首因效应与近因效应不是对立的，而是一个问题的两个方面。在大学生的人际交往中，第一印象固然重要，最后的印象也是不可忽视的。在对陌生人的认知中，首因效应比较明显；而对熟识的人的认知中，近因效应比较明显。这就告诉我们，在与他人进行交往时，既要注意平时给对方留下的印象，也要注意给对方留下的第一印象和最后印象。

（3）光环效应。光环效应又称晕轮效应，指的是在人际交往中，人们常从对方所具有的某个特性而泛化到其他有关的一系列特性上，从局部信息形成一个完整的印象，即根据最少量的情况对别人做出全面的判断。所谓“情人眼里出西施”，说的就是这种光环效应。

光环效应实际上是个人主观推断泛化的结果。在光环效应状态下，一个人的优点或缺点一旦变为光环被扩大，其优点或缺点也就隐退到光环的背后被别人视而不见了。在人际交往中，你有过这种情形吗？对外表吸引人的同学赋予较多理想的人格特征，或为那些长相比较靓的同学设计美好的未来。例如，“你气质好，将来求职就业一定没有问题”“那个人第一次见面就对我关心备至，令我难忘”等。

（4）投射效应。投射效应是指在人际交往中，形成对别人的印象时总是假设他人与自己有相同的倾向，即把自己的特性投射到其他人身上。所谓“以小人之心，度君子之腹”，反映的就是投射效应的一个侧面。投射可分为两种类型，一种是指个人没有意识到自己具有某些特性，而把这些特性加到了他人身上。例如，一个对他人有敌意的同学，总感觉到对方对自己怀有仇恨，似乎对方的一举一动都有挑衅的色彩；另一种是指个人意识到自己的某些不称心的特性，而把这些特性加到他人身上。例如，在考场上，想作弊的同学总感觉到别的同学也在作弊，倘若自己不作弊就吃亏了。目的是通过这种投射重新评估自己的不称心的特性，以求得心理上的暂时平衡。

（5）刻板印象。刻板印象是社会上对于某一类事物或人物的一种比较固定、概括而笼统的看法。主要表现为，在人际交往过程中主观、机械地将交往对象归于某一类人，不管他是否呈现出该类人的特征，都认为他是该类人的代表，进而把对该类人的评价强加于他。刻板印象作为一种固定化的认识，虽然有利于对某一群体做出概括性的评价，但也容易产生偏差，造成“先入为主”的成见，阻碍人与人之间深入细致的认知。例如，男生认为女生心细、胆小、娇气；女生则认为男生心粗、胆大、傲气。农村来的同学认为城市来的同学见多识广，但狡猾、小气；城市来的同学则认为农村来的同学孤陋寡闻，但忠厚、老实等。

二、人际交往的意义

1. 人际交往对人的发展有深远意义

著名的心理学家罗杰斯（Rogers，C. R.）十分强调人际交往对个体成长的意义，他是基于自己的成长经验得出这一结论的。罗杰斯出生于一个虔诚的宗教家庭，因为周围的邻居都是异教徒，所以，罗杰斯从小就被父母关在家里，不让罗杰斯与邻居的孩子一起游戏，他感到非常孤独。离群索居的童年生活使罗杰斯非常渴望友谊，在别人看来普通的人际交往，在他看来都非常珍贵。后来他创立了自己的人际关系理论，将人际关系上升为一种哲学。他认为，人与人的交往是可能的，人们不仅可以交流思想，而且可以分享许多隐秘的情感：对未来的梦想、内心的感受、隐秘的冲动……人际交往不仅仅是可能的，而且是有益的。通过沟通，相互启迪、丰富彼此人生。在友谊关系中，人们相互接纳及彼此探索，可以促进个人的成长，满足其自我实现的需求。

2. 人际交往有助于增进交流，协调关系，促进健康和完善个性

戴尔·卡耐基曾说："一个人事业的成功，只有15%是由于他的专业技术，另外85%要靠人际关系和处世的技巧。"人生是在交往中度过的，人生的每一个阶段必然与一定的人际关系相联系。从这个意义上讲，良好的人际关系是集体和个人生存与发展的有利环境，它可以产生合力，使人团结协作，充分发挥群体的效能；形成互补和激励，使人们互相学习，取长补短，产生激励向上的积极情绪；促进信息交流，使人们增长知识和能力，不断完善和发展自身，从而促进社会安定，推动精神文明建设。不良的人际关系则阻碍人的自身发展。

3. 人际交往是治疗心理障碍的重要资源

对于各种严重的精神障碍及心理危机的干预，虽方法不同，技术各异，但有一个共同点，都需要配以支持性心理治疗。所谓支持性治疗，最重要的支持是来自周围亲人与朋友的关心与理解。当人感到悲观失意、抑郁不快时，有亲人的安慰与关怀，会感到精神的慰藉与支持，从而获得战胜困难的勇气。因此，亲情、友情和爱情都是大学生生命中重要的社会支持系统。要倍加珍惜，也要设法开拓！

4. 人际关系是一把双刃剑

一个人的痛苦和不幸也常与人际交往的不成功有关。当人际关系和谐、融洽时，它会给人以愉快、充实、幸福、成功、欢乐，并能充分调动起人的积极性；而当人际关系紧张、失调时，它又会给人带来烦恼、痛苦、失望、忧伤和阴影。在心理咨询的实践中，人际交往常常是大学生来访者咨询中占第一位的问题。大学生的一些其他心理问题也直接或间接地与人际关系不适有关。

三、大学生的人际交往

1. 大学生人际交往中常见的心理障碍

许多时候，妨碍我们与别人交往的不是别人，而是我们自己的不良心理。扪心自问，你在与别人交往时是否有以下心理呢？

（1）自卑心理。

"我是个不讨人喜欢的人，还是不要与陌生人说话，免得又多一个人讨厌我。"

"从来就没有人愿意与我交朋友。"

"我的样子令人看到就讨厌，我最好还是坐得离别人远一点。"

"我能说出什么好的建议呢？还是不说话为妙。"

（2）自我中心。

“他们太讨厌了，没有人认真听我说话。”

“我说的这些真正是有哲理的，你们就听着好了。”

“你们不要再去说那些无聊的话题了，听我讲讲这个问题的最新的动态吧。”

“闭嘴，当我说话的时候。”

（3）孤僻心理。

“我才不与那些地位比我低的人说话。”

“我讨厌别人来打扰我，我宁愿一个待在一个清净的地方。”

“要是世界上有一个地方只有我一个人就好了。”

（4）多疑心理。

“你们这么热情是不是对我有所企图？”

“现在的坏人多得很，我还是小心为妙。”

“这些人一看就像坏人。”

（5）自我封闭。表现为不愿与他人交往，喜欢独来独往，不合群。由于不善和不主动与他人交往，感到孤立，自我心理压力大，生活态度不乐观。

（6）自我否定。表现为较自卑，由于在学习、社交、经济、家庭、相貌等方面不如别人，有强烈的失落感。遇事从坏处着想，对自己没有信心或过于自负，对同学和老师的话过于敏感。

（7）自我欣赏。表现为不宜与他人相处，但自我感觉良好，在各种场合都希望自己是中心。因此较关注自己，对他人的感受不在意，不尊重别人，自我定位偏高，易引起他人的反感。

（8）盛气凌人。由于一直是家庭、学校和社会的宠儿，走进大学后依然被关注，产生心理上的优越感，肯定自己，否定他人。在交往方式、态度上的尺度把握不好，往往易伤害他人。

2. 大学生人际心理问题产生的原因

（1）远离父母的孤独、陌生的环境，让大学生对“人际交往”产生前所未有的渴求。

（2）来自五湖四海的同学、朝夕相处的寝室室友、不同年级的老乡、不同院系学生组织的校内团体，使大学新生的人际交往环境一下子变得复杂多样。

（3）与此同时，分数已不再是唯一的追求目标，学生们思考的内容更为丰富，对人际交往中的细节也更为在意。

（4）近两年的大学生多为独生子女，属“自我中心型”，凡事都想以自己的意志为转移，不顾及他人感受，缺乏包容心。

（5）在这个崇尚“吸引眼球”的时代，学生们往往过分关注自己的形象，总觉得自己一举一动都会引起旁人的注意，对别人的反应过于敏感。

（6）不能理解他人的交友原则，找不准自己的位置，缺少真诚的沟通与交流，因而觉得别人虚伪。

（7）缺乏交往的方法和技巧。

（8）存在人际交往的认知偏差。

3. 建立健康的人际交往模式

美国著名心理学家爱利克·伯奈提出了人际交往的四种模式。

（1）我不好，你好；我不行，你行（自卑、恐慌）。人在生命的初始是依赖于周围的人而生存的，与周围的成人相比，儿童常常感到自己的无能，从小就有自卑感，因而潜意识中形成了“我不行，你行”的心理模式。人的成长过程也就是逐渐克服这种心态的过程。有的同学由于个体在社会化过程中，尚未完全摆脱儿时的这种心理行为模式，因而在人际交往中常常表现出不同程度的自卑和恐慌，最为极端的表现是社交恐惧症。

（2）我不好，你也不好；我不行，你也不行（不喜欢自己，也不喜欢别人）。人不喜欢自己也不喜欢别人，既看不起自己也看不起别人，既不会去爱他人，也不能体验和接受他人。

（3）我好，你不好；我行，你不行（骄傲自大，自以为是）。常常表现为充满优越感，骄傲自大，自以为是，总以为自己是对的，别人是错的，自己对别人好，而别人对自己不好，并为此感到愤愤不平，把人际交往失败的原因都归咎于他人的责任。

以上三种交往模式都会阻碍人际交往，并且不利于心理发展和心理健康。

（4）我好，你也好；我行，你也行（理性、理解、宽容、接纳）。成熟的、健康的人际交往模式应该是“我好，你也好；我行，你也行”。具有这种心态的人相信自己也相信他人、爱自己也爱他人。这种人不是十全十美的人，却能客观地悦纳自己和他人，正视现实，并努力去改变自己能改变的事物，善于发现自己、别人和外部世界的光明面，从而使自己保持一种积极、乐观、进取、和谐的精神状态。

心随我动

活动一：人际吸引的影响因素

请同学们写下自己最要好的朋友或是班上人缘特别好、特别受欢迎的人，写出其人格特质 3 项以上。

请同学们回忆自己最讨厌的人或不喜欢的对象，写出讨厌其人格特质 3 项以上。

活动二：测一测：你善于交际吗?

如果你想了解自己的交际水平，请仔细阅读每个问题，选择与你的情况符合的选项。

	a	b	c
1. 你是否经常感到词不达意？	是	有时是	从未
2. 他人是否经常曲解你的意思？	是	有时是	从未
3. 当别人不明白你的言行时，你是否有强烈的挫折感？	是	有时是	从未
4. 当别人不明白你的言行时，你是否不再加以解释？	是	有时是	从未
5. 你是否尽量避免社交场合？	是	有时是	从未
6. 在社交场合，你是否不愿意与别人交流？	是	有时是	从未
7. 在大部分时间里，你是否喜欢一个人独处？	是	有时是	从未
8. 你是否曾因为不善辞令而失去改变生活处境的机会？	是	有时是	从未

9. 你是否特别喜欢不必与人接触的工作？ 是 有时是 从未
10. 你是否觉得很难让别人了解自己？ 是 有时是 从未
11. 你是否极力避免与人交往？ 是 有时是 从未
12. 你是否觉得在众人面前讲话是很难的事？ 是 有时是 从未
13. 别人是否常常用“孤僻”“不善辞令”等来形容你？ 是 有时是 从未
14. 你是否很难表达一些抽象的意见？ 是 有时是 从未
15. 在人群中，你是否尽量保持不出声？ 是 有时是 从未

测验完成后，给自己评分，选 a（是）得 3 分，选 b（有时是）得 2 分，选 c（从未）得 1 分。将各题的得分相加计算总分。参看后面的计分办法，以及对测验结果的解释。

如果你的总分是 38~45，说明你必须采取措施改善自己的交际能力。

如果你的总分是 22~38，说明你是一个善于交际的人。

如果你的总分是 15~22 分，说明你交际方面过分积极，可能导致消极后果。

活动三：个性名片

1. 活动目的

（1）把自己最想与他人交流的信息简洁明了地公布出来，学会推荐自己。

（2）通过“个性名片”的交流，让学生了解他人，尽快地彼此熟悉。

2. 活动程序

（1）主持人发给每位学生一个空白的胸卡，彩色笔放场地中央公用。

（2）在 5 分钟时间内，每位学生为自己设计一张“个性名片”，插入胸卡内。

3. “个性名片”要求

（1）不少于 5 条个人信息。

（2）除文字外可用图形等多种形式表示。

（3）可以使用多种颜色的笔。

活动四：如果是你，会怎么做？

学校咨询室走进来一位大一的新生：“老师，我郁闷死了。因为其他的同学习惯晚睡，或者上网或者与同学聊天，我躺下半天都睡不着，每天一直要等到他们也休息才行。可是我第二天起来，昏昏沉沉的。我真的很想换寝室！”

一位寝室长也倾诉：“我是寝室长，每次宿舍检查卫生时我都很烦恼。宿舍里有个同学不爱叠被子，开始时提醒他还行，后来他急了，帮他收拾又不高兴，好像我和他之间除了搞卫生就没有别的事情了。我很无奈，不想这样和他相处。”

心灵感悟

一、心语赏析

• 一个人事业的成功，只有 15%是由于他的专业技术，另外 85%要靠人际关系和处世的技巧。

- 爱和善良是人生最大的智慧。
- 人不可貌相，海水不可斗量。

二、心语倾诉

1. 放松自我

(1) 眼睛向上看，想象看到了眼睑、眉毛、额头、头皮（约8秒），慢慢闭上眼睛，然后深呼吸，吸气吸到满时，屏住呼吸3秒钟，然后吐气，眼睛保持闭着。让眼睛放松，让身体放松，想象全身的力气都蒸发掉了，身体、双手及双脚的力气都蒸发掉了。

(2) 想象全身轻飘飘的，身体飘浮起来，飘浮在一大朵安全、舒适的白云里，同时也感觉全身软绵绵的，觉得非常舒服，非常轻松，自觉进入了深沉的放松状态。

2. 闭目吟诵

- 知己知彼，将心比心。
- 与人方便，自己方便。
- 己所不欲，勿施于人。

修心践行

一、唱一唱

《朋友》。

二、悟一悟

甲："你们这儿人好吗？"
乙："你们那儿人好吗？"
甲："我那儿人好。"
乙："我们这儿也一样。"
丙："你们这儿人好吗？"
乙："你们那儿人好吗？"
丙："我那儿人不好。"
乙："我们这儿也一样。"
小结：你对别人的态度和别人对你的态度是一样的。

三、做一做

1. 主动到全校找找自己的老乡，建立老乡微信群。
2. 积极参加学校各种社团活动，在社团结识更多的朋友。

第二节 有效沟通 和谐人际

心灵故事

金人

曾经有个小国到中国来，进贡了三个一模一样的金人，金光灿灿，把皇帝高兴坏了。可是这小国不厚道，同时出一道题目：这三个金人哪个最有价值？皇帝想了许多的办法，请来珠宝匠检查，称重量，看做工，都是一模一样的。怎么办？使者还等着回去汇报呢。泱泱大国，不会连这个小事都不懂吧？最后，有一位退位的老大臣说他有办法。皇帝将使者请到大殿，老臣胸有成竹地拿着三根稻草，插入第一个金人的耳朵里，这稻草从另一边耳朵出来了。第二个金人的稻草从嘴巴里直接掉出来，而第三个金人，稻草进去后掉进了肚子，什么响动也没有。老臣说：第三个金人最有价值！使者默默无语，答案正确。

这个故事告诉我们，最有价值的人，不一定是最能说的人。老天给我们两只耳朵一张嘴巴，本来就是让我们多听少说的。善于倾听，才是成熟的人最基本的素质。

心海导航

一、人际交往的原则

卡耐基说过："和谐的人际关系是一笔宝贵的财富。"那么，我们怎样才能拥有这笔财富呢？换言之，我们应如何来奏响人际关系的和谐乐章呢？下面是人际交往中应当遵守的10条基本原则，也是和谐交际不可或缺的10个基本"音符"。

1. 平等

生活在现实中的每一个人，无论职务高低、知识多寡、贫富差距、身体强弱、年龄长幼、性别不同，在人格上都是平等的。因此，在人际交往中我们绝不能把自己高抬一寸，把别人低放一尺，有意与对方"横着一条沟，隔着一堵墙"，给别人一种"拒人于千里之外"之感。如果在交际中出现以权压人、以势压人、以强凌弱，把自己看得高人一等，把别人看得一钱不值，那就根本不可能有人人平等，不可能有和谐相处的人际关系。

2. 尊重

渴望受到尊重是每个人的基本心理需求。在人际交往中，我们对所有的人，不管其地位高低贵贱，都应该给予应有的尊重。我们不仅要尊重他人的人格、个性习惯、权力地位、情感兴趣和隐私，还要尊重彼此存在的外显或内在的心理距离，不要轻易地去突破它，破坏它，否则就是对对方的冒犯，势必造成对方的戒备、反感和疏远。

3. 沟通

央视著名节目主持人白岩松曾说："每个生命都需要表白"。那么，与表白如影随形的便是人际之间的沟通。只有沟通，才能让别人了解自己，同时自己也才能了解别人；只有沟通，才能不断增进彼此的理解，从而减少或避免一些不必要的误会和摩擦。越是不作沟通，越是有意设防，就会越难使人心达到交融。沟通需要主动，一味地等着别人与自己沟通，等不来“好人缘”。能沟通不等于会沟通，善于沟通者知道根据不同的对象、场合，采取不同的交际方式，懂得“到什么山，唱什么歌”。沟通总是与口才紧密相连，口才能为你的沟通铺平顺畅的道路，能帮你的交际书写和谐的华章。

4. 宽容

天下没有两片相同的树叶，也没有两个完全相同的人。俗话说，“尺有所短，寸有所长”，人的性格、特长各有差异，在处理人际关系中不能强求一致。人与人要和谐相处，就要有求同存异、相互谅解、不求全责备的宽广胸怀。既然我们自身都不完美，我们又怎能苛求他人完美无缺呢？在人际交往中，我们对他人的要求不要过分，不要强求于人，而要能让人时且让人，能容人处且容人。人非圣贤，孰能无过？一旦对方犯了错误，我们也不要嫌弃，应给他提供改过的宽松条件，原谅别人的过失，帮助别人改正错误。

5. 欣赏

希望得到别人的注意和肯定，这是人们共有的心理需求，而欣赏正是满足这种需求的一种交际方式。人际关系大师卡耐基说：“避免嫌弃人的方法，那就是发现对方的长处。”因此，在交际中我们应抱着欣赏的心态来对待每一个人，时时留心身边的人和事，多发现别人的优点和长处。赞美是欣赏的直接表达，有道是“良言一句三冬暖”，一句真诚的赞美往往可以给别人也给自己带来好心情。学会发现别人的长处并由衷地赞美吧，这是促进人际关系和谐的“润滑剂”。

6. 换位

在现实生活中，我们总是习惯从自己的主观判断出发去为人处世，因而常导致一些误解的发生。所以，要达到彼此的认同和理解，避免误会和偏见，我们就要学会“换位思考”。所谓“换位”，即俗话说的“板凳调头坐”，就是要善于从对方的角度和处境认知对方的观念，体会对方的情感，发现对方处理问题的个性方式。只有设身处地地多为别人着想，才能够最大限度地理解别人，从而找到相处的最佳途径和解决问题的恰当方法。孔子有言，“己所不欲，勿施于人”，意思是自己所不想要的，不要施加到别人身上，说的就是这个道理。

7. 弹性

一个人的人际关系不和谐，原因可能是多方面的，其中往往与他交际方式太死板、不留余地有关。因此，我们需要在交际中建立一个“弹性隔离带”，使自己、对方、甚或双方都能获得更大的回旋空间，以减少或避免一些不必要的摩擦或伤害。比如说，在答应别人时，不要总是那么言之凿凿，一旦自己因客观原因无法兑现，岂不给对方以“言而无信”的印象；在拒绝别人时，不要总是那么生硬地一口回绝，不妨先答应考虑一下，给自己留点回旋的空间，以便到时候“进退有据”。

8. 诚信

孔子说：“人而无信，不知其可”。诚信是无形的“名片”，关乎一个人的形象和品质。在现实生活中，不少人“一切向钱看”，不讲诚信，连自己的亲朋好友都敢蒙骗，由此使得人与人之间信誉度降低，严重损害了人与人之间关系的和谐。面对诚信的缺失，光是呼唤是不够的，我们每个人都是建设诚信大厦的砖瓦，需要我们从自身做起，从身边的一件件小事做起，如不要失信于人，对别人有求于我们的事，我们一旦答应了就要尽全力去办。如果确因客观原因无法完成，就应向人家解释清楚，求得对方的谅解。只要我们每个人都以自己的实际行动恪守诚信，相信诚信之火定能成燎原之势，到那时和谐的人际关系何愁不能建立？

9. 合作

当今社会，人与人之间的竞争日益激烈，但这并不意味着合作变得可有可无。相反，随着社会分工的精细和工作内容智力成分比重的增加，许多工作不再依靠个体力量来完成，而要依靠团队合作来实现。一个人即使本领再大，是块“好铁”，但充其量又能打几颗“钉”呢？因此，合作是人际交往的基本准则，一个善于交际的人必定是个善于合作的人。在合作基础上竞争，在竞争基础上合作，是人际交往的基本态势。如果只讲竞争不要合作，那么竞争必定是不择手段的恶性竞争和无序竞争，人际关系的和谐也将无从谈起。所以，在人际交往中，我们应给予对方多一些支持，少一些拆台；多一些协商，少一些固执；多一些沟通，少一些封闭。只有这样，我们的人际关系才能少一些紧张与摩擦，多一些温馨与和谐。

10. 互惠

在现实生活中，人与人的关系之所以会出现不和谐的音符，产生一些矛盾和摩擦，其中就与一方某方面的利益受损有关。因此，要有效化解矛盾，消除摩擦，就不能太自私、“吃独食”，而应坚持“互惠”，追求“双赢”。

二、人际交往技巧

掌握好人际交往技巧，对处理好人际关系中的问题，搞好人际关系作用重大。高职学生必须懂得和掌握好人际交往的技巧，以利于自己的成长和发展。

（1）委婉含蓄的技巧。在人际关系中，怎样才能做到含蓄委婉呢？一般来说，要做到四点，①要顺耳。对别人的观点，即使不同意，也不要说什么“胡说”“瞎讲”一类刺激性的话，而要说明理由，以理服人；②要亲切。即使讲对方的缺点，也要选择适当的角度，尽量做到良药不苦口，忠言不逆耳；③要文雅。既要说得好听，又要说得不庸俗；④要得体。既不对别人的缺点夸大其词，也不抓住别人话中的漏洞穷追不舍，使对方难堪。要避免公开指责别人的缺点。

（2）交谈对话的技巧。语言交谈沟通是最普遍、最经常的交往形式，语言是沟通交流的最基本工具。会说话是一种资本。一句话说得好与否，有时可决定事情成功与否。①用别人爱听的方式，说自己想说的话；②表达不同意见时，尽量用“很赞同……同时……”的模式；③自己的意见让对方说。设法让对方说出我们的意见，最佳的方案是将自己想说的意见变成所提问题的答案，让对方给出答案，同时也获得对方的认同；④用建议代替直言，用提问题代替批评。顾及别人的自尊，让对方说出期望，谋求共同的利益。提建议时不要说“我认为”“你应该”，而是说“我们是否可以这样考虑……”；⑤站在别人的角度，讲出自己的道理。“己所不欲，勿施于人”。利用换位思考，站在别人的立场上讲出的道理更容易被接受。

（3）聆听他人的技巧。

①耐心聆听。即使有些普通的话题，对你来讲已相当熟悉，可是对方却眉飞色舞，谈兴正浓。此时，出于礼貌，你应保持耐心，不能表现出不耐烦的神色。在听他人说话时，应精神集中，表情专注，不要东张西望，心不在焉。不要看书看报，呵欠连天，这类举止不仅是不礼貌的表现，也无异告诉对方你不想听了；②虚心聆听。切忌得理不让人和不必要的争辩，这样会破坏亲切和谐的交往气氛；③会心聆听。听人谈话，不只是在被动地接受，还应该主动地反馈，积极地回应。在交谈时，要注意与对方经常交流目光，可时而赞许性地点头，或不时地用“是这样的”等来表示你在注意倾听，以鼓励对方继续讲下去。

（4）培养良好的人际交往风度。良好的交往风度是成功交往的基本条件，因为它制约着你在交往对象中形成的印象，也制约着对方以何种方式做出反应。人的社交风度是其各种心理素质和修养的外部表现，它能反映出你的道德品质、思想感情、性格气质、学识教养、处世态度乃至交往的诚意。①良好的精神面貌。为人诚实、热情自信、落落大方、精力充沛、富有朝气和魄力，这种精神面貌会给一个人带来无穷的社交活力，在交往过程中会令人敬佩并获得高度信任，它对健康的人际关系起着良好的促进作用；②仪表礼节洒脱。根据人际吸引原则，一个风仪秀整、俊逸潇洒的人能增加个人的交往风度。大学生应注意自己的衣着服饰与自己的气质、体型、年龄、身份、场合相称，讲究基本的称呼、问好、告辞、致谢、致歉、寒暄、婉拒等礼节以及交往时的身体姿态；③待人态度诚恳。不管对待什么样的交往对象，都应该以平等的态度待人，显得诚恳而坦率。做到一视同仁，不讨好位尊者，也不藐视冷落位卑者，做到不卑不亢；④体态得体。人的体态是一种无声的肢体语言，它通过人的手势、身体的各种姿态和面部表情来传递信息，既能体现人的精神魅力，又能体现人的外在魅力。既是人们思想感情与文化修养的外在体现，也是交往风度的具体表现方式。如果表现出热情和兴趣，往往身体略微倾向交谈的对方，并伴有微笑、注视等。微微欠身表示谦虚有礼，身体后仰表示傲慢，倒转身体表示厌恶和轻蔑，背朝对方表示不屑理睬等；⑤言词文明高雅。大学生是有较高文化修养的人，说话时应注意用词准确通俗，语音、语调恰当。说笑话掌握分寸，言语不要拖泥带水，不要喋喋不休。幽默的谈吐使人轻松愉快，能增添活跃气氛，但要注意场合分寸。

三、大学生的人际交往

1. 如何培养温馨亲情

（1）深刻认识亲情宝贵，由衷确立亲情理念。树欲静而风不止，子欲养而亲不在。爱我们的亲人，就是在爱自己。

（2）直面“黑色记忆”，寻求积极解读。在自己长大成人的亲情关系史中，曾经留下了挥之不去的“黑色记忆”，需要我们多与家人沟通，消除误会，增进彼此的理解。

（3）抓住创造亲情培育的时机，表达传递真诚相待的心意。在亲情问题上，我们就有典型的自我中心倾向——总是感觉别人应该对自己好才行，没有想别人也需要你的亲情垂怜；总是觉得别人对自己不够好，没有想自己为别人做了什么。

我们可以借助中华民族的传统节日、家族成员的特殊时间、外国舶来的日渐丰富的洋节日表达关怀和问候。相逢一笑的时候，多少冷漠和积怨都会在真诚投入的交流互动中冰雪消融。

（4）立足成长，在新平台上优化亲情。亲情的困惑仅仅靠巧实力、金点子是不行的，还应该借助硬实力、高境界才能处理好。要主动培育和维系亲情所必需的积极意向、充分动力、乐观情绪和持久耐心。

2. 怎样与老师交往

每个人的成长都离不开老师。老师，是我们前进道路上的启明灯。老师，为我们的健康成长导航。

（1）不管遇到什么样的事情，面对老师都要坦诚地谈出自己的观点，让老师了解一个真实的自己。

（2）在有些问题上要把握和老师谈话的时机。比如，自己学习之外的私人问题一定要在下课后找老师面谈或写信。

（3）主动与老师交流。

（4）不强求老师对自己格外关注。

（5）学会“冷”处理。以平和的心态面对老师的表扬和批评，不因老师的批评而懊恼，也不因老师的表扬而沾沾自喜。

（6）如果老师在课堂教学过程中出现知识性错误，最好以委婉的方式提出来。

（7）如果与老师出现对立、争执和冲突怎么办？停止争辩，保持冷静，让情绪降温；反省自己，查找自身原因；陈述事实，让老师明了情况，取得老师的理解；请他人帮助分析，寻找解决办法；寻找时机，真诚地与老师交换意见，化解矛盾。

心随我动

活动一：亲情测试

1. 测试内容

（1）你第一次看到《将爱心传递下去》公益广告的心理反应是——

A. 没有什么反应　　B. 煽情广告而已

C. 非常感动，心中向往　　D. 哈！我就是剧中人

（2）《三毛流浪记》中三毛看到“两只小狗依偎在母狗的怀抱里”“一群小鸡跟随一只母鸡”而流下眼泪的情景画面。你看过之后的心理反应是——

A. 什么意思呀？当时没有反应过来

B. 太幼稚了，精神不太正常

C. 真可怜，他触景生情了

D. 我的童年多幸福！感恩之心油然而生

（3）你记忆中最令你难以忘怀的亲情事件是——

A. 对不起，无可奉告

B. 大家都一样啦！没有什么特别的事

C. 这件事发生在……

D. 很多很多，让我想一下

（4）你与父母之间存在明显的伤害很深的“继往关系史”吗？

A. 可以不回答这个问题吗　　B. 当然有啦！只好忘记吧

C. 有一些，已经自动化解　　D. 怎么会呢？他们很爱我呀

（5）“一个青年人为他母亲捐肾的事件”成为当年“感动中国十大新闻人物”。你对此的感受是——

A. 令人震撼！不能想象　　B. 如果是我，可能面临两难选择

C. 如果是我，我也会去做　　D. 不应该入选。救自己的母亲，天经地义的嘛

（6）假如有来世，你会选择——

A. 冤家聚首是今生我与父母关系的真实写照，够了

B. 既然有选择，倒是期望另外选择一次

C. 我来做父母，让他们学习如何做父母

D. 我当然还会做他们的儿女

2. 分数划定标准

A——0 分；B——2 分；C——3 分；D——5 分

3. 测试结果解释

总分 30 分；如果你的得分在 8 分以下，说明你的亲情关系亟待提高；如果你的得分在 8~15 分，说明你的亲情关系需要进一步优化；如果你的得分在 15~22 分，说明你的亲情关系是适宜的；如果你的得分 22~30 分，说明你的亲情关系温馨融洽。

活动二：换位思考

在街上碰到熟人，当你向他打招呼时他却视若无睹，这时你会怎么办？

心灵感悟

一、心语赏析

1. 独学而无友，则孤陋而寡闻。
2. 我可以做你不能做的事，你可以做我不能做的事，我们在一起就可以做伟大的事。
3. 敬人者，人恒敬之；爱人者，人恒爱之。

二、心语倾诉

1. 放松自己

想象：借由想象你所喜爱的地方，如大海、高山等，放松大脑；把思绪集中在想象物的“看、闻、听”上，并渐渐入境，由此达到精神放松的目的。

按摩：紧闭双眼，用手指尖用力按摩前额和后脖颈处，有规则地向同一方向旋转；不要漫无目的地揉搓。

呼吸：快速进行浅呼吸，为了更加放松，慢慢吸气，屏住气。然后呼气，每一个阶段各持续八拍。

2. 闭目吟诵

- 快乐不是拥有的多而是计较的少。
- 耐心是一切机智的基础，急躁是愚者的弱点。
- 忍一时风平浪静，退一步海阔天空。

修心践行

一、品一品

一个富翁特别喜欢吃烤鸭，就重金聘请了一名厨师，每天为他做烤鸭。厨师烹制的烤鸭很美味，但每只鸭子只有一只腿。时间一长，富翁就把厨师叫来问道："你烤的鸭子怎么只有一条腿呢？"

厨师指着一只脚站着休息的鸭子回答："它本来就只有一条腿啊。"富翁气得拍拍手，掌声惊动了鸭子，它伸出了另外一条腿。富翁说："那鸭子不是有两条腿吗？"厨师答道："是啊，如果你早鼓掌的话，那烤的鸭子早就有两条腿了"。

二、练一练

如何运用你所学的人际交往理论和方法处理宿舍人际关系。

第九章　健康爱性心理

第一节　追寻美满爱情　感受幸福生活

心灵故事

他该怎么办？

小杨在一次选修课上，认识了邻近学院的女生小欣，彼此有好感。后来，以一般朋友的关系经常通电话谈心，也偶尔一起吃饭、散步。小杨在接触过程中喜欢上小欣，但小欣已有男朋友了。小杨不甘心，一段时间的接触后向小欣表达了爱慕之情，小欣没有接受小杨，也没有明确表示反对。就这样，他们以这样的关系相处，而小欣一直没有承认与小杨的恋爱关系。时间久了，小杨心里很难过，他认为：付出了那么多感情，怎么还是一般朋友？想要放弃吧，自己实在做不到！

所以，小杨处在痛苦的挣扎中，想放弃又放不下，想继续又害怕没有结果，想“解脱”却又无能为力。小杨到底该怎么办呢？爱情到底是什么？真的像张信哲唱的一样：“爱一个人好难”吗？

心海导航

一、爱情心理概述

1. 爱情的本质

爱情，在不同时代有不同的定义。现代定义为两个人基于一定的物质条件和共同的人生理想，在各自内心形成的对对方的最真挚的仰慕，并渴望对方成为自己终身伴侣的最强烈、最稳定、最专一的感情。

爱情是人际吸引的最强烈形式，是心理成熟到一定程度的个体对异性产生的高级情感。性爱、理想和责任是构成爱情的三个基本要素。真正的爱情既不是柏拉图式的“精神之恋”，也不是纯粹异性间的生理吸引，是性爱与情爱的有机统一。性爱是爱情的基础，是爱情的自然属性。情爱是爱情的灵魂，是爱情的社会属性。只有情爱与性爱的完美结合，才可能产生名副其实的爱情。爱情的心理结构如图：

$$\left.\begin{array}{l}\text{倾慕+怜惜+性欲=性爱}\\\text{理想+情操+个性=情爱}\end{array}\right\}\text{爱情}$$

2. 爱情三因素理论

不少心理学家已经从心理学的角度对爱情进行了相当深入的探讨，其中，最受关注的是美国耶鲁大学教授斯滕伯格的爱情三角形理论，又称为爱情三因素理论。

斯滕伯格认为，爱情有三个基本的成分，即亲密、激情与承诺。亲密是一种相互喜欢、理解、亲近的感觉；激情是指一种兴奋激动、如痴如醉的感情，如魅力与性吸引引起的冲动；承诺分长期承诺和短期承诺，短期承诺是指愿意爱对方，长期承诺是指保持发展稳定的关系，做出长相厮守的决定。这三个成分的性质很不相同，亲密是脉脉的温情，激情是火一样的冲动，承诺是冷静的思考。斯滕伯格根据爱情的三种基本因素，将人类的爱情划分为基本的 7 种类型。

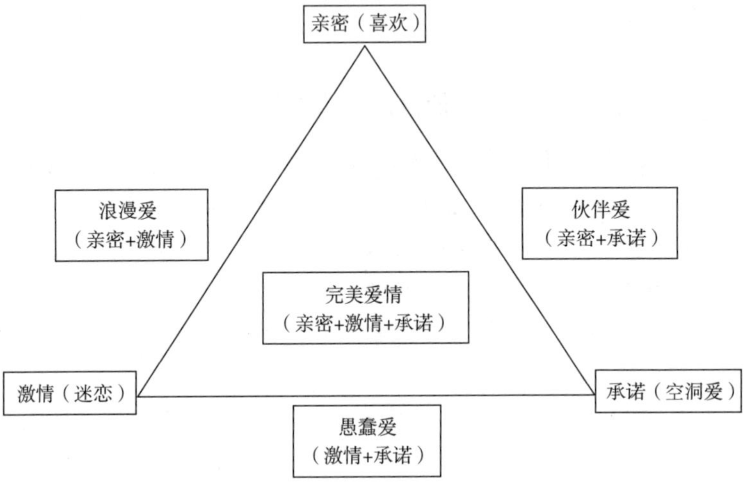

斯滕伯格的爱情三因素图

（1）喜欢。只有亲密因素。当两性之间的关系，在爱情的三因素中，只有亲密因素时，双方在交往中会感觉亲切、轻松，有很强的信赖感，表现在生活中就是两性之间真诚的友谊。严格地说，此种关系还不能纳入爱情之中。喜欢和爱的区别被现代男女严格区分，所以，他们常常固执地要求明确的答复：你究竟是喜欢我还是爱我？当然，这种关系的稳定会因为二者中任何一方情感因素奥妙的变化而发生改变，这也是人们常常怀疑男女之间是否有真正友谊的原因。

（2）迷恋。只有激情因素。当两性之间的关系，在爱情的三因素中，只有激情因素时，双方有强烈的性的吸引，但缺乏彼此的了解，缺乏彼此的信任，当然，更没有发展到承诺的阶段。处于迷恋中的个体相信，爱不需要理由。也常常无奈地吟唱：为何偏偏爱上你？迷恋开始于生活中的一见钟情，这种刹那间绚烂如夏花的情绪是否有生命力，是否能发展为稳定的情感，取决于是否会有亲密和承诺因素的形成。

（3）空洞爱。只有承诺因素。当两性之间的关系，只有承诺时，是没有爱情成分的空洞的爱，如有名无实的婚姻。

（4）浪漫爱。亲密和激情两因素的结合。当两性之间的关系具有亲密和激情两种因素，双方的关系不需要承诺来维系时，被认为是一种最轻松最享受最唯美的浪漫之爱，正所谓“没有承诺，却被你抓得更紧”。浪漫之爱，若是缺乏承诺的意愿或能力，则与婚姻无缘，是所谓的“相爱容易相处难”。

（5）伙伴爱。亲密与承诺两因素的结合。当两性之间的关系有亲密也有承诺，而缺乏性爱吸引时，彼此的关系已经升华为亲情式的信任和依赖，仿佛携手走过漫漫人生的银发夫妇，虽没有青春时的激情，却具有难以描述的情感深度，是不离不弃的黄金伴侣。

（6）虚幻的爱。激情和承诺两种因素的结合。当爱情没有以信任为基础的亲密因素时，仿佛大厦没有坚实的地基，是虚幻的空中楼阁，随时有变异的可能。

（7）完美之爱。亲密、激情和承诺三因素的结合。真正的完美爱情应该以信任为基础，以性的吸引和欣赏为催化剂，以承诺为约束，是活力和稳定性并存的情感集合。

二、高职生恋爱心理误区

1. 高职生恋爱中常见的不健康心理

（1）逆反心理。因客观与个人主观需要不相符，而产生强烈的抵触情绪，并引发一种负向要求和行为的心理活动倾向。例如，有的学生恋爱过程中，因受到双方父母的反对，或其他不利因素的阻挠，往往会让彼此相爱的态度更加坚决，关系更加紧密，从而难舍难分。

（2）自卑心理。自卑感过强的人，在对待恋爱上，常会因为怀疑自己的能力、惧怕自尊受到伤害，而无法敞开爱的心扉；一旦在恋爱中受到挫折，又往往会采取自我封闭、不再与他人交往的方式，以逃避现实。

高职生恋爱中的自卑心理大都是因为自身的“缺陷”和“不足”造成的。例如，认为自己的相貌、身材不如他人；或者认为自己的家庭出身、社会地位、经济条件低人一等；或者感到自己的学习成绩、社交能力、个人修养等方面不如人等。从实质上讲，自卑心理是人的一种性格上的缺陷，往往是因为个人的成长经历、生活环境、自我认识偏差等原因，造成主观上不能正确地认识自己、评价自己和接纳自己的消极情绪体验。

（3）虚荣心理。20 世纪 80 年代的某本杂志曾报道一个高职女生 5 人宿舍里发生的故事，其中 4 个人有了男朋友，另外一个女生就发誓一定尽快找一个男朋友，理由是难道自己“嫁”不出去吗？此女生的想法与虚荣心紧密相关。从心理学角度说，虚荣心理是人的一种情感的反映，也反映着人的某种需要。根据美国心理学家马斯洛需要层次理论认为，需要是人的心理活动的基本动因，虚荣心理是一些人试图以追求名誉、荣耀等表面的光彩，来满足自尊需要的心理。谈恋爱，有一个令人羡慕的男朋友、女朋友，似乎便满足了这种需要。

（4）消遣心理。高职生活中，由于种种原因，如离开父母和朋友来到新的环境、对学习没有兴趣或不适应等，常会使高职生陷入孤独寂寞之中，一些同学会不自觉地希望寻求异性知己，试图以“爱情”来抚慰自己，消愁解闷，寻求寄托，用爱情填补生活的空白。

（5）占有心理。爱情虽然具有专一性、排他性，但把对方当作私有财产一样对待，显然是违背人性和人道的，那么双方的冲突就不可避免了。

2. 高职生恋爱中常见的错误恋爱观

（1）游戏人生观。有的高职生认为爱情就是“一场游戏一场梦”，于是玩起了“三角恋”“多角恋”，甚至认为异性朋友越多就越能证明自身的魅力，并以此作为炫耀自己的资本。

（2）爱情至上观。据调查，大多数高职生一旦坠入情网就不能自拔，强烈的感情冲击一切，学习同样受到严重影响。有的整天如痴如醉，想入非非，沉浸在卿卿我我的甜言蜜语中；有的中午、晚上不休息，加班加点谈恋爱，致使上课时倦意甚浓，无精打采；有的甚至逃课，一心一意谈恋爱，成为恋爱“专业户”。很多高职生在不知不觉中变得“儿女情长，英雄气短”，对学习的热情和成就事业的热情一天天冷却，爱情渐渐成为生活的唯一追求，最后除了一场风花雪月什么也没得到。

（3）世俗功利的爱情观。“毕业就嫁人，要嫁就嫁有钱人”“干得好不如嫁得好”成为不少女高职生的人生信条，甚至有男高职生也认为“吃一年软饭抵得上十年奋斗”，何乐而不为呢？

（4）与已婚者恋。“世上没有拆不散的夫妻，只有不努力的小三”，一些女高职生在追求“爱情”的歧路上走得如此执着，却不曾想到与已婚者恋不仅是不道德的，更是危险的，一般情况下难以有结果。

（5）网恋。有些高职生在现实中遭遇爱情挫折，对现实感到悲观失望，于是到虚拟的网络世界中去寻求真爱，结果却一无所获。有的甚至中了网络老千的圈套，遭到网络色狼的纠缠，实在是得不偿失。

（6）注重过程，轻视结果。“只在乎曾经拥有，不在乎天长地久”的恋爱观在高职生中也不足为奇，在这洒脱的宣言背后隐藏的是对感情的轻率，对责任的逃避。

三、培养健康的恋爱心理

1. 准确识别爱

（1）好感不是爱情。好感与爱情是高职生在异性交往中经常遇到又难以区分的两种感情。青年人在性发育成熟时，便开始被异性吸引，对异性产生好感，开始有寻求恋人的需要，这是人生理上的自然本能。如果把爱的历程描绘为“好感、爱慕、相爱”三部曲的话，好感只是爱情的前奏，并不一定会发展为爱情。异性之间的好感一般来讲是广泛的、无排他性的，而爱情则是专一的、排他性的、具有性爱的因素；好感常常表现为人们一时出现的情绪感受，而爱情则是在长时间的相互了解中形成的。

（2）异性友谊不等于爱情。友谊意味着两个人和世界，而爱情意味着两个人就是世界（泰戈尔）。

友谊是人与人之间在互相尊重、互相信赖的基础上建立的一种美好的情谊。爱情是男女之间的依恋、爱慕的强烈感情。在一定条件下，异性的友谊可以发展为爱情，而爱情本身也包含着友谊。然而，在两性交往中，我们可能对友情与爱情产生混乱和迷惑，导致误会或“自作多情”，陷入暧昧的烦恼。正因为如此，有人甚至认为男女之间没有真正的友谊。

（3）感情冲动不是爱情。感情冲动常常是暂时性的，一时的感情冲动可以产生于任何一对男女之间，它是两性吸引的结果。感情冲动往往使人头脑发昏，忘乎所以，甚至做出不久便后悔痛恨的愚蠢举动，这是一种十分脆弱的感情。而爱情则是一种既炽热又深沉、既强烈又持久的感情，它随着时间的推移而生根、开花、结果，使恋爱着的双方变得更加完美、可爱。

（4）单相思不是爱情。伊萨可夫斯基说过："爱情是两颗心撞击出来的火花，不是一颗心对另一颗心的敲打。"爱情必须以互爱为前提，只有一方爱上另一方，同时又得到对方同样的爱，才是美好的爱情。如果自己的爱情不能引起对方同样的反应，所谓的"哥有情来妹无意"，那应该及时从情感的漩涡里挣脱出来，去寻找真正属于你的爱的归宿，因为"一厢情愿"的爱是不会结出幸福之果的。

2. 恰当表达爱

现实生活中人们往往还会遭遇这种尴尬：自己所说所做的和内心所想所期待的恰恰相反——明明是爱着对方的，但表达的却是伤害对方的话语，做出的却是伤害对方的事情。这应该是一种爱的能力的缺失吧！高职生要懂得怎样选择适当的时机、适当的地点，在对方有适当的心情时去表达自己的爱。

3. 善意拒绝爱

敢于理智地拒绝不希望得到的爱情。在一份并不希望得到的爱情到来时优柔寡断，或屈从于对方的穷追不舍的做法都是有害的，因为爱情来不得半点勉强和将就。因此，要学会勇敢地说"不"，掌握恰当的拒绝方式。拒绝爱需要针对不同的情况采用不同的拒绝方式。

（1）死缠烂打型。如果对方是一个不顾你的反应，让你难堪为难的人，你的拒绝要勇敢、坚决、直接、毫不含糊，但切忌使恶！如果优柔寡断或屈从于对方的穷追不舍，发展下去对双方都不利。

（2）真心诚意型。如果对方是一个有诚意的追求者，你应该在尊重对方的基础上拒绝对方，并考虑拒绝方式，以免伤害对方的自尊心。不妨尝试以下做法：首先感谢对方对自己的感情；其二要态度明确，表达清楚。措辞语气既要诚恳委婉又要肯定明确，不能使用让对方存有某种希望的语气，不要拖延时间，讲明这不是对方的错，只是自己不能接受，请对方理解自己拒绝的苦衷和歉意；三是行动与语言要一致，可能有的同学怕对方受伤害，虽然语言上拒绝了对方，但行动上还与对方保持较亲密的接触，如单独一起去看电影、吃饭等，使对方容易误解，认为还有机会，还纠缠在与自己的情感中。

4. 失恋中成长

恋爱是一对男女为寻求和建立爱情而相互了解和选择的过程。交往中，一旦双方或者某一方出于这样或那样的原因，不愿再保持彼此的恋爱关系，就将意味着双方恋爱的终止。恋爱的一方失去另一方的爱情，就是通常所说的失恋。

失恋是一种痛苦的情感体验，会不同程度地造成剧烈深刻的心理创伤。有时会使人处于极其强烈的自卑、忧郁、焦虑、悲愤甚至绝望的消极情绪状态之中，甚至有的人会因此失去生活的信心或勇气。个别人由于失恋而形成各种心理障碍，或者从此怀疑和不信任任何人，将自己的感情之门永远封闭起来，变得郁郁寡欢；或者看破红尘、自暴自弃，从而消沉下去；或者反目为仇、图谋报复、损人害己。失恋可以说是人生中较为严重的心理挫折之一。

失恋是人生中一个很大的挫折，考验的是人的耐受挫折的能力。失恋使人产生痛苦的感觉是很自然的事，每个人都会有，只可能程度有差别。失去爱会使人感到一种重要关系的丧失，一种身份的丧失，需要一定的时间去面对和适应。

（1）失恋只是一种选择的结果。一个人不选择自己不等于自我就彻底失败，一无是处。每个人在爱的关系中心理需要不同，看重的关键点不同。每个人都有可爱的一面，只是每个人欣赏的角度不同。

（2）在失恋中学习，把失恋作为一种人生的财富。也许失恋给人带来的强烈的内心冲击是其他事件所不能代替的，这个过程中所体会到的情感、挣扎与痛苦，实为一笔人生财富，使人有了更多的人生体验，人会在失恋中变得更加成熟。

（3）失恋给人再恋爱的机会。一次失恋不等于整个爱情生命的结束，人还会再恋爱，再体验美好的爱情，只要用心去体验、去建设、去学习和感受。

心随我动

活动一：测测爱情成熟度

爱情成熟度趣味测试

1. 我的初恋（“I love you”“So am I”）时间大约在______时代。

A. 小学　　B. 初中　　C. 高中　　D. 尚未填补空白

2. “我在同伴中算得上是一个与异性交往的自我感觉良好者”与你的符合度是______。

A. 100%　　B. 75%　　C. 45%　　D. 25%

3. 我期待投入一场爱情之舞第一位的原因是______

A. 我渴望爱情　　B. 他（她）让我心动

C. 我感觉生活缺乏激情　　D. 别人都有一个他（她）

4. 我的丘比特之箭所指目标的第一位的品质必须是______。

A. 让我由衷地喜欢　　B. 他（她）确实魅力超群

C. 他（她）外表出众　　D. 他（她）的社会背景很好

5. 在我期待的爱情互动中，我能够选择的爱情关系是______。

A. 我真诚地爱着他（她）　　B. 彼此平等互爱

C. 我多付出一些迎合他（她）　　D. 他（她）要爱我多一点

6. 我们之间出现情感危机时，我最可能的处理方式是______。

A. 理智对待，力争挽回　　B. 冷静处理，接受任何结果

C. 伤心愤怒，据理力争　　D. 主动回避，结束关系

1. 分数划定标准

A——5 分；B——3 分；C——2 分；D——0 分

2. 测试结果解释

总分 30 分；如果你的得分在 8 分以下，说明你的爱情成熟度太低，根本不适宜于谈恋爱；如果你的得分在 8~15 分，说明你的爱情成熟度不高，如果你在谈恋爱，爱情会随时出现问题；如果你的得分在 15~22 分，说明你的爱情成熟度是适宜于谈恋爱了；如果你的得分在 22~30 分，说明你是爱情高手。

活动二：恋人标准

写出你的 5 条恋人标准。

活动步骤：

1. 每位学生在纸上写出自己的 5 条恋人标准。
2. 请 10 位学生（男女各半）谈谈自己的恋人标准，教师写在黑板上。
3. 集体评判出必要标准。

活动三：探讨失恋疗法

1. 提问：如果你的好朋友失恋了，你会怎样帮他（她）疗伤？
2. 学生讲出自己的观点后，其他同学评判其优劣，教师评论。

心灵感悟

一、心语赏析

- 青年男子谁个不善钟情？妙龄女人谁个不善怀春？这是我们人性中的至神至圣。

——歌德

- 爱情之酒甜而苦。两人喝，是甘露；三人喝，是酸醋；随便喝，要中毒。

——陶行知

二、心语倾诉

1. 放松训练（同第八章第一节）
2. 闭目吟诵

- 爱是承诺，爱是责任，爱是心灵与心灵的碰撞。
- 爱一个人意味着让他（她）快乐，给他（她）幸福。

三、我的感悟

修心践行

一、看一看

1. 电影《爱情故事》《魂断蓝桥》。

2. 失恋疗法

失恋疗法一：刺激疗法——降低敏感度

你越是想忘记的，越是你忘不了的……

失恋初期，你终日魂牵梦萦的都是过去的种种。刻意地压住只能使你暂时忘却，但第二天睁开眼，又来了。“不去想”，就真的能不想吗？“想要忘”，就真的能忘记吗！人的思想，是最叛逆的东西，愈强迫不去想，愈忍不住要想；希望去忘记，偏偏又忘不掉。除非你早已练就“心如止水”的功夫，否则，依心理学研究显示，暂时镇压情绪和抑制思路，只会让下一波情绪再起时，更加痛苦。

所以，本疗法并不鼓励压抑，相反提倡“以毒攻毒”，让泪畅快流，悲尽其哀，让思念和悲伤尽情爆发，恣意去接触那些易触动情绪的物品或情境，直到反应趋疲，感觉麻痹为止。等你想到没什么可想，悲伤也重复了多个回合，慢慢你就会麻木到触景也伤不了情了。

这种“压力加强疗法”旨在将内心伤痛彻底驱逐出境，逐渐帮你达到“百想不悲”“百毒不侵”的境界。

失恋疗法二：比较疗法——比比谁最惨

每个哭泣的人，都觉得自己最不幸，相信我，你绝绝对对不会幸运到变成“最不幸”的人。惨吾惨，以及人之惨，你虽然很惨了，一定有人比你还凄惨。去找出一些比你还悲惨的个案，来抚平心中不平和不幸的感受，远到埃塞俄比亚的饥民，近到街头的乞丐，谁不比你惨，你凭什么理由寻死觅活、颓废自怜呢？

失恋疗法三：思考中断法——转移注意力

本法和“刺激疗法”刚好相反，两者却可相济并用。

失恋初期，你放纵自己想念对方的思绪驰骋，经由狂想猛想后，使忧伤疲惫，将思念耗尽。如此过了数月，假使你还不能挣脱情绪梦魔，失恋阵痛期还在无休无止持续中，证明你需要本疗法，来给过热的思念浇盆冷水了。此方法可以在失恋末期，用来拯救过分颓废的心情。

失恋疗法四：雨露均沾法——患难同当

失恋，是你“陷害”朋友的大好良机。向你的死党宣布：“我失恋啦！”此后几个月进入“戒严整顿时期”。

他们和情人过分亲密的举动，一律严禁在你面前出现。先取得朋友的谅解，你会发觉，绝大多数真正的好友，都不会吝惜对遭情变的你伸出援手。这些雪中送炭的友谊，像刻意要反驳你因失恋而对人性的失望似的，排山倒海而来。

二、做一做

1. 斗争大会

恋爱是盲目的，失恋了，就该擦亮眼睛醒醒了。翻开情海恩仇录中的罪状日记，想想他（她）的恶言恶行和薄情寡义，反复洗脑，务必叫自己越来越讨厌对方，讨厌到咬牙切齿、倒尽胃口为止。

你可以找些原本就看他（她）不顺眼或对你很愚忠的朋友，一同举行“斗争大会”，大家轮流批判那个人，把他（她）说成十恶不赦的大坏蛋、人神共诛的大混球，让你好好发泄一下怨气。

此做法的最大好处是帮你在倾泻怨怒之余，发现对方竟是如此不堪之人，收拾起思念怀旧的心情，完全抛去牵挂与不舍。

2. 心理大扫除

再会啦！引触悲伤的也许不只是某些事物，而是某些地方。

你俩“爱的小屋”中，到处还留有那个人的笑容身影，已经变成你的“伤心小站”。走在街头，某些熟悉的味道，或你和他（她）曾约会的小店，都会撩拨你心底最深处的那根心弦。在“失恋丧假”过后，不管你多么不愿，此时你都必须选择改变，将房子改头换面，搬新家，或来趟旅行，绕着地球跑几圈，设法躲开这些伤心情境，让悲伤心情得到充分的喘息和疏解。否则，一直自闭在留有太多回忆的空间里，只会让你钻牛角尖。

去看看世界之大，放宽视野与胸襟，你就会觉得自己一时的爱很嗔痴，相较起来显得多微不足道。如果没钱旅行或搬家，也可以把房子重新粉刷，更换家具摆设，以抹淡记忆的痕迹。

如此，借环境的改变，给自己来个“心理大扫除”，重新出发。

三、试一试

失恋后，怎样重新建立自信心？

1. 治疗失恋的自卑自怜症状，先从外表开始，彻头彻尾洗心（心情）革面（面容）。纵容自己买几套奢侈的衣物，尽量穿明亮色艳的衣服来带动心情开朗。

2. 每天对镜中的自己打气：“瞧你长得多正点，他（她）不要你，可真没福气呀!”或是，学学洗面乳广告的台词：“我真的很喜欢我的脸。”

3. 让自己白天忙碌些。日本大文豪芥川龙之介就曾说过：“能将我们从情网里解放出来的，与其说是理智，不如说是繁忙。”不要睁着眼躺在床上发呆乱想，设法让自己累到眼睛都睁不开了，再“爬”着上床。

4. 早上起床时．记得对自己精神训话一次：“你又活过了一天，真不容易哪。”接者，高喊三声万岁，为自己喝彩。暂时别想未来的事，在失恋这段日子里，每活过一天都需要相当的能耐。所以，每熬过一天，就赞许自己一遍：“事情并没那么严重嘛，昨天都撑过去了，今天更没问题喽。”你会发现，日子真的一天天好过。

5. 把自己的优点写成“大字报”，早晚瞻仰数次。你会发现：“我是真的真的很不错。”

失恋打击了你的自信，现在你要想尽一切办法挽回失去的信心，重振往日雄（雌）风。记住要加倍爱自己，好好心疼自己，即使偶尔有些寂寞孤单，也要说服自己：一个人的生活也不算太坏嘛！至少，你不必再迁就对方的好恶，也不必再担心对方的喜怒了。

第二节 了解性心理 调适性行为

心灵故事

一个高职男生的困惑

我是大一的男生，19 岁。在高一的时候，一次无意的行为让我染上了自慰的习惯。在过去，大约一个星期有一次吧。但上大学后，这种行为却越来越频繁，有时在白天也会有那种冲动，人整天都是无精打采的，最近我常常感到腰酸背痛……学习也集中不起注意力。老师我该怎么办？我这人是否天生就比较淫荡，我将来还能结婚生子吗？

面对这位同学的困惑，你也许有同感吧。“性”，似懂非懂的事情，搅得年轻的高职生心烦意乱。那么性究竟是什么呢？

心海导航

一、性心理概述

性向来是一个具有神秘色彩的词汇，能引发人们的众多联想。然而社会的禁忌、传统的文化使人们讨论性、了解性时会感到压力，年轻人也很少能从父母、老师那里得到更多的性教育。但是性作为人类的自然属性，是个体身心成熟发展的重要部分。高职生正处于青春年少的阶段，内心情感懵懂而活跃，性生理趋于成熟，如何正确地认识与理解性，明确自己的性观念，调控性冲动与性需求的平衡，保持身心健康和谐，是高职生需要面对的重要成长课题。

科学地认识性的本质，是建立正确的性观念和性角色行为，维护性心理健康的前提。

1. 性的定义

性的定义，从生物学角度理解是有关生物的生殖或性欲，以及雌性和雄性个体差异，同时也包含它们的生殖繁衍。性是人类基本的生物特征之一，就如同人需要呼吸空气、饮食一样，是人的一种自然属性。孟子云：“食、色，性也”，这说明人生来有食欲和性欲两大欲望。因此，性并没有什么“神秘”的，大可不必谈“性”色变。

随着人类文明的发展，性除了纯生物学的意义外，性还涉及社会学、伦理学、心理学等多方面的意义。因此，“性”的科学含义应概括为：人类的性是指以生物物种的繁衍的机能为基础，受特定的社会关系和伦理价值观念的影响以及人的心理因素支配的性行为。

2. 性的本质

人类的性行为要受社会的存在和发展的影响和制约。人类的性行为具有自然属性和社会属性。人类性的自然属性是所有生物都具有的属性，是人类的一种本能。人类性的社会属性是人类在社会生产和生活实践中形成的，因此，性的社会属性是人类性行为的本质，其性行为的自然属性也总是通过它的社会属性来表现的。

性是人的生理本能之一，人发育到一定的时候就会自然生出性的需求，即性的欲望。所谓性的欲望就是对与性内容直接相关之行为的期盼与要求。当这一要求较为强烈时就会形成性冲动。性欲的产生依赖于一定的生理因素与心理因素。性激素是产生性欲的生理基础，与性有关的感觉、情感、记忆、想象是引起性欲的心理基础。青年学生只要生理心理正常，大都会产生一定的性的欲求，只是强弱不同罢了。既然性是人的本能之一，那么可否如饥要食、渴要饮般随意宣泄呢？回答是否定的。因为人不仅具有自然性，更具有社会性，人的一切自然属性都在社会规定中以曲折的方式表现出来。人能够根据一定的社会道德法律规范，运用理智和意志的力量调节欲念和行为，从而将性限制在适度的范围内。人类社会对性的宣泄从来就有众多的限制，即使最具现代文明的国家也教育青年抑制性活动，要对性承担社会义务。正是在这一点上，人类将自己与动物区别开来，使性得以升华。所以，对性的适当压抑与控制是个体适应社会的基本要求，是个体社会化的基本能力与义务。

3. 性心理的含义

性心理是指在性生理的基础上，与性征、性欲、性行为有关的心理状态与心理过程，也包括了与异性交往和婚恋等心理状态。性生理是性心理发展的生物学基础，性生理发育的障碍或缺陷，会使性心理的发展出现偏差。

二、高职生性心理健康的有关问题

1. 高职生的性心理特征

高职生这个群体，从性生理来看基本发育成熟，但在性心理方面还未完全成熟，因而在其性心理发展上具有下面的一些特征。

（1）性心理的本能性和神秘性。高职低年级学生的性心理主要还是生理发育成熟带来的本能反应，对异性往往情不自禁地产生好感和爱慕；再加上对性生理和心理知识的缺乏，从而对性有较浓厚的好奇感，使得这种本能反应又罩上了一层神秘的色彩。

（2）性意识的强烈性和掩饰性。高职生已经完成了从少年到青年的转变，非常注重自己在他人心目中的形象，特别是在异性心目中的形象，因而十分在意来自同龄异性的评价。如男生特别看重女生对其的评价，哪怕是女生的一个眼神或者一个微笑都会让男生思考半天。但其表面上却可能显得无动于衷、拘谨、冷漠、羞涩等。如表面上对男女间的亲昵行为视而不见，但实际上却对文学作品或影视中的男女亲热情节非常感兴趣，甚至渴望自己也能体验。

（3）性心理的动荡性和压抑性。青年时期是一个人一生中性欲比较旺盛的时期。高职生虽然生理已经完全成熟，但心理还不够成熟，还未形成稳定的性道德观和正确的恋爱观，自控和自制的能力还不够强，其性心理容易受到各种外来因素的影响，从而显得动荡不安。同时，高职生还处在求学的阶段，因而并不具有通常意义上满足性冲动的配偶条件，加之对性生理和性心理知识的相对缺乏，因此容易导致过分的性焦虑和性压抑。

2. 高职生性心理的健康标准

高职生已经到了身体发育成熟的年龄，性的需要是非常自然的事。然而，生理上的成熟并不代表心理上的成熟。那么，什么才是真正的性心理健康呢？性心理健康的标准是什么呢？

性心理健康是指个体具有正常的性欲望，能够正确认识性的有关问题，并且具有较强的性适应能力，能与异性进行恰当交往，在免受性问题困扰的同时，还能使之增进自身人格的完善，促进自身身心健康的发展。

根据性心理健康的内涵，高职生性心理健康应符合以下标准：

（1）有正常的性需求和性欲望。

（2）有科学客观的性知识。

（3）有正当、健康的性行为方式。

正常的性需求和性欲望是性心理健康的物质基础，科学的性认识是性心理健康的自我调节机制，正当、健康的性行为是指符合法律法规、校纪、道德等规范的行为。只有这三者协调、顺畅，才能具备健康的性心理。

3. 高职生性心理成熟的标志

随着高职生生理的发育和对性知识的了解与认识，性心理将逐渐趋向成熟，其标志有以下几个方面：

（1）正确理解男女两性的内涵，能正确区分和处理与异性的关系，即一般朋友、知心朋友和恋人的关系。

（2）能有正常的性冲动和性需要，其表现为能以社会认可的方式追求异性，与其确定恋爱关系或发展爱情关系。

（3）能形成正常的性情感和性意志，能自觉按照社会道德规范、风俗习惯、身份特点和法律要求，来控制自己的性冲动和性行为，这是一个人性心理成熟的主要标志。

（4）能最终建立一个以爱情为基础的和睦家庭。

三、培养健康的性心理

高职生的某些性心理问题是由不能科学地理解性生理引起的心理现象而产生的，他们常因此不能自拔，又孤独无助。对高职生而言，科学的认识比行为本身对其影响更深刻，更利于身心健康。因此，消除高职生性生理的心理困惑，维护其性生理的心理健康，应从科学的性认知开始。

1. 高职生常见性心理困扰

（1）体像困扰。随着青春期发育，男女出现了第二性征，使体像发生了很大的差异，如男性身材高大，音调浑厚；女性的乳房发育成熟、身材丰满、音调柔媚。这些体像特征对异性产生了很大的吸引力。每个青少年都希望自己在这些方面具备一切优点，如果以第二性征为重点的体像不尽如人意，而且很难将它改变时，就出现了烦恼和忧虑。这些性生理发育问题，往往给一些高职生带来很大的思想负担和心理变化。有的女同学为自己的乳房过大或过小而焦虑。有调查数据显示，47%的男高职生为阴茎的大小而焦虑，其实大可不必。女性由于生活环境、营养程度、遗传等因素的影响，乳房的发育程度有很大的差异，但其大小并不影响功能的发挥。男性阴茎长度的正常值为松弛时 7~11 厘米，勃起时 14~18 厘米。由于种族、营养等方面因素的影响，阴茎的个体差异较大，所以阴茎的长短在正常值范围内均属正常现象，它并不影响其功能。

（2）性幻想。性幻想又称性想象，是一种介于意识和潜意识之间的、带有性色彩的精神自慰行为，是在没有异性参与的情况下，在大脑中进行的自我满足的性欲活动。性幻想的内容可以是自己身边喜欢的对象，也可以是用极其浪漫的方式构想出来的性爱偶像。性幻想能够最大限度地满足个体的性心理需求，能够让心理冲突得以平息，心灵得以抚慰。

性幻想是性成熟过程中的一种正常的生理和心理现象，但过分依赖这种特殊的精神刺激并达到难以控制的程度时，对学习、生活等将会有负面的影响。

（3）性梦。性梦是性成熟的个体在睡眠状态下，由以往的性刺激所留下的痕迹引起的一种自然的弥散性、盲目性的性生理和性心理现象。性梦的内容和表现多种多样，可以是一个极为复杂、零乱无序、虚构无实的梦境，也可以是一个非常连贯完整的性行为过程。性梦是正常的生理心理现象，性梦的自然宣泄可以缓释性能量。

出现性梦时，不必忧心忡忡。尽管性梦是正常的心理生理现象，但如果经常出现性梦就需要找找原因，或寻求心理咨询帮助。

（4）性自慰。性自慰俗称手淫。它是指用手或其他器具刺激性器官获得快感，宣泄性冲动的一种行为方式。它是生物本能的重要组成部分，通常也是人们体验性快感的第一种方式。许多青少年由于受传统观念的影响，误以为它是淫秽、肮脏、罪恶的行为，进而产生恐惧、自责、可耻等不正确想法，从而造成巨大的精神和心理压力，这种精神和心理状态又进一步引起身体上的症状，它使个体产生“精神恍惚”“神经衰弱”“浑身乏力”“腰酸背痛”“学习退步”等一系列问题，并反过来使心理负担加重，以为这些变化都是性自慰造成的，从而形成恶性循环。

有的同学认为性自慰是罪恶的和可耻的，因而恐惧自责，其实这是误解。现代性心理学家认为，性自慰是性心理发育中性意识发展的一种表现，是解除性紧张宣泄性能量的方式之一。当然，任何事物都有两面性，性自慰过度会引起性欲增强，性冲动加重，反而达不到缓释性能量的目的，还会使人经常处于兴奋状态，身体得不到充分的休息，会感到疲劳，引起食欲下降和身体的免疫力下降，严重者还会出现神经衰弱现象。同时，毫无节制的性自慰可能会造成泌尿生殖系统的持续充血和其他病变。从这个意义上说，性自慰过度是有害、有碍于身心健康的。

什么样的性自慰是适度的？事后感到身体舒服、心情愉快、精力充沛、学习有效率等就是适度。

（5）性议论。性议论也是高职生宣泄性能量的途径之一。几乎没有一个青年学生不以议论性问题或是谈论异性来宣泄一部分性能量。宿舍熄灯后的卧谈会离不开性，这就大大地缓解了他们的性紧张。当然，这种议论必须以不伤害他人人格为基准。议论时间也不宜过长，否则易引起兴奋而影响睡眠。

2. 高职生获取性知识的正确途径

性包含着丰富的内容，性科学是一门综合性的学说，它包含性生理学、性心理学、性社会学、性伦理学和性美学等。了解和掌握性知识，有助于高职生消除对性的神秘感，促进自身生理和心理的正常发育，有助于他们正常的学习和生活，但高职生获取的性知识的某些渠道却令人担忧。

高职生获取性知识的不良渠道有以下几种：

（1）黄色书刊。黄色书刊中对性的描写极其露骨、夸张，可以让人脸红心跳、心旌摇荡，极富挑逗性，能让人嗜其成瘾，欲罢不能，影响高职生的正常学习。

（2）色情光碟。色情光碟对处于“性待业期”的高职生有着极大吸引力，它能引发生理上的强烈欲望，又可以满足高职生的某种心理需求，因而某些高职生沉溺其中而不能自拔。

（3）淫秽网站。调查显示，网络已成为高职生获取性知识的首要途径，而网络中充斥着的各种各样的淫秽信息对高职生起着很大的误导作用。

通过这些渠道获取的非科学、不健康的性知识会诱使人们走上邪路，这样的例子在我们身边屡见不鲜。所以，高职生应提高自我鉴别能力，自觉地抵制这些不良信息的诱惑。

学校和家庭应当是获取性知识的正当渠道，高职生应当主动地、大大方方地寻求学校和家庭的帮助，同时自己也可以选择一些正规出版社出版的有关性的书籍，以获得比较可靠、比较科学、比较健康的性知识。通过正确渠道获取的科学健康的性知识，可以缓解由于身体发育带来的焦虑、烦躁、不安的情绪，正确对待羞耻、恐惧、负罪感等心理困扰，让我们能正确认识青春期的生理及心理变化，正确看待两性关系，正确处理两性关系，以科学的态度坦然地面对性的问题。

3. 高职生释放性能量的正确方式

性是有能量的。当性能量积蓄到一定程度的时候，必然会寻求释放，以求得身心的平衡。在性能量释放后不久，体内的性能量还会逐渐积蓄起来，犹如一口取之不尽、用之不竭的水井。当然，这要在人的生理年龄和身体健康状况所允许的范围内。如果性能量始终得不到释放，长期积蓄的性能量就会如同水库里的水位持续走高，堤坝有压力，人也会有压力，因为压抑的性能量会积极地寻求释放的机会。高职生可以采取下列方式缓解性压抑，释放性能量。

（1）学习性生理和性心理的有关知识。阅读一些健康的与年龄身份相适合的性知识书籍。了解青春期性意识的发展规律，树立科学的、健康的性观念和性道德。

（2）专注学习，同时培养广泛的兴趣和爱好。高职生精力旺盛，情感丰富，充满了生命的活力。把充沛的精力放在学习科学文化知识、培养广泛兴趣和增长实干的才能上，使自己的生活丰富多彩，避免沉湎于性追求、性满足。

（3）积极参加各种活动。积极参加集体活动和体育活动，可以使性能量得以转移和释放。

（4）养成健康的有规律的生活习惯。恰当的作息制度和紧张有序的生活节奏能降低对性问题的注意。

（5）养成良好的卫生习惯。注意生殖器官的卫生和保健，勤换内衣内裤。不嗜好烟酒，不过度上网聊天游戏，积极参加体育锻炼。

对于青年人来说，他们既应当做最好的打算，采用正常乃至升华的方式主动地宣泄自己被压抑的性能量；也应当做最坏的准备，如果万一控制不住自己的话，那就应当提前掌握一些避孕和防止性病的方法，防患于未然。

4. 注意性保护

性保护是指在与异性的交往中保护自己不受异性的性骚扰和性侵犯。由于成年异性受性生理本能的驱使，有与异性发生性行为的生理要求。因此，在与异性交往中要注意自己的性保护。女生在与男性交往中要注意保持一定的距离，不能有过分的身体接触；衣着不能过分袒胸露背，尽量避免在隐秘场所与男性单独相处；不要随便接受陌生男性的帮助和食物，不要深夜单独外出；在生病看男医生时，特别是接受男医生的身体检查时应有同性朋友、家人或护士在场。随着社会的发展和各种传媒对性行为的渲染，在现实社会中一些女性也有了一定的性攻击能力和行为，所以男生在与女性的交往中也应注意自己的性保护，不要成为女性的性工具和性奴隶，维护男生做人的尊严。总之，注意性保护是培养和维护健康的性心理的重要因素之一。

高职生在性生理和性心理的发展过程中，对性知识要有足够的了解，增强自我心理适应和承受能力以及自我约束能力，要自觉地抵制淫秽的、不健康的影视作品，防止性犯罪行为。同时，积极主动地与异性交往，积极参加各种社会活动和文体活动，形成正确的性观念。

心随我动

活动一：亮出你的观点

1. 有位女生在恋爱过程中，对男友很满意，视对方为梦中的白马王子，对方却对她若即若离。姑娘生怕飞走了金凤凰，于是主动献出贞操，试图以最宝贵的贞操换取最忠诚的爱。

2. 一位女高职生在日记中如此写道："我愿意，我要以此表达我的爱。只有他才能引起我感官的兴奋……没有性爱，我会变得疯狂。"

3. 为了满足个人的私欲，有的女高职生不惜献出自己的贞操；为了追求物质享受，有的女高职生也甘愿与别人发生性关系。

问：你是怎么看待上述现象的？

活动二：说说你的看法

20××年 5 月 11 日上午，几个来自某高职院校的高职生举着"恪守真情为我真爱"的牌子出现在紫荆山广场附近，他们见到年轻人就会停下来，亮出自己的观点：善待你的爱人，把第一次留给自己最爱的人，并请求他们在自己准备好的横幅上签名，支持自己的观点。

突遇意外，大多数年轻人的反应都是开始吃惊，听完解释之后笑一笑不置可否，最后摆摆手离开。2 个小时内只有 3 对情侣在条幅上签上了自己的名字，表示支持。

问：对此，你怎么看？

活动三：案例分析

在高考前，喻玉的一位远房表哥到她家来做客，两人相处很好，很快产生了恋情，并在表哥的要求下发生了性关系。但没过多久，表哥就回家了，再也没有联系过她。喻玉一直把这件事情藏在心里，不敢向任何人提起。高考后，喻玉整天神情恍惚，到大学后这种感觉更加强烈，经常会想起那件事，不能原谅自己的轻率，也深感自己被无情地抛弃，甚至觉得自己已经没有了存在的意义……

问：你觉得喻玉的行为轻率吗？接下来，她该怎么做？

心灵感悟

一、心语赏析

• 性与爱是人类精神的一道最强烈的光辉，穿越灵与肉、穿越神圣与世俗，荡涤着我们的灵魂。 ——佚名

• 一切无知都是令人遗憾的，但是对性这样的事无知则是严重的危险。 ——罗素

• 性和美是一回事，就像火焰和火一样。如果你憎恨性，你就是憎恨美。性和美是不可分割的，就像生命和意识一样。我们文明的最大灾难就是对性的病态的憎恨。

——劳伦斯

• 一个能够战胜情欲的人，还有什么不能战胜。 ——佚名

二、心语倾诉

1. 放松训练（同第八章第二节）

2. 闭目吟诵

• 性欲不是罪过，相反，是对生命的崇拜，是上帝的馈赠，是春天和夏日的轻柔之风。我们应以明确意识和快乐欣赏它。所有健康、成熟的男人和女人都会渴望它、需要它。

• 如果因为拒绝了性要求而结束了关系，说明这段关系很肤浅。

• 没有爱情的性是不道德的，身体的亲密并不一定代表心理的亲密。

修心践行

一、试一试

愿你最迷人

性羞涩是爱情中“道德和审美的反射”。有学者在社会学研究中发现，男性普遍认为女性无限娇羞的神态是最美、最迷人的。

在高职生中，有人认为，在两性关系中应直截了当，既然爱他（她）就直接表白，没有什么不妥的。特别是一些女生，做事大大咧咧，说话粗声大气，行动风风火火，甚至在

众目睽睽之下与异性打情骂俏，认为这是最“摩登”的。然而，在男生眼里，这叫“男人婆”。听听这个词——“男人婆”，它有美的意思吗？它还有迷人的风采吗？这就是为什么男性会普遍认为女性无限娇羞的神态是最美、最迷人的。

亲爱的女同学，保持你应有的羞涩吧！

二、唱一唱

歌曲《香水有毒》。

三、看一看

电影《泰坦尼克号》《早熟》。

四、品一品

给儿子的临别赠言

舒婷

只要设想儿子离家，不由心中发虚，好像要挖掉一大块肉似的。已不需要为他“临行密密缝”，做母亲的，满腹仍然“意恐迟迟归”的吩咐，只怕儿子不耐炙人的“三春晖”，先溜远了“寸草心”。为使自己届时不乱了阵脚，题词在此。

第一，关关雎鸠，在河之洲。

儿子，爱情迟早会来临。有时像春雨，润物细无声，等你觉醒，它已根深叶茂；有时像一记重槌，当胸一杵，顶得你耳鸣目眩，心碎肠断；有时像台风过境，既是烈焰般的轰轰烈烈，也是有毁灭性的一面；更多的是普通人的爱情，游戏般的挫折和考验，小小的惊喜和甜蜜，平淡、庸常、琐碎，然而持久。

我还不至于土到一提到谈恋爱就考虑天长地久，但我也不能新潮到把爱情当摩登时尚或一剂精神泻药。不管初恋成功或失败，不管它是一生一世或者仅仅是过眼烟云，都必须真诚对待，才不会辱没了你和你所爱的人。

既然避孕套已经发放到某些较开明的大学校园，朝夕相处的大学生活，将在青春期的男女之间燃点什么热度的情感，孩子们有更多的信心和空间自己选择。他们不愿让父母参与，以此作为独立宣言。

我的忠告是：第一次性经验（文明说法叫第一次亲密接触），最好是和你所爱的人。这会使你对性爱的认识比较有健康的、和谐的、美好的开端，避免造成心理损伤。如果女朋友怀孕了怎么办？你们两个好好商量，共同做出决定要不要这个孩子，然后取得父母的谅解和帮助。根据中国国情，这类事通常认为是女孩子吃亏，因此她的父母比较难以接受，往往需要时间沟通。儿子，如果是这样，无论你打算结婚与否，你都可以指望我们的理解和尊重，在经济上和道义上得到完全的支持。我们将以你的幸福为幸福，因此会尽最大努力来爱你所爱的人，无论我们之间的生活方式和观念有多大的差异。

……

第三，是哪一只手，放在你的肩膀上？

儿子，无论你遇到什么，失恋、伤痛、过失、吸毒、战争，我都将义无反顾保持精力和信心，为你的康复与你一起努力斗争。任何时候你感到孤独，渴求温暖，你都会看到身后有我，你从不远离永不失望的母亲。

像你的同代人一样，你是我们的独生儿子。我们一直鼓励你和同龄孩子交朋友。我自己从小依赖友情，上帝慷慨赐予我许多肝胆相照的朋友，他们不但是我一生最大的财富，其柔光淡彩，同样荫护在你成长的过程中。

我深信儿子将有自己的好朋友，不管是红颜知己还是管鲍之交，相知、默契、忠诚而久远。我是一个中国母亲，接受得更多是传统教育，所以我对待同性恋问题不会那么开明。但即使在西方，如果儿子 17 岁了还没有女朋友，父母便有些忧心忡忡。无论他们用民主思想如何说服自己，想到孩子的一生将遇到那么多的压力，没有家庭，没有后代，求职谋生的坎坷凄凉，亲朋的疏离斜视，有哪个妈妈内心不悲痛欲绝？

儿子，将来你会住到男生宿舍里，有许多晨昏相见的室友。相互投缘就建立友谊，不太喜欢就以礼相待，哪怕口角摩擦，都很正常。如果哪一个男孩的热情里掺有其他成分，儿子，你可以私下坦率告诉他，你有女朋友了。可能这是谎言，你仅是在表白你的性爱方式，而且考虑到不伤害别人。我憧憬并期待你的爱情瓜熟蒂落，不要轻易让别的什么赝品代替。

我将无限欣喜欢迎我的儿子，当他挽着一个姑娘的肩膀，把她带到家里。

儿子从我的肩后看到这段文字，补充说：“更有可能的是，我只会抱回一个小 BABY，说：请你暂时收养我的孩子吧，妈妈。”

呵，儿子，我很愿意。

第十章　排解心理障碍

第一节　认识心理障碍　排解心理障碍

心灵故事

小猫逃开影子的招数

“影子真讨厌！”小猫汤姆和托比都这样想，“我们一定要摆脱它。”

然而，无论走到哪里，汤姆和托比发现，只要一出现阳光，它们就会看到令它们抓狂的自己的影子。

不过，汤姆和托比最后终于都找到了各自的解决办法。汤姆的方法是，永远闭着眼睛。托比的办法则是，永远待在其他东西的阴影里。

这个寓言说明，一个小的心理问题是如何变成更大的心理问题的。可以说，一切心理问题都源自对事实的扭曲。什么事实呢？主要就是那些令我们痛苦的负性事件。因为痛苦的体验，我们不愿意去面对这个负性事件。要么，我们像小猫汤姆一样，彻底扭曲自己的体验，对生命中所有重要的负性事实都视而不见；要么，我们像小猫托比一样，干脆投靠痛苦，把自己的所有事情都搞得非常糟糕，那个让自己最伤心的原初事件就不是那么疼了。

真正抵达健康的方法只有一个——直面痛苦。直面痛苦的人会从痛苦中得到许多意想不到的收获，它们最终会变成当事人的生命财富。

心海导航

一、高职生心理障碍状况

1. 心理障碍比例颇高

近年来，有关心理咨询机构的统计清楚地表明，高职生中心理障碍发生率呈上升趋势，表现形式多种多样。一些高职生由于自我意识失调、人际关系、恋爱、学习适应、就业等问题，而造成精神上的苦恼、压抑、紧张、焦虑、恐惧等心理障碍。据资料报道，在我国20世纪80年代中期，23.5%的大学生有心理障碍，到20世纪90年代上升到25%，近年已接近30%。有关调查表明，61%的高职高专生表示有自卑感，17.7%存在人际关系障碍，如存在中度痛苦水平以上的压抑感、人际关系敏感、抑郁和偏执症状等。根据上海医科大学精神医学教研室对83例咨询案例的分析表明，焦虑障碍占43.36%，情感障碍占30.12%，适应障碍占19.28%，这三项占咨询学生总数的80.7%。据一所高职学院统计，咨询的大学生中以神经性障碍占大多数，高达69.4%，人际关系和环境适应问题占14.5%。因病休学、退学的学生中神经症患者分别占6.1%和54.8%，而在神经症中又以神经衰弱为主。

2. 精神疾病呈上升趋势

有关高校的调查统计表明，因精神病导致的休学、退学人数在休学、退学总人数中占有相当高的比例，大体上都占30%左右。重症精神病虽然所占比例不高，但其后果却很严重。在北京16所院校中，因精神疾病退学的病例相当多，其中重症精神病占45.2%；在因病死亡的17例中，有9例因患重症精神病而自杀（6例为精神分裂症，3例为忧郁症）。据一所高职学院统计，重症精神病和心身障碍占12.1%。

二、高职生心理障碍产生的原因

高职生心理障碍产生的原因多种多样，如不自信、精神敏感、负面经历的心理暗示不断强化等。大学生的心理困惑从何而来？概括来说就是“三大、三高、三低、一滞后”。“三大”，即学业压力大，就业压力大、经济压力大。“三高”，即家长期望高、社会期望高、自我期望高。大学生是个承载着社会、家长高期望值的群体，自我成才欲望非常强烈。“三低”，即大学生心理发展尚未成熟，缺乏社会经验，适应力低；情绪波动大，调节力低；面对挫折，承受力低。“一滞后”，即我们的心理教育与引导工作滞后。正是这种“欲”与“不能”，又“必须完成”的矛盾造成了大学生的心理问题频发，而引导工作滞后，缺乏预见性，使得心理健康教育效果不明显。

三、高职生常见的心理障碍及排解

心理障碍是指一个人由于生理、心理或社会原因而导致的各种异常心理过程、异常人格特征的异常行为方式，表现为没有能力按照社会认可的适宜方式行动，以致其行为的后果对本人和社会都是不适应的。当心理活动异常的程度达到医学诊断标准，我们就称之为心理障碍。心理障碍强调的是这类心理异常的临床表现或症状，而不是将他（她）们当作患者看待。此外，使用心理障碍的称谓容易被人们所接受，能减轻社会的歧视。常见的心理障碍有以下几种类型。

1. 抑郁性神经症

抑郁性神经症又称神经症性抑郁，是由社会心理因素引起的，以持久的心境低落为主要症状的神经症性障碍。患者常伴有焦虑不安、躯体不适和睡眠障碍，常主动求治，但日常生活能力不受显著影响，没有明显精神运动性抑制或精神病性症状，病程可迁延，治疗效果良好。

抑郁性神经症在西方国家中比较多见，这可能由于西方国家居民发现心情抑郁时就会找心理医生或精神科医生请求诊治。另一方面，许多西方学者，特别是美国，对有神经症的症状伴有抑郁情绪，认为就可下抑郁性神经症的诊断。

常见表现如自觉心情压抑、沮丧、忧伤、苦闷，对日常活动兴趣显著减退；感到生活无意义，对前途悲观失望；沉思不愉快的往事或遇事总往坏处想；自觉懒散无力，精神不振、思维迟钝、反应缓慢，对学习、工作缺乏信心；自我评价降低，夸大自己的缺点，对赞扬、鼓励无相应的情绪反应；不愿主动与他人交往，但是被动接触良好。

抑郁性神经症的病因至今还不十分清楚，一般认为有以下几个方面：

（1）人格特征。抑郁性神经症患者的性格有些共同特点，具体表现为缺乏自信和自尊，对他人过分依赖和自我强求，不开朗，好思虑，多愁善感、软弱等。这类人格特征可视为本病的温床，尽管不能说具有上述人格特点的人必然发展为抑郁性神经症，但临床所见抑郁性神经症患者，一般都具有上述抑郁人格特点。

（2）心理社会因素。不愉快的境遇常是促发因素，约30%患者在病前6个月内可查到明显诱因，患者对这类诱因常给予负性认知评价，引起“失落感”。

（3）遗传因素。遗传在抑郁性神经症中起一定作用。在患者的家族中，患情感性精神障碍的比率明显高于普通人群，有人格障碍、自杀等情况及患神经症的比率也较高。

消除抑郁，除了药物治疗之外，还可使用认知心理治疗，就是让抑郁者自己调节自己的情绪，逐步改善心境，从而使生活重归欢乐。首先应该停止对自身及周围世界的埋怨，剖析自己的认知错误是源于以感觉作依据来思考问题。因为感觉不等于事实。瞄准那些自然消极的想法，并把它们记下来，别让它们占据你的大脑。准确地找出你是怎样曲解事实的，并用更为客观的想法取代扭曲的认知。彻底驳斥那些让你自己瞧不起自己、自我寻找烦恼的谬论。学会自我称赞和自我欣赏。

2. 神经衰弱

“神经衰弱”直译为“神经的虚弱”。神经衰弱名称是美国的格·姆·比尔德首先提出来的，他认为神经衰弱是与神经系统器质性疾患不同的一种功能性疾病，患者大都具有神经质素质。目前认为神经衰弱是由于某些长期存在的精神因素引起脑功能活动过度紧张，从而产生了精神活动能力的减弱，其主要临床特点是易于兴奋又易于疲劳。常伴有各种躯体不适感和睡眠障碍，不少患者病前具有某种易感素质或不良个性。

学生中，由于学习压力大，起居不正常，也可能出现神经衰弱症状。需要改善睡眠、注意调养。

目前大多数学者认为精神因素是造成神经衰弱的主因。凡是能引起持续的紧张心情和长期的内心矛盾的一些因素，使神经活动过程强烈而持久的处于紧张状态，超过神经系统张力的耐受限度，即可发生神经衰弱。如过度疲劳而又得不到休息是兴奋过程过度紧张；对现在状况不满意则是抑制过程过度紧张；经常改变生活环境而又不适应，是灵活性的过度紧张。

人们若遇某些意外不幸事故，或受到不正确的指责、诽谤，突然遇到某种难以解决的问题，以及面临着某些未曾预期的紧急情况等强大的刺激，无疑都会引起情绪上的苦闷、忧虑和不能承担的精神负担，这些思想上的长期紧张和矛盾等，都可促使高级神经活动的过度紧张，从而导致神经衰弱。临床上常常不是在严重的精神创伤遭遇后立即发病，而是在经过一段时间后，环境条件已好转，创伤早已成为过去的情况下才发病。这是由于在严重精神创伤的情况下，神经系统动员了一切内部力量来应付这个刺激，控制住这种反应，当“危险的”“可怕的”情况过去之后，神经反应反而脱离大脑皮层的正常控制而出现神经衰弱。

在正常人群中，遭受意外事故的打击的人有很多，但人们并没有普遍的发生神经衰弱。因此，精神因素并不是引起神经衰弱的唯一因素，因为这些因素能否引起强烈而持久的情感体验，进而导致发病，在很大程度上与个体素质，包括遗传因素、后天形成的个性心理特征和生理特征，以及受世界观支配的认识事物的态度等有关。临床上所见到的多数神经衰弱者的个性都具有下面某些特点：或偏于胆怯、自卑、敏感、多疑、依赖性强，缺乏自信心；或偏于主观、任性、急躁、好强、自制力差。一个具有明显易感素质的人，尽管是来自外界一般的别人也可遇到的精神因素刺激，也可诱发神经衰弱。

采用心理治疗、药物治疗、物理治疗（温泉疗法、水疗、音乐疗法等）等综合措施，配合合理的作息制度和体育锻炼或体力劳动，都可缓解病症。

3. 焦虑症

焦虑症即通常所称的焦虑状态，全称为焦虑性神经症。焦虑症是一种具有持久性焦虑、恐惧、紧张情绪和自主神经活动障碍的脑机能失调，常伴有运动性不安和躯体不适感。发病于青壮年期，男女两性发病率无明显差异。

焦虑症的病前性格大多为胆小怕事、自卑多疑，做事思前想后、犹豫不决，对新事物及新环境不能很快适应。发病原因为精神因素，如处于紧张的环境不能适应，遭遇不幸或难以承担比较复杂而困难的工作等。

正常人在面对困难或有危险的任务，预感将要发生不利的情况或危险发生时，可产生焦虑（一种没有明确原因的、令人不愉快的紧张状态），这种焦虑通常并不构成疾病，是一种正常的心理状态。焦虑并不是坏事，焦虑往往能够促使你鼓起力量，去应付即将发生的危机（或者说焦虑是一种积极应激的本能）。只有当焦虑的程度及持续时间超过一定的范围时才构成焦虑症状，这会起到相反的作用，妨碍人应付、处理面前的危机，甚至妨碍正常生活。可能在大多数时候没有什么明确的原因就会感到焦虑。

对焦虑症的起因，不同学派的研究者有不同的意见。这些意见不是相互冲突的，而是互补的。

（1）躯体疾病或者生物功能障碍虽然不是引起焦虑症的唯一原因，但在某些罕见的情况下，病人的焦虑症状可以由躯体因素而引发，如甲状腺亢进、肾上腺肿瘤都可能引发焦虑症。许多研究者试图发现，是不是焦虑症患者的中枢神经系统，特别是某些神经递质是引发焦虑症的罪魁祸首。很多研究集中在两个神经递质上，即去甲肾上腺素和血清素。很多研究发现病人处于焦虑状态时，他们大脑内的去甲肾上腺素和血清素的水平急剧变化，但未确定这些变化是焦虑症状的原因还是结果。

（2）认知过程，或者是思维在焦虑症状的形成中起着极其重要的作用。研究发现，焦虑症病人比一般人更倾向于把模棱两可，甚至是良性的事件解释成危机的先兆，更倾向于认为坏事情会落到他们头上，更倾向于认为失败在等待着他们，更倾向于低估自己对消极事件的控制能力。

（3）在有应激事件发生的情况下，更有可能出现焦虑症。由于应激行为的强化，在某些情况下（比如信息缺失），会出现刺激—反应的错误联结，或者程度的控制不当，使应激准备过程中积累或调用的心理能量得不到有效释放，持续紧张、心慌等反应会影响到后续行为。而甲状腺素、去甲肾上腺素这些和紧张情绪有关的激素的分泌紊乱（过量）则对以上过程有放大作用。至于担心，多疑，也是思维能量过度的标志。

焦虑症患者的治疗方法，首先是心理治疗。以同情的心情去关心体贴患者，协助其消除病因。帮助患者正确认识病因，解决其具体困难，并对疾病的性质加以科学的解释。焦虑的性质是一种心理反应，虽然焦虑时有各种身体症状，但不是身体发生了严重疾病，焦虑反应消退后不会留下任何严重后果，因此不要害怕。积极参加文体活动，包括听轻松的音乐、打球、跳舞，能迅速减轻焦虑。个性胆怯、自信不足的人易有焦虑。所以，讲究心理卫生，提高自信，充分发挥自己的积极因素，敢于面对现实，在预防焦虑方面有重要意义。

4. 强迫性神经症（强迫症）

强迫性神经症是一种神经官能症，简称强迫症，以反复出现强迫观念和强迫动作为基本特征的一类神经症性障碍。强迫症在精神科患者中占 0. 1%～0. 46%，在一般人口中约占 0. 05%。该病多在 30 岁以前发病，男多于女，以脑力劳动者常见。

日常生活中，强迫行为和强迫观念现象并不少见。许多人都有过类似的心理体验。但如果这种心理体验过于强烈和持久就变成了一种病态，对人的心理健康构成危害。例如，有人过分怕脏，害怕细菌感染，反复洗手，总感到洗不干净，每日重复洗手许多次，大冷天手洗得红肿也不停息，以求心理上的宽慰。自己的衣服、用品和身体，不愿让别人碰。这就是强迫行为，做某些没有意义的动作，如反复锁门、计算、询问等，不做不舒服，做后又懊丧自责。

强迫观念是一种思想、观念或者一句话反复不由自主地产生，在脑中萦绕回旋，难以摆脱等。有时在思维疲惫状态下，强迫回忆、穷思竭虑等。

患强迫症的学生性格特征往往表现为谨小慎微，墨守成规，缺乏自信心，胆小怕事，优柔寡断，办事认真，喜欢过多过细地思考问题，缺乏随和性，过于追求完美，任性，急躁，好强，常伴有不安全感和不适感。在众人面前十分拘谨，容易发窘，对自己过分克制，要求严格，生活习惯较为呆板，兴趣和爱好不多，对现实生活中的具体事物注意不够，但对可能发生的事情特别关注，甚至早就为之担忧，工作认真负责，但主动性往往不足。

强迫症产生的原因很复杂，强烈或持久的精神刺激，某种不良的情绪体验都可能导致发生强迫症。强而不均衡型的人易患本病，少数患者具有精神薄弱性格。一般来说，强迫症都有潜在的心理冲突，寻找和解决心理冲突是咨询的关键。

强迫症的治疗包括药物治疗和心理治疗。药物治疗主要使用和 5-HT 有关的药物，心理治疗包括行为疗法、意义疗法中的矛盾意向法等。以上应在专业的精神科医生和心理治疗师指导下进行。及早的诊断和治疗非常必要。

5. 恐怖性神经症

恐怖性神经症又称恐怖症、恐惧症，是一组以特定事物、特殊环境或人际交往时发生强烈恐惧或紧张的内心体验为特征的神经症。具有恐怖症的人，神志清晰，对恐怖的体验明知其不合理，但在遭遇相同情境时，仍反复出现，难以控制，并作出回避反应。

恐惧性情绪反应是一种自我防护，回避外界危害，保证生命安全的心理防卫功能，人皆有之。在正常人中都有过这种恐怖心态。正常的恐怖与以往的经历有关，如“一旦被蛇咬，三年见绳惊”说的就是这个道理。正常情况下，人们可清楚地意识到当时处境是否危险或危及生命，如对动物园里关在笼子里的虎、豹是不怕的，但一旦老虎上街，必然惊恐万分，这就是害怕心理，故恐怖对正常人来说是一种有益的防御反应。恐怖心态还和陌生的事物有关，由于陌生产生对前景的不确定性，使人缺乏安全感，或者过于注重得失，就会害怕。但是人都有自我控制能力，这些害怕一般不会影响我们的正常生活。因此，日常生活中出现恐惧心理是正常现象，如对黑暗、僻静处、高空环境、蛇虫毒兽等的恐惧。儿童、女性、胆小者和心理缺陷者，恐惧心理尤为明显。

只有当害怕和现实危险不成比例，而且对生活工作造成严重影响时，我们才诊断为“恐怖症”。恐怖性障碍者对某些情景及场合产生不必要的、十分恐惧的心情，不能自控地尽量回避，不但别人认为难于理解，有时本人也知道不切实际、不合情理，却又无法摆脱而感到苦恼，这就是病态的恐怖。

行为疗法是目前的首要治疗方法。先弄清患者的恐惧是如何形成的，尤其是首次发病时的情景。详细了解患者的个性特点和精神刺激因素，采用适当的行为疗法，如系统脱敏疗法或暴露冲击疗法。药物治疗也可，部分药品对恐惧症的躯体症状效果很好，能减轻或消除自主神经反应，降低觉醒水平。其他如气功、松弛疗法等也有一定作用。

心随我动

活动一：分享经历

请谈一谈你在心理成长中，出现过类似的心理问题吗？你是怎样排解的？还有其他排解方式吗？

活动二：案例分析

1. 范桦，男性，19 岁，大一学生。他小的时候，父母一直比较严厉。因为家境不好，他也非常懂事，对自己要求极为严格，不许自己浪费一点儿时间，学习非常刻苦，成绩一直列班上前几位。父母为了奖励他学习，曾经节约开支给他买了块表，他一直担心将表弄丢，结果在一次早操中真的将表弄丢了。他深知父母挣钱不易，内心极度内疚，常常有意识地到寝室和马路边努力寻找，希望能够发现，但终没找到。也不敢告诉父母，成绩开始下降。后来家里添置沙发，他平素喜欢坐在沙发上看书。一次母亲说别坐坏了，以后不准坐在沙发上看书。从此再也不敢坐沙发，后来发展到看见椅子也害怕了。

2. 姣英，女，16 岁，中学生。她父母说，孩子两年来常常感到疲劳，进入重点中学后，变得更加严重，甚至孤僻，并伴有记忆力下降的现象，学习成绩也退步了。最怕考试，最怕将成绩给别人看。但凡考前就会食欲不振，睡眠不足，坐卧不安，内心慌乱，不能集中注意力，记忆效果不佳，缺乏克服困难的信心，智力活动效果下降。有心悸、多汗、呼吸急促、肌肉紧张、头昏、恶心、食欲不振和手脚发冷等症状。

3. 迪成，男，21 岁，大二学生，家庭困难。来访者自述无法很好地控制自己的情绪。原来情绪不好的时候，一两天就过去了，可这次已持续了一个多月。特别难受，也很郁闷，做什么事都提不起劲，情绪很低落，不想见任何人，寝室里同学的说笑声也使他烦躁不已。本想每天快乐地生活，高效率地投入学习，可是做不到，有“完了！完了！”之感。

4. 蔷花，女，20 岁。这两年来添了个毛病，不管春夏秋冬，非敞开窗户睡觉不可。夏天这样做当然无可非议，可是严冬季节也照开不误，就令人难以理解了。谁要是把窗户关上，她就好像被关进死牢一样，马上气喘吁吁，上气不接下气地翻滚折腾。有时连神志都模糊不清，不住地翻白眼，呻吟哼叫不止，一般要半个小时才可缓过气来。走近再看她，好像干了多么重的活似的，瘫软在床上，满身大汗。

5. 沈若，男，大学一年级学生。对学习感到吃力，容易疲劳，学习时间稍长就哈欠连天，头昏脑涨，分心，眼花，嗜睡。注意力很难集中，学习兴趣明显下降，记忆力也大不如前。经常觉得乏累，无精打采，做什么都感到有心无力。平时经常失眠，入睡困难，每晚要 2~3 小时方能入睡，睡后极易惊醒，轻微响声都不能忍受，梦多。易被激怒，好急躁、冲动，情绪不稳。

问：他们各自出现了什么类型的症状？

活动三：名人启示

美国心理学家罗杰斯曾是最孤独的人，但当他面对这个事实并化解后，他成了真正的人际关系大师；美国心理学家弗兰克有一个暴虐而酗酒的继父和一个糟糕的母亲，但当他挑战这个事实并最终从心中原谅了父母后，他成了治疗这方面问题的专家；日本心理学家森田正马曾是严重的神经症患者，但他通过挑战这个事实并最终发明出了森田疗法……他们生命中最痛苦的事实最后都变成了他们最重要的财富。

问：你从中得到什么启示？

心灵感悟

一、心语赏析

- 那些能将我杀死的事物，会使我变得更有力。　　——尼采
- 不管风吹浪打，胜似闲庭信步。　　——毛泽东

二、心语倾诉

1. 想象放松

以放松的姿势坐好，闭上眼睛，轻松呼吸，将头脑清空。我现在要带你去一个特殊的地方，一个你感到平和的地方——这是一个彻底宁静的世界——一个你不再有烦恼的地方，一个你的身体和头脑完全放松的地方——继续放松，轻松地呼吸——现在继续特殊的

路程，前往一个彻底宁静的世界，你已经到了那里。这是你的独特领地，他只属于你。这是一个特殊的地方，一个完美的境地，一个宁静的世界。慢慢地环顾四周，继续放松。在这个特殊的地方，放松的感觉环绕着你，在这个彻底宁静的世界，继续放松，并且体会这个特殊世界的魔力。

2. 闭目吟诵

- 人人都有心理问题，人人能够自我排解。
- 顺应自然，为所当为。

修心践行

一、唱一唱

《从头再来》。

二、品一品

自我超脱

一位哲学家说过："不善于驾驭自己情绪的人总会有所失"。良好的情绪可以成为事业和生活的动力，而恶劣的情绪危机则会对身心健康产生破坏作用。因此，将自己的情绪升华到有利于个人社会的高度，乃是明智的良策。

回避法　当人陷入心理困境时，最先也是最容易采取的便是回避法。躲开、不接触导致心理困境的外部刺激。在心理困境中，人们大脑里往往形成一个较强的兴奋中心，回避了相关的外部刺激，可以让这个兴奋灶让位给其他刺激引起新的兴奋中心。兴奋中心转移了，也就摆脱了心理困境。"耳不听心不烦"，正是说的这一道理。比如，家里的琐事让你"勃然火起"或"郁闷不乐"，就到单位上班；身患绝症者不妨去医院看望垂危病人；面对一份无望恋情的深深困扰，以一种大智大勇来逃避，这都是有效的心理自救，也可算客观回避法。

此外，还可采取主观回避法，即通过主观努力来强化人的本能的潜在机制，努力忘掉，或压抑自己不愉快的经历。在主观上实现兴奋中心的转移。注意力转移是最简便易行的一种主观回避法。在你痛苦愁闷的时候，集中精力去干一件有意义的事，自然就回避了心理困境。

自慰法　伊索寓言说，一只狐狸吃不到葡萄，就说葡萄是酸的；只能得到柠檬，就说柠檬是甜的，于是便不感到苦恼。心理学便借用来，将以某种"合理化"的理由来解释事实，变恶性刺激为良性刺激，以求心理自我安慰的现象称为"酸葡萄与甜柠檬"心理。这不是"精神胜利法"吗？精神胜利法不该被瞧扁了，有些不如意的事情摆在那里，如若能改变，当然该向好处努力；如若已成定局，无法挽回，就该宽慰自己、接纳自己，承认现实。这比垂头丧气、痛不欲生不知要好上多少倍。

"当自求解脱，切勿求助他人"。这是释迦牟尼圆寂时的最后一句话。我们不必去当佛教徒，我们也无须拒绝他人的援助之手。但当我们为心理困境所扰时，也应该首先学会自救。

第二节　了解人格障碍　防治人格障碍

心灵故事

女巫的问题

国王阿瑟被俘，本应被处死，但对方国王要求阿瑟回答一个十分难的问题，答出来就可以得到自由。这个问题就是：“女人真正想要的是什么？”

阿瑟开始向身边的每个人征求答案，结果没有一个人能给他满意的回答。只好去郊外找一个据说无所不知的老女巫，女巫答应回答他的问题，但条件是要和阿瑟最高贵的圆桌武士之一、他最亲近的朋友加温结婚。

阿瑟惊骇极了，女巫驼背、丑陋不堪，而加温高大英俊、诚实善良。阿瑟说：“不，我不能为了自由强迫我的朋友娶你这样的女人！”加温知道这个消息后，对阿瑟说：“我愿意娶她，为了你和我们的国家。”于是婚礼被公之于世。女巫回答了这个问题，“女人真正想要的，是主宰自己的命运”。于是，阿瑟自由了。

婚礼上，女巫用手抓东西吃，打嗝，说脏话，令所有的人都感到恶心，阿瑟也在极度痛苦中哭泣，加温却一如既往地谦和。新婚之夜，加温不顾众人劝阻坚持走进新房，准备面对一切。然而一个从没见过面的绝世美女却躺在他的床上，女巫说：“我在一天的时间里，一半是丑陋的女巫，一半是倾城的美女，加温，你想我白天或是夜晚是哪一面呢？……”

这是个残酷的问题，如果你是加温，你会怎样选择呢？为什么？

心海导航

一、什么是人格障碍

人格障碍，亦称变态人格，著名的精神病学家施耐德对人格障碍的定义是指一种人格异常，由于其人格的异常而妨碍其人际关系，甚至给社会造成危害，或给本人带来痛苦。一般来说，人格障碍在普通人群的发病率在5%左右。除了反社会人格障碍常常发生在男性和边缘型人格障碍常常发生在女性身上之外，其他类型的人格障碍在男女性别的分配上基本均衡。

临床上发现，人格障碍者大多有下述几个特点：一般于早年有不同于大多数儿童的迹象，至青春期前后，畸形开始明显化；其人格明显偏离正常限度，而且各人格特点间互不协调；社会适应不良和内心痛苦；矫正比较困难。

常见的人格障碍类型有以下几种。

1. 强迫型人格障碍

强迫型人格障碍的特点，是在待人接物和要求对自己时，总有一种固执和求全的表现，而且这种表现涉及面广，持续期长。在生活中，这种人处处以“正人君子”自居，不苟言笑。总是把标准定得太高，追求完美，容不得一点纰漏。因此，常常因为自己有一点错误而陷入深深的痛苦。工作上，他们由于相信某一既成模式，因而不能容忍任何变化，一旦遇上变化，会令他们无法接受。他们行为刻板，缺乏想象力。在决断事情时往往需要思虑再三，有时则因此而误事。

强迫型人格障碍者的家庭对子女的教育往往过于严厉、苛刻，多责备和训斥。幼年时期受到较强的挫折和刺激，也可能产生强迫型人格。

2. 反社会型人格障碍

反社会型人格障碍者的共同心理特征是情绪的爆发性，行为的冲动性，对社会和他人冷酷、仇视、缺乏好感和同情心，缺乏责任感，做错事无愧疚悔改之心，不顾社会道德、法律准则和一般公认的行为规则，经常发生反社会行为，不能从挫折与惩罚中吸取教训，缺乏焦虑感和罪恶感。一般在青年早期就出现了，最晚不迟于 25 岁。

产生反社会型人格的主要原因有早年丧失双亲或父母离异、先天身体缺陷、恶劣的社会和家庭环境、不合理的社会制度以及中枢神经系统发育不成熟等。

3. 攻击型人格障碍

攻击型人格障碍是一种以行为与情绪有明显冲动性为主要特征的人格障碍，又称为爆发型或冲动型人格障碍，其特点是情绪急躁易怒，存在无法自控的冲动和驱动力。性格上常表现出向外攻击、鲁莽和盲动性。冲动的动机形成可以是有意识的，也可以是无意识的。形式反复无常，可以是有计划的，也可以是无计划的，行动之前有强烈的紧张感，行动之后体验到愉快、满足或放松感，无真正的悔恨、自责或罪恶感。心理发育不健全和不成熟，经常导致心理不平衡。容易产生不良行为和犯罪的倾向。

还有一种被动攻击型，它主要的特征是以被动的方式表现其强烈的攻击倾向。这些人外表被动，内心却充满攻击性。如不听指导，拖延时间，故意拆台，使工作无法进行等。

主动攻击型人格障碍与反社会型人格障碍相似，但主动攻击型人格呈现出较为持久的攻击言行，缺乏自控能力，主要表现为对他人的攻击冲动。反社会型人格主要表现为对他人和社会的反抗言行，而且明知故犯，屡教不改。总之，主动攻击型人格的行为特点是自控能力低，而反社会型人格则以行为不符合社会规范为特征。

攻击型人格障碍产生的原因主要有以下几个方面：①生理原因。一些生理学家提出，小脑成熟延迟，传递快感的神经通道发育受阻，因而难于感受和体验愉快和安全，可能是攻击行为发生的原因。另外，攻击行为还与人体内分泌腺和雄性激素分泌过多有关；②家庭原因。被父母溺爱的儿童往往个人意识太强，受到限制容易采取“还击”。专制型家庭中儿童常遭到打骂，心理受到压抑，一旦爆发，往往会选择比较激烈的行为来发泄积怨。

4. 偏执型人格障碍

偏执型人格又称妄想型人格。其行为特点常常表现为极度的感觉过敏，对侮辱和伤害耿耿于怀；思想行为固执死板，敏感多疑，心胸狭隘，爱妒忌，对别人获得成就或荣誉感到紧张不安；自以为是、自命不凡，对自己的能力估计过高，惯于把失败和责任归咎于他人，在工作和学习上往往言过其实；同时又很自卑，总是过多过高地要求别人，但从来不信任别人，认为别人居心不良；不能正确、客观地分析形势，看问题喜欢带个人感情，主观片面性大。这种人格的人在家不能和家人和睦相处，在外不能与朋友、同事融洽相处。

5. 分裂型人格障碍

分裂型人格障碍患者主要表现出缺乏温情，难以与别人建立深厚的情感联系，他们的人际关系一般很差。他们不能享受人间的情感乐趣，也缺乏表达人类细腻情感的能力。因此，大多数分裂型人格患者独身，即使结婚也多以离婚告终。一般这类人对别人的意见漠不关心，过着孤独寂寞的生活。其中有些人还可以有一些业余爱好，但多是阅读、听音乐、思考等安静和被动的活动，部分人还可能一生沉醉于某种专业，做出较高的成就，成为某方面的专家。但总体来说，这类人生活平淡、刻板，缺乏创造性和独立性。他们的内心世界极为广阔，常常想入非非，但就是缺乏相应的情感内容，缺乏进取心。他们以冷漠无情来应对环境，逃避现实。其实，他们的与世无争和冷漠的外表并不能压抑其内心的焦虑和痛苦。

分裂型人格障碍的形成一般与人的早期心理发展有很大关系。人类个体出生以后，有很长一段时间不能独立，需要父母的照顾。但如果终日不断被骂、被批评指责，得不到父母的爱，儿童就会觉得自己毫无价值。如果父母对子女不公正，就会使儿童是非观念不稳定，产生心理上的焦虑和敌对情绪，有的儿童因此逃避与父母进行身体上和情感上的接触，进而逃避与其他人和事物的接触。

6. 表演型人格障碍

表演型人格又称癔症型人格或歇斯底里人格，其典型的特征表现为心理发育的不成熟性，特别是情感过程的不成熟。喜欢引人注意，情绪带有戏剧性色彩；高度的暗示性和幻想性；情感易变化，视玩弄别人为达到自我目的的手段；高度的以自我为中心，心理发育不成熟，女性患者往往天真地表现性感或幼稚，用过分娇羞的样子以引起他人的注意。具有这种人格的人的最大特点是做作、情绪表露过分，总希望引起他人的注意。此类型人格障碍多见于女性，尤其是25岁以下的女性。

表演型人格障碍产生的原因目前还缺乏研究，根据心理学工作者的经验，一般认为与早期家庭教育有关。父母溺爱孩子，使孩子受到过分地保护，造成其生理年龄和心理年龄的严重不相符，心理发展落后于生理发展，停留在少儿期的某个水平。另外，患者容易受暗示和喜欢依赖他人也可能是这类人格障碍产生的原因之一。

7. 回避型人格障碍

回避型人格障碍又称逃避型人格障碍，其最大的特征是行为退缩、心理自卑，面对挑战多采取回避态度或无能应付。回避型人格障碍的行为退缩性与分裂型人格障碍的行为退缩性不同，前者并不安于或欣赏自己的孤独，不与人来往并非出于自己的心愿；而回避型人格障碍者则是不希望与别人来往，也不觉得自己孤独。

回避型人格形成的主要原因是自卑心理，心理学家认为，自卑感起源于人的幼年时期，由于无能而产生的不胜任和痛苦的感觉。

8. 依赖型人格障碍

依赖型人格者对亲近与归属有过分的渴求，这种渴求是强迫的、盲目的、非理性的。

依赖型人格产生的原因源于人类发展的早期。幼年时期儿童离开父母就不能生存，他必须依赖父母，总怕失去了这个保护神。这时如果父母过分溺爱，不给他们独立自主的机会，久而久之，在孩子的心里就会逐渐产生对父母或权威的依赖心理，以致成年以后依然不能自主。

9. 边缘型人格障碍

边缘型人格障碍其最大的特征是忽冷忽热，脾气古怪，情绪飘忽不定，行为犹豫不决，一些时候唯唯诺诺，非常听话，而有些时候火气极大，连父母正确的意见也听不进去，甚至公开顶撞。情绪上来的时候风风火火，非要干一番惊天动地的事业；情绪低落的时候则十分懒散，连作业也不肯完成。

产生原因是父母在教育子女上忽冷忽热，对孩子有时要求得过严，有时又要求得过宽，是宽是严，完全随家长的心情而定。

10. 自恋型人格障碍

自恋型人格障碍患者主要表现为过分自高自大，对自己的才能夸大其词，希望受人特别关注；喜欢指使他人，要他人为自己服务；渴望持久的关注与赞美，认为自己应享有他人没有的特权，对批评的反应是愤怒、羞愧或感到耻辱；对无限的成功、权力、荣誉、美丽或理想爱情有非分的幻想；缺乏同情心，有很强的嫉妒心。

自恋型人格在许多方面与癔症型人格的表现相似，如情感戏剧化，有时还喜欢性挑逗等。二者的不同之处在于，癔症型人格的人性格外向、热情，而自恋型人格的人性格内向、冷漠。

二、人格障碍的形成原因

人格障碍是由于某种不健全的先天素质，或在后天不良社会环境因素的影响下形成的，两种情况兼而有之。

（1）生物遗传因素。亲生父母有人格障碍的，子女有病态人格的比率高。同卵孪生子比异卵孪生子在人格障碍、过失和犯罪等方面的一致率更高。

（2）病理生理因素。人格障碍患者对静态和紧张刺激的自主反应程度比正常人低，他们倾向于缺乏焦虑，因而不能从经验中吸取教训。

（3）后天生活环境和社会因素。人格障碍患者的异常情绪反应和行为方式都是儿童在成长过程中学得的，儿童通过观察、模仿，即可习得原生态环境中的许多情绪反应和行为方式，包括一些社会适应不良的行为，并通过条件反射机理而巩固下来。追溯人格障碍患者的童年，常可发现不良环境对其人格偏离所产生的影响。童年接受家庭成员特别是父母的行为影响最大。

三、常见人格障碍的防治

人格障碍的防治策略重在早期发现、早期诊断和早期治疗，也就是在成年早期便开始诊治和调适。

1. 强迫型人格障碍的治疗

（1）听其自然法。由于强迫型人格的主要特征是将冲突理智化，过分压抑和控制自己。因此，强迫型人格障碍的矫正主要是减轻和放松精神压力，最有效的方式是任何事听其自然，做了以后就不再去想它。

（2）当头棒喝法。强迫型人格障碍患者将行动的自主权交给了“规矩与习惯”，将自己活泼的心智锁进了牢笼。因此，要砸开锁链，打开牢笼，让曾被囚禁的自由思想主宰自己的行为。当头棒喝便是打开牢笼的妙法，所谓“棒喝”是借用禅宗中的“德山棒，临济喝”的说法。当感到将要不能控制某些行为时，对自己大喝一声“停”或“不”。

2. 反社会型人格障碍的治疗

（1）对那些由于环境影响形成的、程度较轻的患者，实施认知领悟疗法有一定疗效。施治者可帮助患者提高认识，了解自己的行为对社会的危害，培养患者的责任感，增强控制自己行为的能力。

（2）少数家庭关系极为恶劣而与社会相处尚可的患者，可以在学校或机关住集体宿舍或到亲友家寄养。

（3）个别威胁家庭与社会安全的反社会型人格障碍患者，可送少年工读学校或成人劳动教养机构，参加劳动并限制其自由。对情节特别恶劣、屡教不改的患者，可采用行为治疗中的厌恶疗法。

3. 攻击型人格障碍治疗

（1）开展青春期有关生理、心理方面的教育，使其能正确认识自己，认识自己外部的变化和心理的变化。

（2）开展多种形式的业余文艺、体育活动，让青春期男孩体内的内在能量寻找一个正常的释放渠道。

（3）进行深入细致的心理访谈，使其正确对待挫折。

（4）运用行为治疗的系统脱敏技术，帮助患者克服行为的冲动性。

4. 偏执型人格障碍治疗

采用心理治疗为主，以克服多疑敏感、固执、不安全感和自我中心的人格缺陷。

（1）认知提高法。由于患者敏感多疑，所以首先要与他们建立信任关系。然后介绍其自身人格障碍的性质、特点、危害性及纠正方法，使其对自己有一正确、客观的认识。

（2）交友训练法。鼓励他们积极主动地进行交友活动，在交友中学会信任别人，消除不安感。

（3）自我疗法。具有偏执型人格的人喜欢走极端，这与其头脑里的非理性观念相关联。因此，要改变患者的非理性观念。

①我不能容忍别人一丝一毫的不忠。

②世上没有好人，我只相信自己。

③对别人的进攻，我必须立即予以强烈反击，要让他知道我比他更强。

④我不能表现出温柔，这会给人一种不强健的感觉。

现在对这些观念加以改造，以除去其中极端偏激的成分。

①我不是说一不二的君王，别人偶尔的不忠应该原谅。

②世上好人和坏人都存在，我应该相信那些好人。

③对别人的进攻，马上反击未必是上策，而且我必须首先辨清是否真的受到了攻击。

④我不敢表示真实的情感，这本身就是虚弱的表现。

（4）敌意纠正训练法。经常提醒自己不要陷于“敌对心理”的旋涡中。要懂得只有尊重别人，才能得到别人尊重的基本道理。要学会向你认识的所有人微笑。要在生活中学会忍让和有耐心。

5. 分裂样人格障碍治疗

对分裂样人格障碍治疗的目标是要纠正孤独离群性、情感淡漠和与周围环境的分离性。

（1）社交训练法。旨在纠正孤独不合群性。提高认知能力，懂得孤独不合群、严重内向的危害，自觉投入心理训练。制定社交训练评分表。自我评分，每天小结，每周总结，给予强化。8~12 周为一疗程。

（2）兴趣培养法。兴趣是指积极探究某种事物并给予优先注意的认识倾向，一般具有向往的良好情感。要求本人有意识地分析自己，确定积极人生的理想追求目标。培养绘画、歌咏、舞蹈、艺术、体育锻炼、科技活动等兴趣。

6. 表演型人格障碍治疗

对表演型人格障碍者的治疗主要以心理治疗为主，如认知心理治疗，通过心理治疗的方法使他们偏离的人格得以纠正。

7. 回避型人格障碍治疗

（1）消除自卑感。形成回避型人格的主要原因是自卑心理。要善于发现自己的长处，肯定自己的成绩。要正确认识自卑感的利与弊，提高克服自卑感的自信心。要进行积极的自我暗示，自我鼓励，相信事在人为。

（2）克服人际交往障碍。回避型人格的人都存在不同程度的交往障碍，因此必须按梯级任务作业的要求给自己定一个交朋友的计划。

第一星期，每天与同事（或邻居、亲戚、室友等）聊天十分钟。

第二星期，每天与他人聊天二十分钟，同时与其中某一位多聊十分钟。

第三星期，保持上周的交友时间量，找一位朋友作不计时的随意谈心。

第四星期，保持上周的交友时间量，找几位朋友在周末小聚一次，随意聊天，或家宴，或郊游。

第五星期，保持上周的交友时间量，积极参加各种思想交流、学术交流、技术交流等。

第六星期，保持上周的交友时间量，尝试与陌生人或不太熟悉的人交往。

8. 依赖型人格障碍治疗

（1）习惯纠正法。依赖型人格源于人类发展的早期，幼年时期儿童离开父母就不能生存，在儿童印象中保护他、养育他、满足他一切需要的父母是万能的，他必须依赖他们，总怕失去了这个保护神。请查一下自己的行为中哪些是习惯性地依赖别人去做，哪些是自作决定的。你可以每天做记录，记满一个星期，然后将这些事件按自主意识强、中等、较差分为三等，每周一小结。对自主意识强的事情，以后遇到同类情况应坚持自己做；对自主意识中等的事情，应提出改进的方法，并在以后的行动中逐步实施；对自主意识较差的事情，可以采取控制技术逐步强化，增加自我创造的色彩，提高自主意识。

（2）重建自信法。依赖型人格对亲近与归属有过分的渴求，这种渴求是强迫的、盲目的、非理性的，与真实的感情无关。第一步，消除童年不良印迹。你可以回忆童年时父母、长辈、朋友对自己说过的具有不良影响的话，仔细整理出来，然后一条一条加以认知重构，并将这些话语转告给你的朋友、亲人，让他们在你试着干一些事情时，不要用这些话语来指责你，而要热情地鼓励、帮助你；第二步，重建勇气。你可以选做一些略带冒险性的事，每周一项或一周规定一天“自主日”。

9. 边缘型人格障碍治疗

帮助患者抑制不适宜的边缘行为或思维方式。一般采用正念训练（形成正确的观念）、情绪调控训练、有效人际关系训练和忍受痛苦训练克服边缘行为。

10. 自恋型人格障碍的治疗

（1）解除自我中心观。自恋型人格的最主要特征是以自我为中心，而人生中最为自我中心的阶段是婴儿时期。因此，要治疗自恋型人格，就要让其明白自己的行为是童年幼稚行为的翻版，并时常告诫自己。

（2）学会爱别人。自恋型的爱就像是幼儿的爱，幼儿的爱遵循“我爱因为我被爱”的原则，成熟的爱遵循“我被爱因为我爱”的原则；不成熟的爱认为“我爱你因为我需要你”，成熟的爱认为“我需要你因为我爱你”。只要你在生活中多一份对他人的爱心，你的自恋症便会自然减轻。

心随我动

活动一：分享经历

请谈一谈你所见到的为人处世性格“怪怪”的人符合上面哪种人格障碍类型？有什么样的表现？如果与你同居一个寝室，怎样对待？

活动二：案例分析

1. 彪贤，男，26岁，工人。因喜表现自己，感情用事，易激惹。病人于13年前，逐渐表现爱模仿戏装演员的动作和打扮，行为举止女性化。同时容易发脾气，自己的愿望如不能得到满足，就烦躁，甚至打人。变得非常自私，并常紧锁门户，防止他人进入。爱听表扬的话，与人谈话时，总想让别人谈及自己，如果别人谈及别的话题，病人常常千方百计地将话题转向自己，对别人的讲话内容则心不在焉。因此，病人常与家庭地位、经济情况、个人外貌等不如自己的人交往，而对强于他的人常常无端诋毁。病人常常感情用事，以自己高兴与否判断事物的对错和人的好坏。对别人善意的批评，即使很婉转，也不能虚心接受，不但不感激，还仇视别人，迫使别人不得不远离他。与别人争论问题时，总要占上风，即使自己理亏，也要编造谎言，设法说服别人。

2. 张磊，男，18岁。该生性情暴躁，爱发脾气、不能自控。易激怒，稍不遂意，便大发雷霆，大吵大叫、大打出手、乱扔东西。其幼年受父母溺爱，其父母均性情暴躁，常因一些小事而争吵，管教孩子的方法也简单粗暴，经常遭受父母的打骂。后父母分居，与父亲共同生活，其父不够关心他的生活、学习，为此他的学习成绩下降，常常受到老师的批评，故他越易发怒。发怒时，教师的苦口婆心，逆耳忠言均会遭到他的攻击和谩骂。但过后后悔不迭，向被伤害的同学、老师道歉。但时隔不久，老毛病又复发。

3. 卞芝，女，22岁。她自我评价过高，超过自己的实际水平，常自我感觉良好，实际智力一般，学习成绩也落后。她心胸狭窄，嫉妒心强，自己得不到奖学金，便千方百计想将他人拉下来。当种种措施不能如愿时，仍固执地坚持己见。有歪曲的体验，将老师、同学的好心视为恶意，难与他人相处，与大部分同学、老师关系不融洽。

4. 羌坡，男，25岁。凡事追求完美，对自己过分自我克制，特别关注他人对自己的看法，因而说话、行动均缩手缩脚。常因顾虑小事而忽略大事，如复习功课时往往期望完美无缺地掌握某一章的内容，而复习不到其他章的内容。常要求他人按自己的规矩行事，引起他人的不满。遇事优柔寡断，思前虑后，难以抉择，常失去良机。

5. 蔡依依，女，大一，19岁。由于从小到大都是爸爸妈妈陪着过，一切事情都是爸妈照料，甚至衣服鞋袜都是妈妈帮着洗。现在进入大学，由于生活中缺少了爸妈的帮助，她很多事情都不会办，甚至看到同学们异样的眼光。她经常做梦梦到和爸妈生活的日子，梦到和同学们一起的快乐生活，醒来后的现实让她黯然流泪，不能集中学习，眼前经常浮现父母及家乡的身影。

问：上面案例各自可能属于什么类型的人格障碍？有什么办法矫治？

心灵感悟

一、心语赏析

- 知人者智，自知者明，胜人者力，自胜者强。 ——老子
- 千磨万击还坚劲，任尔东南西北风。 ——郑板桥

二、心语倾诉

1. 想象放松（同上一节）
2. 闭目吟诵

- 人人都有独特人格，世界因你更加灿烂。
- 爱自己，爱他人，承担责任，增加自信。

修心践行

一、唱一唱

《怒放的生命》。

二、看一看

心理电影《禁闭岛》。

三、品一品

独臂富翁

一个乞丐来到一个庭院向女主人乞讨。这个乞丐很可怜，他的右手连同整条手臂都没了，让人看了很难过。可是女主人毫不客气地指着门前一堆砖对乞丐说：“你帮我把这些砖搬到屋后去吧。”乞丐生气地说：“我只有一只手，你还忍心叫我搬砖。这不是捉弄人吗?”女主人并不生气，俯身搬起砖来。她故意只用一只手搬了一趟说：“你看，并不是非要两只手才能干活。我能干，你为什么不能干呢?”乞丐怔住了，他终于俯下身子，用他那唯一的一只手搬起砖来，一次只能搬两块，整整搬了两个小时，才把砖搬完，累得气喘如牛，脸上还有很多灰尘。妇人递给乞丐一条雪白的毛巾。乞丐用毛巾仔细地把脸和脖子擦一遍，白毛巾变成了黑毛巾。妇人又递给乞丐20元钱。乞丐接过钱，很感激地说：“谢谢你。”妇人说：“你不用谢我，这是你自己凭力气挣的工钱。”乞丐说：“我不会忘记你的，这条毛巾也留给我做纪念吧。”说完深深地鞠一躬，就上路了。

若干年后，一个很体面的人来到这个庭院。他西装革履，气度不凡，美中不足的是，这人只有一只左手。来人俯下身用左手拉住已经有些老态的女主人，说：“假如没有您，我还是个乞丐，可现在，我是一家公司的董事长。我是专程来感谢您的!”

尊严是人成长的动力，劳动是人自我实现的手段。

第十一章　优化个性品质

第一节　透视个性　千人千面

心灵故事

世界上没有两片完全相同的树叶

17 世纪末，在普鲁士王宫里，大哲学家莱布尼茨在向王室成员和众多贵族宣传他的宇宙观时提出："天地间没有两个彼此完全相同的东西"。听者哗然，不少人摇头不信。于是，好事者就请宫女到王宫花园中去找两片完全相同的叶子，想以此推翻这位哲学家的论断。结果，令他们大失所望，谁也没有找到这样的叶子。人们惊愕，原来大千世界是如此丰富多彩。正如世界上没有两片完全相同的树叶一样，世界上也没有两个完全相同的人，每个人都是独一无二的，有自己独特的风格和特点。每一个生命都以其独特的方式生活，每一个生命都因有独特的价值而存在，世界也因你、因我而精彩。

心海导航

一、个性的内涵

个性是一个人在其先天生理素质的基础上，在长期的生活实践中形成的具有一定意识倾向性的、稳定的心理特征的总和。

二、个性的特点

（1）社会性。个性受社会的影响而形成，离开了社会，个性便失去了存在的基础。

（2）差异性。世界上不存在两个个性完全相同的人，每个人都有自己独特的风格。

（3）相对稳定性。个性是人内在的比较稳定的心理特征，偶尔出现的某种心理特征不叫个性。

（4）整体性。个性是以整体的形式表现出来的，一个人的各种心理现象和心理过程，都是有机地联系在一起的，并表现在一个具体的人身上。

（5）倾向性。一个人的个性倾向性表现为对事物有不同的态度、体验与特定的行为模式。

三、个性心理结构

个性心理结构主要包括个性心理倾向性和个性心理特征。个性心理倾向性是指一个人所具有的意识倾向以及对客观事物的稳定态度。它包括需要、动机、兴趣、理想、信念和世界观等。个性心理特征是一个人身上经常表现出来的本质的、稳定的心理特点，它包括能力、气质与性格。其中，个性心理特征是个性的重要组成部分。

1. 能力

（1）什么是能力。能力是人们成功地完成某种活动所必需的并直接影响活动效率的个性心理特征。比如，一个人在音乐活动中，表现出具有强烈的节奏感，这种节奏感就是其音乐活动的一种能力。

能力总是和行为活动联系在一起的，它在行为活动中形成，在行为活动中发展，并在行为活动中表现出来。但不能认为所有行为活动中表现出来的心理特征都是能力。比如急躁、冷静、活泼、沉着等气质和性格特征，虽然也和活动能否顺利进行有一定的关系，但它们不是完成活动所必须具备的最直接、最基本的心理条件，因而也不能称之为能力。

（2）大学生的能力构成。

①学习能力。学习是大学生的主要任务，也是大学生的基本行为活动。要成功地完成大学的学习任务，除了要具备一定的智力外，还必须具备自学能力、发现能力和表达能力。

自学能力是指在教师的指导下，自己独立有效地进行学习的能力。

发现能力是指主动获得知识的能力。发现不限于那种寻求人类尚未知晓的事物的行为，而是包括用自己的头脑亲自获得知识的一切行为。

表达能力是指将自己的认识、情感、愿望表达出来并使他人理解和接受的能力。表达能力包括口头表达能力和书面表达能力两种。

②科研能力。科学研究是大学生学习的一项重要任务。科学研究活动主要由建立假设、搜集资料、分析资料和作出结论四个步骤组成。要完成科研活动的四个步骤必须具备高度的观察力、丰富的想象力及良好的思维能力、操作能力和创造能力等。

③操作能力。操作能力主要是指专业学习中所必须具备的动手能力和实践能力。如理工农医类专业的实训、实验能力，社科类专业的社会调查能力等。较强的实际操作能力是高职学生的优势所在。

④组织管理能力。组织管理能力越来越成为当代大学生必须努力培养的一种能力。组织管理能力主要包括综合分析能力、表达能力、谋略能力、决断能力、指挥协调能力、应变能力、创新能力、任贤能力和社交能力等。

⑤创造能力。创造能力是产生新思想、新发现和创造新事物的能力。它是成功完成某种创造性活动所必需的心理品质。

（3）大学生的能力差异分析。能力存在个性差异，这种差异表现在质和量两个方面。

能力的质的差异表现为能力类型的不同和各人有不尽相同的特殊能力；能力的量的差异表现在能力发展水平的高低和能力表现的时间差异上。

①能力类型的差异。大学生在知觉、表象活动、记忆、语言和思维等方面各具特点，显示出个性差异。

在知觉方面，有些大学生属于综合型，其知觉特点是概括性强，善于从总体上把握，但分析能力较弱；有些大学生属于分析型，他们对细节感知清晰，但整体性、概括性较差；还有的大学生属于分析综合型，他们的知觉特点介于上述两种类型之间。

在表象活动方面，有些大学生视觉表象占优势，属于视觉型；有些大学生听觉表象占优势，属于听觉型；更多的大学生运用各种表象无明显差异，属于混合型。

记忆类型方面的差异，有些大学生对直观形象的材料容易记住，属于形象型；有些大学生对概念、数字容易记住，属于逻辑型；也有些大学生记忆特点介于两种类型之间，属于中间型。

大学生的语言和思维也同样存在着类型差异。有些大学生的语言和思维含有丰富的形象和情绪因素，属于生动形象的类型；有些大学生的语言和思维则表现出概括性、逻辑性的特点，属于逻辑联系的类型；更多的大学生则属于中间型。

②特殊能力的差异。在特殊能力方面，大学生之间的差异表现得更为明显。比如，有些大学生具有文学才能，表现出容易富有感情地感受现实的影响，具有敏锐的观察力、丰富的想象力和高度发展的语言表达能力；有的大学生具有一定的科研能力，表现出极为细致的观察力、清晰的想象力和思维能力；还有的学生组织能力特别强，有较强的交际和活动能力，对事物敏感，善于团结他人，有较强的号召力和感染力。

高等职业教育要培养的是德、智、体、美全面发展的专业应用型人才，但全面发展不等于平均发展。对于某方面具有特长的学生，学校应注意在全面发展的基础上，为其特殊能力的发展提供有利条件。对于一般的大学生也要通过各种教育和教学活动，促使其特殊能力的发展。比如，重视学生操作能力的培养。

③能力发展水平上的差异。大学生在能力发展水平上也存在个性差异。比如，有些大学生综合能力高度发展，显得样样能干；有些大学生各方面能力均比较差，干什么都不行；还有些大学生能力平平，处于中等水平。心理学研究证明，大学生这种能力发展水平上的差异在人数上大体呈正态分布，即能力发展水平高和能力发展水平低的人数较少，属于中等发展水平的占绝大多数。

大学生能力发展水平上的差异是客观存在的，但现行的教学方法和内容主要适合大多数中等发展水平的学生。为了使不同发展水平的学生都能在原有基础上得到提高，教师必须在重视大多数学生的同时兼顾两头。

④能力表现先后的差异。能力在表现的先后上也有差异。有的大学生童年就显露出某些方面的优异才能，即所谓“早慧”。除了要有较好的先天条件外，后天教育得当也是其能力高度发展的决定性因素。有的学生到大学三四年级甚至毕业之后才表现出非凡的才华。

2. 气质

(1) 什么是气质。气质是在人的心理活动和行为中表现出来的稳定的动力特点。心理活动的动力特征主要是指心理过程的速度和稳定性（如知觉的速度、思维的灵活程度、注意力集中时间的长短等）、心理过程的强度（如情绪的强弱、意志努力的程度）以及心理活动的指向性（有人倾向于内心世界，有人倾向于外部事物）等方面的特点。气质是受遗传影响较大的个性心理特征，因此，气质具有稳定性，但后天环境和教育发生较大变化时，气质也可以改变。

（2）气质类型及特征。

①气质类型。气质类型学说有许多种，如体液说、高级神经活动类型说、体型说、激素说等，但一般都采用古希腊医生希波克拉特提出的体液说。他认为人体中有血液、黏液、黑胆汁、黄胆汁四种体液，不同的人这四种体液不同。血液占优势者为多血质，黏液占优势者为黏液质，黑胆汁占优势者为抑郁质，黄胆汁占优势者为胆汁质。500 年后，古罗马医生盖伦对这四种分类采用了气质概念，一直沿用到现在。苏联著名生物学家巴甫洛夫通过对动物的实验研究发现，神经活动的兴奋与抑制过程具有强度、平衡性、灵活性三个基本特性，这三个基本特性的不同匹配，可以组成四种典型的高级神经活动类型，即强、不平衡的不可遏制型；强、平衡的灵活型；强、平衡、不灵活的安静型；弱型。巴甫洛夫还发现，高级神经活动类型在人的行为表现上与希波克拉特提出的四种气质类型有很好的对应关系（表 11-1），即活泼型相当于多血质，安静型相当于黏液质，不平衡型相当于胆汁质，而弱型相当于抑郁质。这种对应性为气质类型的生理机制提供了依据。

表 11-1　高级神经活动类型与气质类型的对应关系

<table>
<tr><th colspan="3">高级神经活动类型</th><th>主要特点</th><th>气质类型</th></tr>
<tr><td rowspan="3">强型</td><td colspan="2">不平衡型</td><td>兴奋过程强于抑制过程</td><td>胆汁质</td></tr>
<tr><td rowspan="2">平衡型</td><td>活泼</td><td>反应灵敏，适应性强</td><td>多血质</td></tr>
<tr><td>安静</td><td>较易形成条件反射，迟缓</td><td>黏液质</td></tr>
<tr><td colspan="3">弱型（抑制型）</td><td>兴奋和抑制都很弱</td><td>抑郁质</td></tr>
</table>

②四种气质类型的特征。

胆汁质——夏天里的一团火，这类人精力旺盛，直率、热情，行动敏捷，情绪易于激动，心境变换剧烈。有独立见解，反应迅速，行为果断，表里如一；不愿受人指挥，而喜欢指挥别人；喜欢每一项新的活动，甚至喜欢倡导一些别出心裁的事，尤其喜欢运动量大和场面热烈的活动；活动效率高，想干的事未完成，饭可不吃，觉可不睡；对事物的理解能力和接受能力很快，但不求甚解；说话喜欢与同学争辩，总想抢先发表自己的意见，喜欢在公开场合表现自己，坚信自己的见解。

多血质——春天里的一阵风，喜形于色，喜怒都在展现中，可塑性强。这类人易于适应环境的变化，性情活泼、热情，兴趣广，但容易转移；积极参加单位一切活动，但表现散漫，有始无终；工作疲倦时，只要稍休息一下，便会立刻焕发精神重新投入学习；理解问题总比别人快，但注意力不容易集中；常能机智地摆脱困境，容易产生骄傲情绪，觉得自己比别人要机智和灵敏；容易激动，情绪变化迅速，遇到稍不如意的事就情绪低落，稍得安慰或又遇到使他高兴的事，马上就会兴高采烈；善于交际，待人亲切，在群体中精神愉快，相处自然，容易交上朋友，但友谊常不巩固，缺少知心好友。

黏液质——冬天里的一场雪，冰冷耐寒。黏液质的人安静、稳重，反应缓慢，沉默寡言，情绪不易外露，注意稳定难于转移，善于忍耐。反应较为迟缓，但无论环境如何变化，都能基本保持心理平衡；凡事深思熟虑，力求稳妥，一般不做无把握的事情，在各种情况，都表现出较强的自我克制能力；他们外柔内刚，沉静多思，不愿流露内心的真情实感；与人交往时，态度适度，不卑不亢，不爱抛头露面和作空泛的清谈；学习、工作有板有眼，踏实肯干，严格恪守既定的生活秩序和制度。但他们过于拘谨，不善于随机应变，固定性有余而灵活性不足，有墨守成规、因循守旧的表现。

抑郁质——秋风中的一片落叶，抑郁质的人孤僻，行动迟缓，情感体验深刻，善于觉察别人不易觉察到的细小事物。感情细腻而脆弱，常为区区小事引起情绪波动；自己心里有话，宁愿自己品味，不愿向别人倾诉；喜欢独处，与人交往时显得腼腆、忸怩；善于领会别人的意图，在团结友爱的集体中，很可能是一个容易相处的人；遇事三思而行，求稳不求快，对力所能及的工作能认真负责地完成；不爱表现自己，对出头露面的工作尽量摆脱；在陌生人面前害羞，当众讲话常表现出惊惶失措；敏感多疑，患得患失；在困难面前常怯懦、自卑和优柔寡断。

（3）气质在实践活动中的意义。

①气质对智力的影响。气质不能决定一个人的智力发展水平和成就大小，但影响智力活动的特点和方法。据研究，俄国的四位著名作家是四种气质类型的代表。普希金具有明显的胆汁质特征；赫尔岑具有多血质的特征；克雷洛夫属于黏液质；果戈理属于抑郁质。他们的气质不同，但并不影响他们在文学上取得杰出的成就。这说明气质不能决定一个人的智力发展水平和成就大小。但是，气质能够影响智力活动的特点和方法。比如，同班有两位学生小王和小李。小王具有明显的多血质和胆汁质特征，小李具有明显的抑郁质特征。小王在学习时表现出精力充沛，在从事紧张的学习后，只需短时间的休息就能恢复精力；而小李经过一段时间学习后，很容易疲劳，对简单的作业都要准备和沉思，但在复习旧知识时，表现出主动性，思维有着惊人的准确性和明晰性。

②气质对职业选择的意义。某些气质特征为一个人从事某种工作提供有利的条件。要求持久、细致的工作对黏液质和抑郁质的人较合适，而要求迅速、灵活反应的工作对多血质和胆汁质的人较为合适。反之则难适应。但在一般的实践活动中，由于气质的各种特征之间可以互补，因此对活动效率的影响并不明显。而对一些特殊职业（如运动员、宇航员、雷达观测员等）的一类人，对他们的气质特征提出特定的要求，必须经过气质特征的测定，进行严格的选拔。

③气质对教育工作的意义。由于气质特点不同，同一种教学方法在不同学生身上产生的教育效果不同。这就要求真正做到“因材施教”。气质有可塑性，教师可引导学生认识自己气质中积极的一面，帮助学生克服不同气质类型中的消极影响，使学生的潜力得到充分的发挥。

3. 性格

（1）什么是性格。个人对现实的态度和行为方式中较为稳定和核心意义的心理特征。性格主要是在后天生活过程中形成的。性格在个性心理结构中具有核心意义。

（2）性格与气质关系。气质受先天因素影响大，且变化比较难，比较慢；性格主要是在后天因素影响下形成的，变化容易些和快些。

它们二者是相互渗透、彼此制约的。性格可以在一定程度上掩盖或改造气质，使之符合社会实践的要求。例如，从事精细操作的外科医生应该具有冷静沉着的性格特征，在职业训练过程中可能掩盖或改造易冲动和不可遏制的胆汁质特征。

气质影响性格的动态，使性格特征“涂上”一种独特的色彩。例如，具有勤劳性格特征的人，多血质的表现为情绪饱满，精力充沛；黏液质的人表现为精细操作，踏实肯干等。

气质还影响性格形成和发展的速度和动态。例如，黏液质和抑郁质的人比多血质和胆汁质的人更易形成自制力的性格特征。

研究还表明，具有不同气质类型的人可以形成同样的性格，而具有同一气质类型的人可以形成不同的性格特征。

（3）性格类型。性格的分类标准很多，一般根据人的性格的不同，可将性格分为内倾性格和外倾性格两种类型。

性格外倾的人，心理活动倾向于外部，经常对外部事物表示关心。他们性情开朗活泼，善于交际。他们不愿独自苦思冥想，而要依靠他人或集体活动来满足个人情绪的需要。他们也善于在集体活动与群体交往中表达自己的情绪和情感。他们自由奔放，当机立断，动作快，不拘小节，易作出轻率举动。

性格内倾的人，很少向别人显露自己的喜怒哀乐。他们在情感方面经常自我满足，珍视自己内心的体验。他们在外人面前容易害羞，说话紧张，不愿在大庭广众面前抛头露面，做事深思熟虑，缺乏实际行动，常给人困惑、忧虑、闷闷不乐之感。

心理学家对外倾性强和内倾性强的人进行了研究，结果表明，长期苦恼的人倾向于内倾；领导品质与外倾性格呈正相关；内倾性或外倾性与智力水平的高低无关；外倾性强的人，他们的手部运动、语言反应和决断简单事物的能力，要优于内倾性强的人。一般来说，外倾性强的人适于培养成开拓型人才，成为实业家或领导管理人才。内倾性强的人适于培养成学术型人才或从事精细的工作，如会计师、实验人员等。心理学研究还表明，性格类型的倾向特征与气质一样，不能成为一个人的事业和社会价值的决定因素。唐朝诗人李白具有外倾性格特征，而杜甫则具有内倾性格特征。对此，《严沧浪诗话》云：“子美不能为太白之飘逸，太白不能为子美之沉郁。”但这并没有妨碍他们各自都成为大诗人。

心随我动

活动一：名人启示

著名物理学家杨振宁赴美留学时，立志要写出一篇实验物理论文。他来到艾里逊实验室，不久却传出笑谈：“凡是有爆炸的地方一定有杨振宁！”杨振宁痛苦地认识到：自己的动手能力比别人差！被誉为氢弹之父的泰勒博士一直关注着他：“我认为你不必坚持一定要写一篇实验论文。”杨振宁认真思考了两天，终于接受了泰勒的建议。从此，他把主攻方向转入理论物理研究领域。1956 年他与李政道教授合作，提出了“弱相互作用中宇称不守恒”定律。他们因此而共获1957年诺贝尔物理学奖，成为全球华人的骄傲。杨振宁教授对物理学的发展做出了杰出的贡献。

杨振宁教授放弃实验从事理论研究而获得突出成就，给你什么启示？

活动二：个性成就梦想

也许你想成为一名政治家，那么你是否拥有果敢的意志？
也许你想成为一名艺术家，那么你是否拥有缜密的思维？
也许你想成为一名发明家，那么你是否拥有求异的火花？
也许你想成为一名军事家，那么你是否拥有敏捷与勇敢？
也许你想成为一名教育家，那么你是否拥有对学生的挚爱？
也许你想成为一名医学家，那么你是否拥有对病人的热忱？
……

你如何根据自己的个性，发挥自己的优势，选择一条适合自己的、独特闪光的成才之路？你帮我，我帮你，为同学的个性化选择当参谋。

心灵感悟

一、心语赏析

- 江山易改，禀性难移。 ——冯梦龙
- 人们生而平等，但又个性各有千秋。 ——弗洛姆
- 每个人都有它隐藏的精华，和任何别的精华不一样，它使人具有自己的气味。
  ——罗曼·罗兰

二、心语倾诉

1. 放松训练（同第十章第一节）
2. 闭目吟诵

- 每个人都是世界上独一无二的，每个人都有自己的独特价值。
- 尊重个性，发扬优势，走适合自己的成才之路。

三、我的感悟

修心践行

一、读一读

1. ［美］卡梅伦·韦斯特.24重人格［M］.李永平译.上海：上海译文出版社，2007.

2. ［美］海伦·帕尔默．九型人格［M］．徐扬译．北京：华夏出版社，2006.

二、测一测

气质类型简易问卷

本测验共有20个问题，只要你能根据自己的实际行为表现如实回答，就能帮助你确定自己的气质类型。

1. 回答时请不要猜测题目内容要求，也就是说不要去推敲答案的正确性，以下题目答案本身无所谓正确与错误之分。

2. 回答要迅速，整个问卷限在2分钟之内完成。

3. 每一题都要回答，不能有空题。

4. 在回答下列问题时，你认为很符合自己情况的，记2分；较符合自己情况的，记1分；介乎符合与不符合之间的，记0分；认为较不符合自己情况的，记−1分；完全不符合自己的，记−2分。

(1) 做事力求稳妥，不做无把握的事。

(2) 遇到可气的事就怒不可遏，想把心里话全说出来才痛快。

(3) 宁肯一个人干事，不愿很多人在一起。

(4) 到一个新环境很快就能适应。

(5) 厌恶那些强烈的刺激，如尖叫、噪声、危险镜头等。

(6) 和人争吵时，总是先发制人，喜欢挑衅。

(7) 喜欢安静的环境。

(8) 善于和人交往。

(9) 羡慕那种善于克制自己感情的人。

(10) 生活有规律，很少违反作息制度。

(11) 在多数情况下情绪是乐观的。

(12) 碰到陌生人觉得很拘束。

(13) 遇到令人气愤的事，能很好地自我克制。

(14) 做事总是有旺盛的精力。

(15) 遇到问题常常举棋不定，优柔寡断。

(16) 在人群中从不觉得过分拘束。

(17) 情绪高昂时，觉得干什么都有趣；情绪低落时，又觉得什么都没有意思。

(18) 当注意力集中于一事物时，别的事很难使我分心。

(19) 理解问题总比别人快。

(20) 碰到危险情境，常有一种极度恐怖感。

评分：将每题得分按下表题号相加，并计算各栏的总分。

胆汁质（A）	2 6 9 14 17	合计
多血质（B）	4 8 11 16 19	合计
黏液质（C）	1 7 10 13 18	合计
抑郁质（D）	3 5 12 15 20	合计
汇总：A（ ）；B（ ）；C（ ）；D（ ）		

第二节 完善个性 收获幸福

心灵故事

个性的较量

一位老教授昔日培养的三个得意门生事业有成，一个在官场上春风得意，一个在商场上捷报频传，一个埋头做学问如今也苦尽甘来，成了学术明星。于是有人问老教授："你以为三人中哪个会更有出息?"老教授说："现在还看不出来，人生的较量有三个层次，最低层次是技巧的较量，其次是智慧的较量，他们现在正处于这一层次，而最高层次的较量则是人格（个性）的较量。"

心海导航

良好的个性是心理健康的根本标志。重视个性的培养，既是健康的需要，也是发展的需要；既是现实的需要，又是未来的需要。因此，大学生要勇敢地面对挑战，不断完善自己的个性。

一、个性发展的影响因素

一个人的个性，即个性倾向和个性心理特征是在个体素质的基础上，通过后天社会生活经历形成的。大学生生活的家庭、学校、团体和所接触的社会范围，构成了他们的社会生活环境。个体在这样的社会环境中所处的地位、承担的义务和责任、与其他成员交往的方式就构成了其个性发展的可能性和现实性因素。

1. 家庭环境与个性发展

家庭环境是对人的个性影响最早的因素。虽然家庭环境对大学生的个性影响已经比儿童时期小得多，但在儿童时期形成的个性心理定式还会对大学生的个性完善产生一定的影响。因为个性心理特征是十分稳定的因素，一旦形成将会长时期影响人的生活实践。家风对子女个性品质形成的影响表明，子女良好的个性品质，如坚强的意志、稳定的情绪、自发的努力与友好的态度等皆产生于家庭的作风。追溯我国一些大学生个性品质形成的家庭因素，父母性格开朗、家风民主的，子女性格也比较乐观、开朗、善于与人相处；父母的娇惯和溺爱，往往导致子女性格孤僻、任性、无主见；从小丧失父母照顾的子女，往往独立性较强，但任性；由于家庭出身而受到社会歧视的学生，容易形成冷漠、沉默寡言和敏感的性格；父母不和或离异对子女的性格也有较大的影响。家庭对大学生个性形成的影响表现出如下特点：

（1）进入大学以前的个性，已基本形成了大学生个性社会化的基调，这个基调会成为大学生塑造个性心理的基础，并会对大学生个性的进一步形成产生重要影响。

（2）尽管大学生活环境会不断地改变大学生的个性，但家庭因素导致的某些个性仍会左右大学生的学习和生活。有关调查资料表明，学生家庭环境不同，学习成绩也有明显差异。

（3）家庭环境的差异是导致大学生个性多元化的主要因素。同时，如果家庭、学校和社会对大学生的影响产生矛盾，也会削弱大学生个性的社会化进程。

2. 学校环境与个性发展

学校环境是对大学生个性影响最大的因素。学校是通过各种活动有目的、有计划地向学生施加教育的场所。学校环境主要通过以下几个方面对大学生的个性产生影响。

（1）学校教育和管理的总体影响。校风、班风都会对大学生个性产生影响。学校经常向学生进行价值观念和行为准则教育，就会逐渐形成大学生特有的性格，并且在某种程度上掩盖其原来的气质。尤其是大学班集体对学生性格的形成会有很大的影响，学生在班集体中所处的角色也有助于形成其性格特征。

（2）大学教师对大学生个性心理特征的形成和发展有着重要影响。大学教师不但是知识的传授者，而且还是大学教育的直接执行者和事实上的管理者，他们对大学生个性心理特征的形成和发展的影响，贯穿于大学生活的各个领域和阶段。教师的一言一行，都会让学生作出相应的评价。这种评价结果，决定了学生对教师的遵从态度和模仿内容，日久天长，自然会影响到学生的个性。

（3）教学内容和手段对大学生个性的培养起着重要作用。就个性心理特征而言，不同专业对学生的吸引力有较大差别，如进入缺乏吸引力的专业，专业思想难以稳定，不仅会影响到个体社会化目标的实现，还会影响到个性倾向性的形成和个性心理品质的完善等。因此，如何根据专业学习和未来职业的要求发展和完善自己的个性，是每个大学生都会遇到和需要解决的问题。

3. 社会环境与个性发展

社会环境对大学生的个性心理特征的影响是多方面的，而且它对大学生的影响可能把单纯由家庭或学校导致的个性掩盖起来，从而带有明显的社会环境的烙印。

（1）社会潮流的影响。社会潮流反映了在大多数人的意愿的基础上形成的公众性的社会活动。它以一个国家、一个社会集团在一定时期的主导意识为基础。社会潮流对大学生个性发展的制约和影响很大，其特点表现为与社会潮流相符合的个性特点会迅速发展起来，违背社会潮流的个性特点将受到极大的抑制。处于心理特征迅速形成、日臻成熟时期的大学生，对社会潮流的反应更敏锐。因此，有人说大学是社会的晴雨表。

（2）社会习俗的影响。社会习俗在群体中有广泛的基础，它潜移默化地在大学生的个性形成中发挥作用。当大学生想从事一些创造性活动时，常受到来自传统习俗势力的阻挠，这是在大学生个性形成过程中造成理想与现实心理矛盾的重要原因之一。

(3) 社会竞争的影响。竞争是推动社会进步的强大精神力量，在参与竞争的过程中，自信心、进取心、创新精神、英雄主义和顽强拼搏精神等心理品质就会逐步发展起来。目前我国能够接受高等教育的，都是高考成绩较好的学生，在他们的个性中，自尊、自信、争强好胜、荣誉感、进取心等都表现得比较突出。这些个性特点有两重性，如果引导得当，可以成为大学生积极的精神力量；如果引导不当，则会导致大学生狂妄自大、争名逐利，成为消极的精神因素。

(4) 社会角色的影响。社会角色是指一个人在社会关系中所处的地位、从事的社会职业、担任的社会职务。个体在社会中扮演的角色，决定了他在社会实践中承担的社会责任、拥有的权利和义务。长期在这样的社会实践中锻炼，就会形成一种心理素质，在处事原则、分析问题的观点、语言风格、工作作风、行为举止等方面都会表现出来。比如，长期担任班干部的学生与没有受过这方面锻炼的学生，在独立性、组织能力、表达能力、责任心、荣誉感等方面都有明显的差异。

二、个性培养的目标

国内外学者就个性培养的目标提出了各种建议，这里我们综合各种观点，结合大学生的特点提出以下培养目标。

①思路开阔，头脑开放，尊重并愿意考虑各方面的不同意见，富有创造性。

②准备和乐于接受新的生活体验、新的思想观念、新的行为方式，欣赏新鲜的东西。

③客观而公正地认识现实及他人，并能积极和肯定地看待自我、他人、自然与社会，并与之建立和谐而愉快的关系。

④言行坦诚、率直。

⑤注重现在与未来，守时惜时，有很强的时间观念，办事讲效率。

⑥富有自主性，具有独立于文化背景和环境之外的意志力，坚信依靠自己的知识和能力可以获得成功和发展。

⑦尊重他人，待人真诚。与朋友有较深厚的感情，能赢得他人的信任。

⑧具有民主的作风，对他人的态度不依教育程度、经济地位等特征而变化，尊重他人的信仰、态度、观念。

⑨具有理性感和幽默感，有广阔的胸怀和宽容心、同情心。

⑩具有坚强的意志，能为实现自己的目标而合理地调节、控制自己的行为。

以上目标可供参考，它不是唯一或标准的模式，大学生应根据自身的特点和发展需要灵活掌握，促使自己的个性更加完善。

三、如何培养良好的个性

确定个性培养目标后，为了完善个性，还要找到个性的培养途径，使培养目标得以实现。

1. 加强自我修养

大学生的自我意识发展到趋于成熟的阶段，其理想志向已基本确立，对人生的看法已初步形成。他们关心并力求全面、正确地评价自己的个性品质特点，希望并努力使现实中的自我逐渐接近理想中的自我。所以，大学生应力求以自我修养为主，这对个性心理特征的形成起决定作用。

（1）开展批评与自我批评。大学生的良好品质的养成，必然得益于正确地开展批评和自我批评。正确认识自己是自我批评的前提，每个大学生都要客观、全面地认识自己，清醒地把握自己思想变化的情况，及时察觉并纠正自己的缺点、错误。还要敢于公开认错，勇于改正错误，积极开展同学间的批评与自我批评，这不仅是帮助同学进步的正确途径，同时，也是锻炼自己个性心理品质不可缺少的一环。

（2）见贤思齐，见不贤而内省。此话是孔子对学生的要求，意思是看见贤人，便应该向他看齐，学习他的长处、优点；看见不贤的人，便应该反省自己，检查自己有没有同其类似的毛病。大学生要学会把别人当作镜子，用别人来对照自己。作为有进取心的大学生，应该善于将他人的长处集于一身，并能抵御一切不良行为的影响，注意用反面的东西对照检查自己。

（3）慎独。慎独的意思是说在个人独处、无人知情、无人监督的时候，不做任何不道德的事情。要做到这一点，完全要依靠在实践中所形成的信念的力量，这是自我修养非常重要的方面。每个大学生都应努力培养这种崇高的精神境界，自觉地严格要求自己，表里如一，把自己培养成品格高尚的人。

（4）写日记。写日记是“吾日三省吾身”的最好方法。写日记的过程实际上是自己与自己的一种对话，也是一种自我反省、评价和勉励。大学生的个性发展，若将日记作为心灵的镜子自鉴，无疑会在每天都得到一次良师益友的指点。因为日记中的我通常比现实中的我更清醒、更理智、更高明。久而久之，现实中的我就会同化为日记中的我、理想中的我。

2. 不断学习，丰富知识

人的知识愈广博，个性便愈臻完善。刻苦学习、增长才学的过程也是人格化的过程。现实生活中，许多大学生的个性缺陷，如狭隘、自卑、固执、粗鲁等，是源于知识的贫乏，“知识就是力量”，知识也具有人格的力量。

3. 面向社会，勇于实践

社会是个大舞台，一个人只有通过社会生活的锻炼才能把握好自己的角色，形成自己独特的个性。学习活动可以培养个性，但绝不是唯一的途径。大学生社会实践的内容丰富、形式多样，通常有义务劳动、勤工助学、科研活动等几种形式。积极参加义务劳动，能培养关心社会、责任感强、勤奋、耐心细致、乐于奉献等优良品质，使学生对国家、集体、劳动有科学的认知。义务劳动还能培养学生热爱祖国、团结协作等高贵品质。勤工助学是目前大学生中最普遍的社会实践行为，这反映了市场经济观念的盛行和大学生自立、自强的倾向。实践证明，积极参加勤工助学的大学生大多具有头脑灵活、思路开阔、独立性强、富于创造性、善于交往、自信、果断、讲效率等良好个性特征。这些学生知识面广，社会经验丰富，毕业后大多能很快地适应新的工作环境。目前，大学生的勤工助学正向智能型、创造型发展，并和科研活动紧密联系起来。大学生的科研活动，主要是指大学生利用所学的知识和技能自己或协助老师进行发明创造、课题攻关等活动，这些活动的显著特征是智能性、创造性，具有很高的学术价值和经济效益。科研活动可以促进大学生自主、严谨、细致、有恒心、民主、协作、思路开阔、诚实、公平等各种品质的培养，是完善和培养个性的重要途径。

4. 养成良好习惯

个性的重要内容是行为方式，良好的个性必然要求有良好的行为方式，而这往往表现为良好的习惯。不良个性特征大多表现为许多不良习惯。例如，鲁莽的人有急躁、冲动、冒失等行为习惯，而自信的人大多有稳健、从容的行为习惯。因此，培养良好个性的一个重要途径是培养良好的习惯，而良好习惯有助于改变个性的内在品质和结构。

要培养良好的习惯，就要确定合理的目标模式，这样才会有参考和依据。确定目标模式，一方面要靠提高自身的认识水平，制定科学、合理的目标；另一方面可依据现实生活中具有良好个性的人所具有的特点，取其精华作为自己的目标。要从每一件眼前的事做起，“不积小流，无以成江海”；要有“锲而不舍”“滴水穿石”的恒心、毅力和耐心。只有经过长期艰辛的锻炼和考验，才能实现自己确定的完善个性的目标。

5. 积极参与活动

个性的塑造和培养是一个社会化的过程，同时也离不开个体在生活中的形式多样的活动。交往和活动的载体是集体，大学生在学习之余应该有意识地积极参加各种集体活动、社团活动，主动和同学、老师交往，使自己融入集体之中。

目前，大学生的集体活动主要有两类，一类是班级活动，一类是社团活动。班级活动对于培养组织纪律观念、关心他人、团结协作精神等品质有重要影响。社团活动主要以兴趣爱好为组织原则，在这样的活动中，学生们可以施展自己的才能，广泛汲取他人性格和学识的精华，获得全面发展的机会。社团活动对于培养独立性、创造性、自信心、宽容、热情、开朗等个性品质有积极的推动作用。如果在这些活动中担当领导的角色，会有力地促进自信、果断、细致、热情、坚毅、成熟、创造性等品质的培养，会加速个性的完善。在广泛的交往和集体活动中，还可以借助别人对自己个性的反馈，及时进行调整，使自己的个性得到优化。个性的培养不是封闭的自我设计，需要跳出“自我”的狭小天地，走向丰富多彩、生机勃勃的集体，在交往和活动中完善自我。

心随我动

活动一：以例为鉴，促人警醒

以马加爵、药家鑫的犯罪事实为例，分组讨论交流，谈谈你对“性格决定命运”这句话的理解。

案例1：2004年2月23日，昆明市云南大学的一间男生宿舍里发现四具男尸，被害人系钝器打击头部致死。警方查明，该校2000级学生马加爵有重大作案嫌疑。

案例2：2010年10月20日23时许，西安音乐学院大三学生药家鑫驾驶红色雪佛兰小轿车送完女朋友返回西安，当行驶至西北大学长安校区外西北角学府大道时，撞上前方同向骑电动车的张妙，后药家鑫下车查看，发现张妙倒地呻吟，因怕张妙看到其车牌号，以后找麻烦，便产生杀人灭口之恶念，遂转身从车内取出一把尖刀，上前对倒地的被害人张妙连捅数刀，致张妙当场死亡。杀人后，被告人药家鑫驾车逃离现场。

活动二：制作木桶，认识个性、完善个性

活动目的：帮助参与者深入认识自己的个性特质，特别是认识自己个性中需要完善的方面，提高自觉塑造健康个性品质的紧迫感和自觉性。

活动步骤：

1. 将全班同学分成若干组，每组 8~10 人。
2. 每人将白板纸裁成约 10 厘米长、2.5 厘米宽的长方形，共准备 10 小块，并画上 10 等分的格子。
3. 在白板纸中写出最能代表自己，对自己学习、工作、生活乃至事业影响（含有利和不利影响）较大的个性特征的 10 个词或句子，并以 10 分制分别给自己的某个个性特点打分。如“果断”某同学打 7 分，在白板纸 7 等分处截断。
4. 最后将 10 块白板纸围成小木桶。
5. 活动过程中播放背景音乐《世外桃源》。
6. 认真观察你个性的木桶，看看哪块板最短？哪些板还得加长？你打算怎样加长短板、塑造迷人个性？（重点探讨的内容）
7. 在小组分享中谈谈看了自己的“木桶”及别人的“木桶”的感受。

活动提示：成功、幸福和财富如同盛在木桶里的水，个性的种种特质犹如围成木桶的一块块板。木桶能盛下多少水并不取决于最长的那块板，却取决于最短的那块。

心灵感悟

一、心语赏析

- 播种行为，可以收获习惯；播种习惯，可以收获性格；播种性格，可以收获命运。——萨克雷
- 良好的个性胜于卓越的才能。——爱迪生
- 优秀的性格和钢铁般的意志比智慧和博学更为重要。——爱因斯坦
- 一个人个性的最终形成，掌握在自己手中。——安妮·弗兰克

二、心语倾诉

1. 放松训练（同第十章第一节）
2. 闭目吟诵

- 习惯形成性格，性格决定命运。
- 罗马都不是一天建成的，要修养个性，需要时间和耐性，更需要信心和勇气。
- 塑造迷人个性，首先要依靠自己，取长补短，见贤思齐。

三、我的感悟

修心践行

一、读一读

1. 邹汉林 . 改变性格改变命运［M］. 北京：中国纺织出版社，2010.
2. 潘东麟 . 性格决定命运［M］. 长春：吉林大学出版社，2010.

二、比一比

成功必备的 15 种优良性格	需要克服的 15 种性格缺陷
自信	狭隘
乐观	自卑
宽容	懒惰
谦逊	悲观
诚信	自负
坚忍	多疑
勇敢	依赖
理智	叛逆
果断	贪婪
自制	自私
热忱	自闭
独立	暴躁
进取	冲动
谨慎	抑郁
稳重	偏执

对比成功必备的 15 种优良性格及必须克服的 15 种缺陷性格，想一想：在成才的道路上，你需要保持和发扬的优良性格有哪些？你需要克服的缺陷性格有哪些？要塑造个人的完美性格，你将采取哪些措施？

三、测一测

这是一份测量性格特点的心理测试，是由中国现代心理研究所以著名的美国兰德公司（战略研究所）拟制的一套经典心理测试题为蓝本，根据中国人心理特点加以适当改造后形成的心理测试题，目前已被一些著名大公司，如联想、长虹、海尔等公司作为对员工心

理测试的重要辅助试卷，据说效果很好。（注：每题只能选择一个答案）

1. 你更喜欢吃哪种水果？

A. 草莓 2 分　B. 苹果 3 分　C. 西瓜 5 分　D. 菠萝 10 分

E. 橘子 15 分

2. 你平时休闲经常去的地方？

A. 郊外 2 分　B. 电影院 3 分　C. 公园 5 分　D. 商场 10 分

E. 酒吧 15 分　F. 练歌房 20 分

3. 你认为容易吸引你的人是？

A. 有才气的人 2 分　B. 依赖你的人 3 分　C. 优雅的人 5 分　D. 善良的人 10 分

E. 性情豪放的人 15 分

4. 如果你可以成为一种动物，你希望自己是哪种？

A. 猫 2 分　B. 马 3 分　C. 大象 5 分　D. 猴子 10 分

E. 狗 15 分　F. 狮子 20 分

5. 天气很热，你更愿意选择什么方式解暑？

A. 游泳 5 分　B. 喝冷饮 10 分　C. 开空调 15 分

6. 如果必须与一个你讨厌的动物或昆虫在一起生活，你能容忍哪一个？

A. 蛇 2 分　B. 猪 5 分　C. 老鼠 10 分　D. 苍蝇 15 分

7. 你喜欢看哪类电影、电视剧？

A. 悬疑推理类 2 分　B. 童话神话类 3 分　C. 自然科学类 5 分　D. 伦理道德类 10 分

E. 战争枪战类 15 分

8. 以下哪个是你身边必带的物品？

A. 打火机 2 分　B. 口红 2 分　C. 记事本 3 分　D. 纸巾 5 分

E. 手机 10 分

9. 你出行时喜欢坐什么交通工具？

A. 火车 2 分　B. 自行车 3 分　C. 汽车 5 分　D. 飞机 10 分

E. 步行 15 分

10. 以下颜色你更喜欢哪种？

A. 紫 2 分　B. 黑 3 分　C. 蓝 5 分　D. 白 8 分

E. 黄 12 分　F. 红 15 分

11. 下列运动中挑选一个你最喜欢的（不一定擅长）？

A. 瑜伽 2 分　B. 自行车 3 分　C. 乒乓球 5 分　D. 拳击 8 分

E. 足球 10 分　F. 蹦极 15 分

12. 如果你拥有一座别墅，你认为它应当建在哪里？

A. 湖边 2 分　B. 草原 3 分　C. 海边 5 分　D. 森林 10 分

E. 城中区 15 分

13. 你更喜欢以下哪种天气现象？

A. 雪 2 分　B. 风 3 分　C. 雨 5 分　D. 雾 10 分

E. 雷电 15 分

14. 你希望自己的窗口在一座 30 层大楼的第几层？

A. 七层 2 分　　B. 一层 3 分　　C. 二十三层 5 分　　D. 十八层 10 分

E. 三十层 15 分

15. 你认为自己更喜欢在以下哪一个城市中生活？

A. 丽江 1 分　　B. 拉萨 3 分　　C. 昆明 5 分　　D. 西安 8 分

E. 杭州 10 分　　F. 北京 15 分

对应的性格：

180 分以上：意志力强，头脑冷静，有较强的领导欲，事业心强，不达目的不罢休。外表和善，内心自傲，对有利于自己的人际关系比较看重，有时显得性格急躁，咄咄逼人，得理不饶人，不利于自己时顽强抗争，不轻易认输。思维理性，对爱情和婚姻的看法很现实，对金钱的欲望一般。

140~179 分：聪明，性格活泼，人缘好，善于交朋友，心机较深。事业心强，渴望成功。思维较理性，崇尚爱情，但当爱情与婚姻发生冲突时会选择有利于自己的婚姻。金钱欲望强烈。

100~139 分：爱幻想，思维较感性，以是否与自己投缘为标准来选择朋友。性格显得较孤傲，有时较急躁，有时优柔寡断。事业心较强，喜欢有创造性的工作，不喜欢按常规办事。性格倔强，言语犀利，不善于妥协。崇尚浪漫的爱情，但想法往往不切合实际。金钱欲望一般。

70~99 分：好奇心强，喜欢冒险，人缘较好。事业心一般，能认真对待工作，随遇而安，善于妥协。善于发现有趣的事情，但耐心较差，敢于冒险，但有时较胆小。渴望浪漫的爱情，但对婚姻的要求比较现实。不善理财。

40~69 分：性情温良，重友谊，性格踏实稳重，但有时也比较狡黠。事业心一般，对本职工作能认真对待，但对自己专业以外事物没有太大兴趣，喜欢有规律的工作和生活，不喜欢冒险，家庭观念强，比较善于理财。

40 分以下：散漫，爱玩，富于幻想。聪明机灵，待人热情，爱交朋友，但对朋友没有严格的选择标准。事业心较差，更善于享受生活，意志力和耐心都较差，我行我素。有较好的异性缘，但对爱情不够坚持认真，容易妥协。没有财产观念。

第十二章　丰富业余生活

第一节　放松身心　健康休闲

心灵故事

让灵魂跟上脚步

有一位考古学家，千里迢迢去找寻古印加帝国文明的遗迹。他雇用了一些当地的土著人做向导，一行人浩浩荡荡地朝着丛林的深处进发。到了第四天，土著人开始拒绝行动。原来，这里自古流传着一个神秘的习俗：在赶路时，皆会竭尽所能地拼命向前冲，但每走上 3 天，便需要休息一天。土著人说："那是为了我们的灵魂，能够追得上我们赶了 3 天路的疲惫身体。"是啊！一个人能忙是一种能力，而在忙中能闲则是一种素养。

心海导航

一、关于休闲

对于休闲的定义，大家看法不一。一般认为休闲是指非劳动及非工作时间内以各种"玩"的方式寻求身心的调节与放松，达到生命保健，体能恢复，身心愉悦目的的一种业余生活方式。科学文明的休闲方式，可以有效地促进能量的储存和释放，包括对智能、体能的调节和生理、心理机能的锻炼。相反，不科学、不合理的休闲方式，则会影响自身的学业和加重身体负担，影响身体健康。因此，我们倡导健康积极的休闲方式。

二、健康休闲活动的功能

1. 消除紧张，缓解压力，提高效率

适度的压力对人的发展有促进作用，但过度或长期的压力无疑会造成身心疲乏。健康的休闲活动能使大学生忘却学习、就业的烦恼，宣泄压力、消除紧张、防止偏差行为的产生。

2. 拓展人际，促进交流，陶冶性情

人是群体动物，有着归属感的需求。大学生的生理及心理特点决定了他们喜欢从事各方面的活动，如果缺乏休闲活动，过着自我封闭的生活，其性情必定会变得乖戾、怪异，甚至精神分裂。良好的休闲活动是拓展人际、促进交流、陶冶性情的润滑剂。

3. 强身健体，维护生命

现代生理学研究表明，一般状态下，人脑对血液需要量每分钟为700~800毫升，约占心脏每分钟输出总量的六分之一，比肌肉细胞工作时耗血量高出15~25倍。大学生的学习活动是一种紧张的智力活动，如果连续用脑时间过长，容易造成脑部缺氧，产生疲劳，反应变得迟钝，记忆力下降，思维能力也会受到影响。体育、音乐、绘画等休闲活动，能使人产生愉悦的心情，增强生理的承受能力，从而巩固身体的健康。

4. 增进自我认同，加速自我发展

处于青春期的大学生正面临着自我认同的压力。在一些需要持久投入的休闲活动，如雕刻、绘画、艺术创作等活动中，他们通过自我兴趣的探索，能获得积极的体验和新知识，并获得自我展示、自我认识的机会，有利于自我的重新定位与评价，从而加速自我的发展。

5. 启发想象及创造力，增长知识

著名教育家陶行知先生曾经指出："解放时期，……还要有空玩玩，才算是有点做人的味道，创造力才可以尽量发挥出来。"休闲活动具有开放、立体、多渠道的特点，是按照自己的意愿而进行的没有任何束缚、也无固定现成方法的活动，能激发大学生的学习兴趣，开拓其想象与创造力。

6. 培养互助合作的精神

当今社会分工日益精细，人们必须互助合作才能顺利完成工作。很多人才管理经验丰富的企事业单位都对应聘者进行"合作能力测试"，并以此作为是否录用的重要指标。一些大学生竞争意识有余，合作精神不足。应经常参加一些带比赛性质，如球赛类的休闲活动，大学生才能从中学习到如何与同伴分工协调，养成互助合作的精神。

三、大学生休闲活动的类型

大学生性格、兴趣各不相同，学校、社会为他们提供了项目繁多的休闲活动。

1. 知识型活动

"不经历风雨，怎么见彩虹；不多多充电，怎么能发光"，这已经成为当代大学生的共识。于是学校开设的各种选修课、学术性专题讲座、座谈会成了很多同学课余的去处，各种各样的考试报名、辅导信息更是充斥校内的海报栏。为了给自己找到更好的出路，克服工作经验不足、所学专业单一、面试经验少等自身缺陷，很多学生抱着"这山不亮那山亮"的态度，报考很多培训辅导班，希望掌握求职的第二块"敲门砖"。有些新生在入学时就有了很强的忧患意识，报考网络大学，希望在本专业之外掌握更多技能、学习更多知识，以提升自己的就业竞争力。

2. 体育型活动

越来越多的大学生开始意识到体育运动在磨炼人的意志品质、塑造健全人格方面的积极作用。在学校里，体育锻炼所能发挥的特殊作用已得到越来越多同学的认同。大学生参加课外体育活动的动机除了增强体质外，运动娱乐、调节精神、人际交往和个性发展也为大学生所重视。

3. 社会实践活动

当代大学生们都积极追求自立，积极参加爱心义务活动、社会调查、勤工俭学等各种社会实践活动，其中对勤工俭学热情最高。大学生勤工俭学的方式主要基于体力、知识和能力，体力实践主要包括推销产品、发送试用品、做服务生等；知识实践主要是家教、文员等；而能力实践主要包括翻译、做网管、设计网页、做歌手或模特等。但最主要的还是家教，占了大学生社会实践的90%以上。

4. 社团活动

由各种大学生社团组织的活动主要有文化、运动、科技、艺术和社会交往等。这类活动能够提供一种有益的环境和氛围，激发大学生创造力，开发大学生潜能，让大学生自由意志得到发挥，不断超越自我。

5. 嗜好型活动

大学生的嗜好型活动包括打牌、听音乐、旅游、网上休闲等，具有经济实惠、娱乐性强以及高度的可参与性的特点。大学生成为休闲活动中不变的主体，网上的“琴棋书画”式休闲是他们休闲方式的主流。在线欣赏音乐、游戏中心、论坛和动画制作吸引了不少大学生。“读万卷书不如行万里路”，随着生活水平的提高，不少有经济能力的大学生也开始热衷于旅游这个新兴的休闲方式，以开阔视野，增长见闻。

6. 享乐型活动

在大学生活中，一部分大学生认为休闲就是吃喝玩乐，只要有自由时间和金钱，就能实现会产生快乐感受的休闲活动。因而大学校园周围的舞厅、卡拉OK厅、餐馆、电子游戏厅、影院、录像厅、桌球室、时装屋成为不少大学生周末及节假日经常出入的场所。有些学生因为太贪图这种奢侈低俗的休闲活动场所带来的快乐感受，以至于产生犯罪行为。

四、大学生休闲活动存在的问题

尽管休闲活动对于大学生身心健康非常重要，但大学生的休闲活动还是存在不少问题。

1. 休闲生活质量不高

某项调查发现，25%的大学生满意自己的休闲生活，54.5%的大学生表示不满意，而89%的大学生在概括自己的休闲生活时用上了“空虚”“无聊”等字眼。一个人之所以感到空虚或无聊，是因为他觉得应该有点什么事情来填补闲暇时间，而又找不到有意义的活动时所产生的一种心理感受。大学生有充足的闲暇时间，如果不能找到有意义、有价值的休闲活动，空虚和无聊就必然会产生。

2. 休闲活动时间结构不合理

不少大学生除了三分之一左右的时间用于专业学习之外，花费时间最多的几项活动则是室内交谈、无事休息、玩电脑、玩手机等。这种休闲生活体现了休息时间过多，活动时间过少；小范围交际活动过多，大空间交往活动过少；智力活动过多，体力活动过少；口头活动过多，实践活动过少；一般性活动过多，技能性活动过少的特点，不利于大学生身心发展。

3. 休闲生活的层次不高

一些大学生休闲活动所花的最多时间集中于低层次，即纯粹是为了消磨时间。最为典型的是，无论是工作日还是双休日，“无事休息”与“室内交谈”占据了闲暇时间中仅次于自学的位置。在某种程度上，正是因为这种低档次的活动占据了大量的闲暇时间，才会让一些大学生倍感空虚与无聊，与之形成鲜明对比的是，积极参与型和创造型活动所占的时间少得可怜。

4. 对休闲生活缺乏自觉性

大学生的休闲生活基本上还处于一种盲目的、自发的、不觉醒的状态之中，平时几乎没有理智地、自觉地、认真地考虑过自己的休闲生活。调查发现有近40%的大学生同意或比较同意自己的休闲生活基本处于盲目状态。也许正是因为对自己休闲生活的自觉性的缺乏，才导致精力充沛、天性爱玩的大学生将大把的时间空耗在“无事休息”“室内交谈”“上网聊天”等方面。

5. 休闲生活的技能缺乏

马克思说：“对于没有音乐感的耳朵来说，最美的音乐也毫无意义。”要提高休闲生活的质量，必须要有相应的技能、技巧及一定的水平。而调查发现只有9%的大学生认为自己掌握了业余爱好的基本技能，接近50%的大学生对此处于迷茫状态。

五、大学生休闲活动的心理调适

那么，怎样利用闲暇时间开展有益的休闲活动，做到玩得巧、玩得好，玩出好心情和健康，充分发挥休闲活动对于身心健康的调节作用呢？

1. 树立正确的休闲观

只有正确的休闲观，才能为休闲活动提供正当与健康的保证。休闲既包含静止的休息，即在紧张学习工作之余好好地休息，驱除疲劳，使机体恢复正常的状态；又包含主动的休息，即在与学习工作不同类的活动中，使身心得到愉悦的享受。

一般认为，正当健康的休闲活动应符合以下原则，即有益原则。所开展的休闲活动既有益于自身的身心健康与全面发展，又不给他人与社会带来不利影响；经济原则。开展休闲活动时，以自己的财力为限，不赶时髦，争取花较少的钱获得较大的满足；安全原则。开展休闲活动时，既考虑自身的身体状况量力而行，又考虑活动场所的安全性。既慎选休闲场所，又慎择友伴。

2. 休闲方式应多样化

大学生选择的休闲活动应丰富多样化，以使自己各方面都得到有益的锻炼和帮助，增加娱乐的活力和情趣，在脑力、体力、友情、亲情、情绪等方面都能有所收获。

3. 休闲方式应切合实际

大学生不能什么都跟着时尚走，看到足球最受大众喜爱，就整天去踢球；轮到乒乓球热，又天天去泡乒乓球馆；等到电脑上网时髦又日日要“冲浪”等。这样的休闲方式不一定有利于自己的身心健康。应根据自己的年龄、性别、体质、经济、兴趣等因素，选择适当的休闲方式，使娱乐与工作、学习能互相协调，达到自我的全面发展。

4. 休闲活动应适度

大学生应控制好休闲的时间，不能忙了工作、学习又忙着玩，忘了睡眠，影响健康，也影响工作和学习。另外，要注意休闲活动的强度，如果身体条件无法承受过于剧烈的活动，不能勉强而为之。

5. 休闲不计较名利

休闲是身体放松和心理松弛的过程，花了钱、花了时间，最大的收获应该是身心的愉悦享受。大学生切忌在休闲时抱着功利目的，如参加赌博性质的玩乐，造成身体过于疲劳。否则，休闲就不是真正意义上的休闲了。

心随我动

活动一：阅读与反思

阅读材料：有人说，当前大学生休闲，存在几个误区，①休而不闲。一放假就没日没夜地玩，有的整夜上网聊天，有的通宵达旦打麻将赌博，有的一天有 20 个小时在聚餐酗酒、跳舞、唱卡拉 OK，结果玩坏了身体，累垮了精神；②闲而无聊。与休而不闲的人相反，这批人一闲下来就感觉无所事事。一到放假，就不知如何是好，只好关起门来傻睡、傻吃，等到一个节假日过去了，竟然有如释重负的感觉；③时髦休闲。大学生有的是精力和热情。某些学生一天又一天，天天“闲”在各式各样的网吧、酒吧、淘吧里，“闲”得不亦乐乎地追赶时髦。这种休闲的时髦不仅背离了休闲的宁静与休闲的美丽，而且还休闲出一大群休闲着找事、休闲着赶时髦、休闲着去烦恼的“酷男酷女”；④攀比跟风。有些人错误地认为休闲“休”得越贵族越好，休闲“闲”得越流行越快乐。这些人不管自己的经济状况如何，今天街上流行打高尔夫球，拼着喝三天稀饭也要打上几杆；明天市面上风行蹦极，抛开恐高的恐惧，争着去出一回风头……

请同学们根据以上材料，谈谈自己的休闲生活是否也存在以上误区，并详细说说平时是如何安排双休日休闲活动的，并对自己的休闲活动质量进行评论。

活动二：我的另类休闲观

对于内容五彩缤纷的“另类休闲”，如蹦极、攀岩、溜冰、沙漠探险、漂流、越野飞车、水上飞伞、森林旅游、野外露营、自然生态考察、野生动物观赏、徒步旅行等，我的认识是____________________，对于“另类休闲”中的麻将、扑克、彩票、网络聊天等，我的看法是____________________。

活动三：脑力大激荡活动

1. 将全班同学分成若干小组，各组派一人上台在两分钟内写下生活中常见的休闲活动（越多越好）。

2. 教师归纳出休闲活动种类有哪些？

3. 统计每种休闲活动学生喜欢参与的人数。

4. 学生分组讨论：如何选择健康有益的休闲活动，以及如何合理安排自己的闲暇时间、合理规划自己的休闲活动？

心灵感悟

一、心语赏析

• 能否聪明地休闲是对文明的最终考验。 ——罗素

• 人莫乐于闲，非无所事事之谓也。闲则能读书，闲则能游名胜，闲则能交益友，闲则能饮酒，闲则能著书。天下之乐，孰大于是？ ——张潮

• 闲暇时间本身就是财富，……那时（指共产主义社会）衡量财富的尺度绝不会是劳动时间，而是闲暇时间。 ——马克思

二、心语倾诉

1. 放松训练（同第十章第一节）
2. 闭目吟诵

• 聪明的人，工作也是休闲；愚蠢的人，休闲成了受罪。
• 身体是革命的本钱，会休息的人才会工作。
• 健康休闲，有益健康。

修心践行

一、拟一拟

请学生记录自己一星期的休闲活动，反思其科学合理性，然后对自己今后的休闲活动拟定一份科学合理的短期规划（如周休闲计划或月休闲计划）。

二、访一访

每个人去探访一位亲友或师长，了解他们青年时期的闲暇时间做些什么？现在又做些什么？对你规划今后的休闲生活有何启示？并将探访结果于下节课与全班同学分享。

三、学一学

国外休闲新方式

有人说，外国人的思维和我们不一样，他们经常能干出一些让大家想象不到的事情。近年来，国外比较流行接近自然的休闲方式，他们称之为舒服而自由的周末。

1. 滑旱冰滑到大街上

法国人酷爱滑旱冰，春季更是旱冰一族大显身手的时候，他们在人行道上轻松自如地滑着前进，成为大街小巷一道亮丽的风景。据统计，法国滑旱冰的人已达到2000万。

2. 迈开双脚踏石健身

在清新而略带寒意的晨风中，舒展开身体，迈出双脚自然而又舒适地走在凹凸不平的路上，唱一首歌，会多么的怡然自得，这就是兴起于我们近邻的日本的踏石休闲法。许多

学校和幼儿园专门开设“赤足教育”课程，让孩子们赤脚在走廊和操场上跑步，不少工厂、公司的入口处铺有一段卵石路，供职工上下班赤脚走 10 分钟。

3. 饭后“百步走”

韩国人也是崇尚“饭后百步走，活到九十九”这句格言的。不过，他们还有自己独特的认识。他们认为，饭后不应当立即去“走百步”，而是应该稍事休息或卧床片刻，再去散步或做其他事情，这样更有利于食物的消化、胃肠保养和肝脏功能的保护。韩国人的这种观点已得到医学界的肯定，值得国人借鉴。

4. 静思想健身美容

一种简单的休闲方法——静思想，使人在恬静的气氛中修身养性，既美容又健美，这是近年来在美国新建的“环保度假村”里出现的新鲜事。专家称此法是松弛思想的一种特殊运动，是专门针对快节奏生活给人们带来的疲劳而设计的，可以有效地消除疲劳，使左右脑获得平衡，预防和治疗疾病，进而获得美容健身的双重效果。

5. 与海水共休闲

目前，海水和海藻疗法正方兴未艾，已被越来越多的人所接受。领导这股新潮流的有许多是西班牙文艺界和政界的著名人士，他们利用海水疗法在紧张的工作之后进行精神放松。医学专家已建立起形形色色的海水治疗中心，目的是使这种古老的治疗方法更趋于现代化与科学化，更好地为人们服务。

6. 与鸵鸟赛跑

鸵鸟在澳大利亚被誉为“国鸟”。近年来澳大利亚人屡发奇想，设计出种种与鸵鸟为伴的休闲健身项目，令世人瞩目。最受欢迎的莫过于乘鸵鸟拉的四轮车在原野上兜风。新鲜的空气、温暖的阳光和满眼的绿意使人心旷神怡，从而得到醒脑健身之效。另外一些人干脆与鸵鸟赛跑，极大地增加了新鲜感。

7. 学鸭子游泳

确切地说，应该是在水中练习跑步，这是加拿大人的“发明”。在地面上，每跑 1 公里，跑步者的两只脚就得撞击地面六七百次，脚部、腿部、臀部都会受到震动，容易扭伤肌肉或者拉伤韧带。而在深水中，跑步者下肢不受震荡，因而不易受伤，运动过后你将会有通体舒坦之感。另外，水中的阻力是空气阻力的 4~10 倍，在水中“战斗”45 分钟，相当于在地面上跑 2 小时以上。

第二节　合理用网　预防网瘾

心灵故事

玩物丧志

春秋时，卫懿公是卫国的第十四代君主，卫懿公特别喜欢鹤，整天与鹤为伴，如痴如醉，丧失了进取之志，常常不理朝政、不问民情。他还让鹤乘高级豪华的车子，比国家大臣所乘的还要高级。为了养鹤，每年耗费大量资财，引起大臣不满，百姓怨声载道。公元前659年，北狄部落侵入国境，卫懿公命军队前去抵抗。将士们气愤地说："既然鹤享有很高的地位和待遇，现在就让它去打仗吧！"懿公没办法，只好亲自带兵出征，与狄人战于荥泽，由于军心不齐，结果战败而死。人们把卫懿公的行为称作"玩物丧志"。现常用来指醉心于玩赏某些事物或迷恋于一些有害的事情，就会丧失积极进取的志气。当前，一些青年学子沉迷于网络，荒废学业，患上了典型的"网络成瘾综合征"，又何尝不是玩物丧志呢？

心海导航

一、网络及大学生网络行为

1. 网络的基本特征

（1）虚拟性。网络是一种虚拟的数字空间，招之即来，挥之即去，看得见，听得清，却摸不着。

（2）交互性。网络环境下，每一个用户既是信息的发布者，又是信息的接收者，即形成发布接收双向或多向互动。

（3）丰富性。由于互联网容量大、可交互性强、信息发布主体多、第一手信息丰富，被过滤的可能性相对较少，信息客观而实在、全面而丰富。在网上，你可以找到你想要的任何信息。网络为网民编织了一个丰富多彩的"另一个世界"。

（4）全时性。互联网是一个没有白天和黑夜的世界。全世界的网民可以不受任何时间或外界条件的约束，同时向外发布或接收信息。

此外网络还具有开放性与自由性等特征。

2. 大学生常见网络行为

（1）信息查询。互联网的开放性，使得Internet如同一个信息的聚宝盆，应有尽有。这些取之不尽、用之不竭的多彩信息赋予了网络无穷魅力。很多大学生正是把互联网看作一个庞大的信息库，而经常上网来寻奇觅宝的。这也正是大学生们上网最主要的目的。在第十一次中国互联网发展状况调查中的有关数据，也说明了这一点。

（2）收发邮件。随着学习生活节奏的加快和电子信箱的普及，E-mail作为一种能传递信息迅速及时、费用低廉的通信方式，正在逐渐取代传统的书信而成为大学生人际交往的重要手段。每天开邮箱收发邮件已逐步成为当代大多数人日常生活的一部分。

（3）网上聊天。"白天带书上课，晚上带钱上网"。在网络上聊天交友，是大学生在网上的主要活动内容之一。各式各样的聊天室是大学生漫游网络的第一个驻足之所，也是他们随后经常光顾的地方。2002年3月，江苏省教育部门的一项调查显示，大学生中经常上网的人数达80%，而这些人中只有15%的人上网是为学习，其他60%的人是上网聊天，25%的人则是上网玩游戏、聊天、交友，网友见面成了一些大学生日常生活的组成部分，有的乐此不疲，甚至深陷其中不能自拔。

（4）网上游戏。和游戏机或游戏光盘相比，在线游戏因其具有交互性，更加显得魅力难当。因此，游戏网站也是大学生们经常光顾的地方。有的大学生在游戏网站一待就是七八个小时，甚至逃课逃学，严重影响了学业。

（5）商务行为。随着网络的普及，原本购买商品需要特意去商场选物、购物，如今却可以在短时间内浏览购物网站上的各式商品，并通过电子银行进行交易，最后送货上门，省时省力省钱。大学生们大多喜欢新鲜事物，崇尚时尚，囊中羞涩的他们只能看着喜爱而又无力购买的商品望而却步。购物网上的商品既时尚漂亮又相对便宜，对大学生们充满诱惑。如有些学生在购物网站购买衣服、鞋子、化妆品等，价格比市场便宜很多。反过来，也有一些有商业头脑的学生在网上开起了小店，在学校做起兼职。

二、网络（手机）成瘾概述

1. 定义

网络成瘾症，简称网瘾，也称网络依赖综合征（IAD），学名为病理性网络使用（PIU），参照世界卫生组织的定义，网络成瘾是指由于过度地使用网络所导致的一种慢性或周期性的着迷状态，并产生难以抗拒的再度使用的欲望。同时会产生想要增加使用时间、耐受性提高、出现戒断反应等现象，对于上网所带来的快感会一直有心理与生理上的依赖。网络成瘾的五大症状为上网时间不断延长；想要减少或停止上网却不成功；明知上网会给自己带来或已经带来危害，仍忍不住继续上网；除上网外，对其他事物的兴趣明显减少，失去以前的爱好；用上网来回避现实或缓解不良的感受和情绪。智能手机作为现代高科技产品，携带方便，功能强大，给人们生活带来了极大的便利，但同时许多人的生活也被手机支配和控制，成为手机的奴隶。在不知不觉中，许多人都得了一种病，那就是手机成瘾症。手机成瘾也称手机滥用综合征或手机依赖症，是指一个人因为使用手机行为失控，导致其生理、心理和社会功能明显受损的一种痴迷状态。

2. 网络（手机）成瘾的诊断标准

网络成瘾综合征（IAD）最早由美国精神病医生依凡·葛尔柏格（Ivan Goldberg）在1997年确立其理论化病态并且正式承认其研究价值，依凡·葛尔柏格提出了诊断网络成瘾的十条标准，①下网后总是不忘网事；②不满足上网时间；③无法控制上网的冲动；④一旦减少上网时间就会烦躁不安；⑤总是想借助于网络缓解压力；⑥视上网比学业更重要；⑦为上网而不惜失去重要的人际交往和工作；⑧不惜支付巨额网费；⑨不愿向亲友吐露频频上网的真相；⑩下网后有焦虑、失落感。只要满足以上 10 条中的 5 条，就可以诊断为网络成瘾。

英国媒体列出了手机成瘾的九条测量标准，①从来不关手机；②经常边走边玩手机；③利用手机避开一些社交活动；④经常在工作时打私人电话或玩手机；⑤在工作时更新个人网络动态；⑥上厕所时也用手机；⑦半夜起床也浏览手机；⑧宁愿玩手机而不愿看电视；⑨在要求安静的地方忍不住打电话。如果这些现象你有 7 条以上，就说明你有手机成瘾倾向了，要限制自己，关机休息了。

3. 网络（手机）成瘾的类型

（1）网络游戏成瘾。指强迫性地沉溺于电脑游戏或编写程序。例如：沉溺于网络游戏。

（2）网络关系成瘾。指沉溺于通过网上聊天结识朋友。例如：沉溺于 QQ、微信等聊天工具。

（3）信息收集成瘾。指强迫性地浏览网页以查找和收集信息。例如：无法控制地想打开网页以获取更多信息。

（4）网络强迫行为成瘾。指以一种难以抵抗的冲动，着迷于在线赌博、网上贸易或者拍卖和购物。例如：过分使用当当、卓越、淘宝等网上购物场所。

（5）网络色情成瘾。上网者迷恋网上的所有色情音乐、图片以及影像等。有专家指出每周花费 11 小时以上用来漫游色情网站的人，就有色情成瘾的嫌疑。

三、大学生网络（手机）成瘾的危害

1. 危害大学生的身心健康

网络（手机）成瘾，容易使人的新陈代谢、正常生物钟遭到破坏，使人身体虚弱。严重成瘾者还会出现神经紊乱、免疫功能下降，同时还会引发焦虑症、忧郁症。

2. 导致学习兴趣下降

网络（手机）成瘾容易挤占原本属于学习的时间，容易出现厌学、逃课等现象。

3. 导致人际交往能力下降

网络（手机）成瘾者在网络中充分张扬个性，获得心理满足，认为现实人际交往可有可无，拒绝融入社会。

4. 导致道德意识、法律意识弱化

网络（手机）成瘾者容易在网络游戏和暴力、色情网站中放纵自己，弱化道德意识，甚至走上违法犯罪的道路。

5. 导致人生观、价值观扭曲

网络内容复杂，良莠不齐，不同意识形态、价值观念的信息杂陈于网上，容易使辨别力较弱的成瘾者出现人生观、价值观扭曲错位。

四、预防大学生网络（手机）成瘾的方法

1. 时间递减法

如果你现在上网或玩手机的时间每天长达 5~6 个小时，那么从明天开始，你要控制自己每天玩的时间都比前一天减少 15~20 分钟，只要坚持下来，到第二周你玩的时间就缩减到 30~40 分钟，第三周减少到 1~2 小时。坚持 21 天，巩固 90 天，玩的时间就会一直控制在合理时间范围内。

2. 丰富生活法

一个人沉迷网络或玩手机，最主要的原因是兴趣狭窄，精神生活单调。因此，我们可以通过培养多方面的兴趣爱好，如阅读、唱歌、跳舞、绘画以及打球、旅游等户外活动，丰富我们的精神生活，减少对网络或智能手机的关注和依赖。

3. 行为契约法

容易网络或手机成瘾的人，行为的自控能力差。因此，可以和一个值得信赖的朋友一起制定一份行为契约，明确规定上网或玩手机的时间、地点以及奖惩措施。比如可以明确

规定上课不带手机，玩手机游戏时间固定在傍晚，每次玩手机游戏不超过 1 小时。如果违约由监督人没收手机，两天后才能使用。如果履约就奖励自己周末看电影。

4. 心理暗示法

当你控制不住想上网或玩手机时，不妨在手腕上戴一个橡皮圈，玩瘾上了头，就用橡皮圈狠狠弹手腕，强烈的痛感会提醒自己放弃，同时给予积极心理暗示：我是手机的主人，不是手机的奴隶。摆脱手机控，让我的生活更加充实。

5. 专业辅导法

如果你的网络（手机）成瘾行为已经相当严重，那就要积极寻求专业心理咨询师的帮助，通过专业辅助，让自己行为脱瘾。

心随我动

活动一：以例为鉴，促人警醒

案例 1：在 2000 年华东理工大学 237 名退学和留级生中，超过 80 人是因为无节制地沉湎于电脑游戏和看碟片；2004 年上海大学一次性退学的 81 名学生，都是因为网络游戏成瘾导致学业大幅度下滑。另据《中国青年报》报道，在 2005—2006 学年，浙江大学有 90 名学生退学，其中 60 多人是因为网络成瘾，几乎占退学人数的 80%。

案例 2：北京《青年报》报道了这样一件事情：小朋是北京某市属大学学生，20 岁，是个超级网虫，每天都要在网上泡 10 个多小时。他和一个 17 岁的女孩在网上认识半年后，两个人很快就发生了“网恋”，并在某网站进行了“结婚”注册，在网上建立了自己的“家庭”。他们这个网上的“家”真的太像家了，这个用文字和图片堆砌的家，不但有像模像样的家具和房间布置，而且有每日三餐的菜谱，甚至还有他们虚拟的“夫妻生活”描述！当小朋和那个女孩“结婚”不到 3 个星期时，网站通知他，他的“爱人”怀孕了，小朋大喜，每天抱书痛读孕产妇注意事项。6 个星期后网站通知他，说他们已经拥有一个可爱的小宝宝，小朋更兴奋得睡不着觉。15 个星期后，网站又告知小朋，他的“妻子”“儿子”均病重，小朋于是整天愁眉苦脸，无精打采。直到第 18 个星期，网站宣布，因医治无效，他的妻儿双双“去世”，他的婚姻宣告结束！此时的小朋沉浸在痛苦之中，因为太投入，他竟然受不了打击，一病不起。到现在，好好的大学上不了，每天起床要做的第一件事就是到网上的墓地去悼念他的“妻小”，然后垂头丧气，喃喃自语。

案例 3：小朱来自鲁西南的一个贫困农村家庭，2007 年考上济南的一所高校。入校不久，他谈起了恋爱，发生了性关系。几个月后，两人就分手了。小朱尝过了禁果的滋味，失去女友后很是失落，于是经常去网吧。他不玩游戏，不聊天，只上黄色网站。“我越陷越深。每次上黄色网站后都非常自责，害怕被人发现，但很快又会去看”。那段时间，他的脑子里全是色情内容。走在大街上，只要看到年轻漂亮的女性，心里就会产生占有的想法。坐公交车，他喜欢挨着女性，内心充满色情想法。小朱意识到自己的心理已经出现了严重的问题，但又无法摆脱黄色网站的诱惑，内心极为痛苦。

阅读以上三个案例，谈谈它们分别属于哪种网络成瘾？网络成瘾会给大学生学习生活带来哪些消极影响？

活动二：群策群力，预防网瘾有妙招

将全班同学分成若干小组，分组讨论：哪些人容易患上网络成瘾症？并请一些上网高手谈谈他们是怎样较好地发挥网络优势，又巧妙地避免网络成瘾？分享他们的妙招，并加以实践。

活动三：填写我的上网计划单

为了预防自己网络成瘾，你不妨在上网之前填写一张上网计划单，就像预先给自己接种网瘾疫苗一样，有效地调控自己的上网时间。

我的上网计划单

我上网的日期、时间	我上网的目的	我所需浏览的有关网站	阻止上网超时的对策	奖励和惩罚的方法

心灵感悟

一、心语赏析

- 网络是把双刃剑。
- 玩人丧德，玩物丧志。
- 要想自由，必须先有自我；要有自我，必先自主；要有自主，必先自制。

二、心语倾诉

1. 放松训练（同第十章第一节）
2. 闭目吟诵

- 电脑是工具，不是玩具；有志之人用电脑，无志之人玩电脑。
- 明确目的再上网，兴趣多多防网瘾。
- 戒网瘾主要靠的是自己坚强的意志力。

修心践行

一、拟一拟

大家集思广益写一份大学生合理使用网络的倡议书，号召大家积极行动起来，打一场预防网瘾的包围仗。

二、搜一搜

上互联网搜一搜网络成瘾给社会、家庭及自身成长带来危害的真实案例，并打印出来，张贴在教室的学习专栏，促同学警醒反思。

三、测一测

我是一个IAD吗？

以下是美国著名心理学家金伯利·杨教授对网络成瘾的测评方法，由10道问题构成。答一个“是”，得1分，最后得分5分以上（包括5分）为网络成瘾。

1. 你是否对网络过于关注（如：下网后还想着它）？
2. 你是否感觉需要不断增加上网时间，才能感到满足？
3. 你是否难以减少或控制自己对网络的使用？
4. 当你准备下线或停止使用网络时，你是否感到烦躁不安、无所适从？
5. 你是否将上网作为摆脱烦恼和缓解不良情绪（如：紧张、抑郁、无助）的方法？
6. 你是否对家人或朋友掩饰自己对网络的着迷程度？
7. 你是否由于上网影响了自己的学业成绩或朋友关系？
8. 你是否常常为上网花很多钱？
9. 你是否下网时感到无所适从（如：烦闷、压抑），而一上网就来劲？
10. 你上网的时间是否经常比预计的要长？

四、学一学

网络成瘾者的自救方法

1. 自我提醒法

将上网的好处和坏处分别列在一张对称的纸上，按程度轻重排好顺序，每天做思想斗争10~15次，每次4~10分钟，尤其是在瘾发时。也可以将好处和坏处分别贴在显眼的地方，如电脑上、卧室里、门上。每天多时段内默念或大声对自己念上网的坏处。

2. 自我暗示法

如果又有了沉迷网络的念头时，反复自我暗示，如“不行，现在应该学习（工作），等周末再说”“我一定能行”“我一定能戒除”。每当抵制住了诱惑，认真学习（工作），度过了充实的一天后，就进行自我鼓励，如“今天我又赢得了一次胜利，继续坚持，加油”。这样不断强化，形成良性刺激，加强自己的意志，使上网的欲望得到抑制。语言暗示既可通过自言自语，也可将提示语写在日记本上，或贴在墙壁上、床头上，以便经常看到、想到，鞭策自己专心去做。

3. 厌恶疗法

在左手腕戴上粗的橡皮筋，当自己有上网念头时，立即用右手拉弹橡皮筋，橡皮筋回弹便会产生疼痛感，转移并压制上网的念头。拉弹的同时，还要提醒自己，网瘾有危害。

4. 想象满灌法

想象自己上网成瘾后的种种极端后果，如被大家看不起、被别人羞辱、对不起自己的父母、亲人等，想象自己长时间上网后萎靡不振的颓废样子。使自己厌恶“现实自我”的形象，并用“理想自我”激励自己。

5. 转移注意法

在其他活动中寻找快乐，比如听一些优美抒情的音乐，去运动场跑步、打球，做些除了上网以外的业余活动。

6. 规范生活法

打破紊乱的生活节奏，重新规范每天的作息时间，无特殊情况不打破规律，并在最易出现上网行为的时间段安排不同的活动，让更多更有意义的事充实自己的生活，感受生活的乐趣和意义。

7. 系统脱敏法

与家人或是好朋友定出总体计划，由家人或是好朋友监督实施，在两个月内逐步减少上网时间，最终达到偶尔上网或不上网。如原来每天沉迷网络 12 小时以上，则第一周减为 10 小时，第二周 8 小时，第三周 6 小时，第四周 4 小时。自己若能按计划执行则由家人、朋友或是自我给予奖励。做不到时则给予惩罚。

8. 放松训练法

在运用系统脱敏法的过程中，为应对戒网过程中瘾发时出现的紧张、焦虑、不安、气愤等不良情绪，采用肌肉放松法、想象放松法、深呼吸放松法以稳定情绪，振作精神。

第十三章　调适就业心态

第一节　调适择业心理　提高就业能力

心灵故事

没有卖不出去的豆子

曾读过犹太人的一句俗语：没有卖不出去的豆子。是呀，这世上只有卖不出豆子的头脑，没有卖不出去的豆子。

假如豆子真卖不出去，你完全可以把豆子剥成豆瓣，卖豆瓣；如果豆瓣卖不动，就把豆瓣腌了，卖豆豉；如果豆豉还卖不动，那就加水发酵，改卖酱油。

也可以将豆子制作成豆腐，卖豆腐；如果豆腐不小心做硬了，就改卖豆腐干；如果豆腐不小心做稀了，就改卖豆腐花；如果实在太稀了，那就改卖豆浆；如果豆腐卖不动，就放几天，改卖臭豆腐；如果还卖不动，就让它彻底长毛发霉后，改卖腐乳。

还可以让豆子发芽，改卖豆芽；如果豆芽还滞销，就让它长大点，改卖豆苗；如果豆苗还卖不动，就再让它长大点，当盆栽卖，命名为"豆蔻年华"，到城市的各大中小学校门口摆摊，并到白领公寓区开产品发布会，记得这次卖的是文化而非食品；如果还卖不动，建议拿到适当的闹市区进行一次行为艺术创作，主题就是"豆蔻年华的枯萎"，记得以旁观者身份给各个报社打电话报料，如成功，可迅速成为行为艺术家，并以此完成另一种意义上的资本回收，同时还可拿到报社的报料费；如果行为艺术没人看，报料费也拿不到，那就赶紧找块地，把豆苗移栽入土，灌溉施肥，除草培育，几个月后收成，再去市场卖豆子……

豆子都可以有这么多的选择来推销掉自己，一个高职生还怕推销不掉自己！

心海导航

一、高职生择业的心理误区

分析归纳高职生择业方面存在的心理误区，主要有以下几种表现。

1. 择业期望值过高

近年来由于受多种因素的影响和干扰，高职生择业的期望值过高是普遍的心态。90%以上的高职生希望选择效益好、工资高的单位；更多的毕业生要求到发达的大城市工作。这说明高职生对自身在社会中的定位没有正确的认识和分析。在进行个人社会定位时，必须认真考虑自身的知识和能力水平、专业的社会适应性、自身的个性特征等各种综合因素。有些高职生在择业过程中对就业形势和用人单位的需求了解不够，完全按照自己的理想一厢情愿地谋求高薪职位。由于目标不切合实际，在择业过程中屡屡碰壁，结果导致心灰意冷，甚至丧失自信心。某些高职生自恃学有所长，认为“天生我才必有用”，过高地估计自己，在择业时往往以个人的主观择业标准去衡量社会需要，结果常常是高不成低不就。

2. 同伴攀比心理

一些高职生在择业时不是从自身实际出发，而是与同学攀比，特别是看到与自己成绩、能力差不多的同学找到令人羡慕的工作、获得可观的收入时，觉得自己找不到理想职业，很没面子。

3. 消极自卑心理

由于社会上大量博士生、硕士生、本科生的竞争以及社会对职业院校毕业生的偏见，高职生因而产生的自卑心理尤为突出。有自卑心理者可以在求职前进行积极的自我暗示，努力克服自卑心态。

4. 就业盲从和冲动心理

部分高职生不能客观地分析社会的需要，对自己的竞争能力缺乏信心，因而在就业时产生了随波逐流的盲从心理。他们在求职择业时，缺乏信心、瞻前顾后、勇气不足，人云亦云，自己毫无主见。还有的毕业生表现有情绪的极端性，心境受到多重择业因素的困扰，面对现实缺乏应有的冷静和自控能力，情绪急躁，满腹牢骚，求职缺乏计划性，对各种信息常做出不假思索的反应。

5. 思维定式和求稳求全的心理

不少学生择业时希望一步到位，然而只有在工作的过程中才能找到最能发挥自己特长的岗位。因此，“先就业，后择业”能让毕业生在工作过程中逐渐找准自己的职业生涯的发展方向，不必计较跨出校门的第一个台阶有多高，因为很多毕业生都没有社会经验，对自己喜欢什么样的工作环境和岗位都不清楚，要找一份理想的工作是有一定难度的。“专业对口”和“铁饭碗”的思想束缚了毕业生的择业范围，在择业时顾虑重重，思前想后谨慎过头，不敢冒险，缺乏风险意识和风险承受力，妨碍了自我推销的有效展开。

6. 害怕艰苦，盲目追求享受的心理

不少高职生有怕吃苦，盲目追求享受的心理，甚至受社会功利主义的影响，择业时名利心理过重，对金钱和名利的看法出现了偏差，缺乏对自我的客观评价，不考虑新形势下用人单位对专业、能力、层次等方面的要求，盲目追求高待遇。

7. 不注重提高自身素质，热衷于托关系的心理

不少学生有很重的依附心理，不把立足点放在自身努力上，忽视自身素质的培养与提高，而是热衷于托关系，依靠家庭亲友给自己找门路。

8. 过分依赖心理

一些高职生缺乏独立意识，在就业上有过分依赖心理，一是过分依赖学校，不主动寻找工作单位，等着学校给他们介绍单位；二是过分依赖家人和亲友，在各种人才交流会上总是可以看见有些父母陪同子女在用人单位的展位前徘徊。一些高职生过惯了校园生活，对父母和学校的依赖性很强，一旦独立面对社会，面对社会角色的客观要求，面对复杂的社会关系，常常产生逃避心态。因此，很难找到理想的工作。

二、高职生走出择业心理误区

高职生如何走出择业心理误区呢？

1. 要知己知彼

择业是一种双向选择，因此必须正确地评估自己的优势和劣势，明确自己在择业中可接受的范围。同时要全面准确地了解用人单位的用人需求和竞争对手的实力，在知己知彼的情况下去选择职业，就能增加成功的概率。

2. 目标要适中

高职生在择业过程中一定要实事求是地确定择业目标，切不可好高骛远。近几年高职生择业一个明显的特点是向往发达地区、沿海地区和大城市，那些地方因人才集中而很难找到理想的工作。而一些欠发达地区、内陆地区的中小城市或广大农村更需要高职生，高职生在那里往往更受重视，更有用武之地。就我国目前状况而言，只要高职生肯降低择业标准，愿意到艰苦的地方去，就业市场还是十分广阔的。

3. 应有必要的形象设计

处于择业阶段的高职生，都希望能给用人单位留下良好而深刻的印象。这些印象是靠毕业生给用人单位提供的各种信息和自己的实际表现形成的。在不违背事实的前提下，可以通过形象设计和对信息的精心组织，突出自己的特长与优势，给用人单位留下鲜明深刻的良好印象。心理学研究表明，人与人接触的第一印象很重要，如果第一印象搞糟了，以后即使花上几倍的努力都难以挽回。因此，对自己进行适当的包装、修饰，是印象管理的一个重要方面。另外，在求职过程中免不了言语沟通，掌握沟通技巧也是择业不可缺少的准备。总之，预则立，不预则废。这一古训对高职生择业同样适用。

4. 扬长避短策略

扬长避短是任何竞争性活动都必须遵循的原则和必须采用的策略。任何人都有长短优劣，问题在于如何尽最大可能发挥出自己的长处与优势，回避短处与劣势。有长处没有得到发挥或有短处没有得到避免都会对择业有影响。因此，在择业过程中有必要对自己的长短优劣做一番分析，使自己的长处得以充分展现，并根据自己的长处和优势选择职业。

5. 树立自主创业的观念

传统就业观念是从社会提供的各种职业中选择一个适合自己的职业。但作为一个现代高职生，不仅要有多次择业的心理准备，而且要树立自主创业的观念，即职业不仅是可以选择的，而且是可以创造的。高职生已具备相应的知识，在条件许可的情况下完全可以根据市场需要和社会需求创造新的职业。

择业过程是对高职生各种心理品质与整体素质的综合检验，客观认识社会，全面认识自己，积极调适心态，尽快走出择业误区。

三、高职生择业方法及技巧

高职生在择业时，积极的心理准备和心理调适固然重要，但掌握一定的方法与技巧也是必不可少的。

1. 自荐的方法和技巧

高职生为顺利求职，需要通过各种途径和方法正确地宣传、展示和推销自己。自荐在很大程度上决定了能否进一步获得面试的机会，是一次不见面的“面试”。因此，作为高职生要注意以下几个方面。

（1）选择恰当的自荐方式。常见的自荐方式有口头自荐、书面自荐和广告自荐等多种。选择何种自荐方式，对每一位求职者而言，无疑是至关重要的，高职生应当从自身的实际情况出发，选择恰当的自荐方式。对谈吐自如，反应敏捷且具有一口流利普通话的求职者，选择口头自荐，较能发挥自己的优势；能写一手隽秀的字体和漂亮文章的求职者，选择书面自荐更能显示出求职者的魅力。在人才竞争日益激烈的情况下，选择哪种自荐方式还要看用人单位的需要。同时，自荐材料的递送方式也很重要，求职者向用人单位当面呈送自荐材料，可加深用人单位的印象，增强求职成功的可能性。

（2）自荐材料准备充分。自荐材料包括自荐信、个人简历、证明材料和学校推荐表等。自荐材料应当完整齐全。自荐信主要进行自我情况的介绍，展示个人的能力和特点；个人简历主要让用人单位了解自己过去的经历；证明材料是个人所取得的成绩；学校推荐表反映学校对自己的认可情况。自荐材料的准备，一要实事求是，恰如其分；二要突出重点，强调个人的专长和特点；三要文笔流畅，字迹端正；四要措辞谦虚，不用可能引起别人反感的话语。有时，自荐材料用多种文字书写对求职也有帮助。如你在少数民族地区择业，用民族文字和汉语撰写自荐信会取得良好效果，如前往外事、旅游、合资企业工作，可另准备一篇外文自荐信，让用人单位了解你的外文水平。

2. 面试的方法

在择业过程中，用人单位常通过面试来决定是否录用应聘者。面试不仅能考核一个人的综合能力，还可以使招聘者通过观察，了解应聘者是否具备从事某种工作的能力。面试是高职生择业的一个重要环节，应当予以充分重视。

（1）面试的准备。为了面试时能从容应战，高职生在面试前应从三个方面做好准备。

①了解用人单位的情况。大多数招聘者都会提出与本单位有关的问题，因此，求职者对用人单位的情况应有所了解，以缩小双方的距离，增加招聘者对你的好感。在面试前，应通过网络、报纸、电视等媒体或熟人介绍等方式去搜集用人单位的信息，如历史、规模、主要业务、用人特点与要求等，从而在面试时能有的放矢。

②进行模拟问答。用人单位在面试过程中常会提出这样或那样的问题，求职者应对用人单位在面试中可能提出的问题做出预测，并进行模拟问答。招聘者要求回答的问题通常包括四个方面，一是介绍自己；二是选择该单位的理由；三是对时事政策的了解和看法；四是如被录用将以什么样的抱负和姿态投入工作。事先准备好应聘单位可能的问题及其回答，将有助于应聘者在面试中表现出良好状态。

③保持良好的精神状态。在参加面试前要适当放松，调整自己的心态，应注意休息，以便有充沛的精力。

（2）赢得好感的技巧。赢得用人单位的好感也就达到了求职目标的一半，为了赢得用人单位的好感，可从四个方面把握，第一，应聘时着装应整洁大方，干净利落，女同学切忌浓妆艳抹，穿着过分透明或性感的裙装；第二，要充满信心，落落大方，交谈时从容不迫，声音适度；第三，以礼待人，举止得当。在面试场合，无论男生还是女生都不宜将手插进兜里或倒背、叉腰，而吞云吐雾，指手画脚，都不会给人留下良好印象；第四，要注意言语平实、客观，避免锋芒太露、夸夸其谈，回答问题要切题，要注意文明用语，不使用油腔滑调、格调低下的俗话。建立良好第一印象的方法（SOLER）值得重视。S：表示坐或站要面对别人；O：姿势要自然开放；L：身体微微前倾；E：目光前倾；R：放松。

（3）掌握自我介绍的技巧。灵活掌握自我介绍的技巧有利于帮助高职生顺利打开求职的大门。自我介绍时，要积极主动，自信大方；要突出重点，有针对性地强调自己的专业特长、知识面和兴趣爱好；要实事求是，不要文过饰非；要有的放矢，针对用人单位的具体要求来介绍自己的能力。

（4）回答问题的技巧。面试中，掌握答问技巧对应聘者十分重要。回答时要抓住重点，言简意赅、切忌长篇大论，让人不得要领。对招聘者提出的问题不可简单地用“是”或“否”作答，应讲清原因和理由，进行适当的解释。如对招聘者提出的问题一时摸不到边际或难以理解，可陈述自己对问题的理解，待对方确认后，有的放矢，切忌答非所问。回答问题时要有个人独特的见解，但也不必为此而标新立异。面试时遇到自己不知、不懂、不会的问题，不要不懂装懂，牵强附会，应诚恳坦率地承认自己的不足。虚心向对方请教，反而会引起主试的信任和好感。

案例：在上海某单位组织的一次面试中，主考官先后向两位考生提出了同样的问题：“我们单位是全国数一数二的大集团公司，下面有很多子公司，凡被录用的人员都要去基层锻炼，基层条件比较艰苦，请问你们是不是有思想准备？”毕业生 A 说：“吃苦对我来说不成问题，因为我从小在农村长大，父亲早逝，母亲年迈，我很乐意到基层去，只有在基层摸爬滚打才能积累丰富的工作经验，为今后打下基础。”毕业生 B 回答：“到基层锻炼我认为很必要，我会尽力克服一切困难，好好工作，但作为年轻人总希望有发展机会，不知贵公司安排我们下去的时间多长？还有可能上来吗？”结果前一个学生被录用，后一个学生被淘汰。

心随我动

活动一：现场模拟面试

4~6 人一组，轮流进行，分为自我介绍和现场提问两个环节，完全真实模拟企业招聘面试现场。

问题 1：你能为我们公司做些什么？

问题 2：你有什么弱点？请你告诉我你曾经失败的一件事情。

问题3：你在接受别人批评指导时，会不会感到难受或觉得受到伤害？

问题4：哪种类型的领导你最喜欢？

活动二：案例分析

1. 在农村找到人生坐标。

2003年7月，“大学生村干部”计划在鹤壁市全面实施。寿纪红从开封医专毕业，闻讯后，果断地报名参加了县里的选拔考试，当上了小河镇郝村村委主任助理。

任“村干部”后，她发挥医疗专长，组织村里23名青年成立“爱心帮扶队”，为群众义务体检，为贫困户免费送医送药；她组织义务帮扶，捐款捐物，每月义务为60岁以上的老人体检1次；她为养殖户联系专家授课，提供市场信息和致富项目，使全村养殖户发展到220多户，群众年均增收近千元……“农村能锻炼人、造就人，特别是政府出台促进大学生回农村创业、就业的一系列优惠政策，到农村去能学有所用。”寿纪红说，“可以从中获得成就感，体现自己的人生价值，农村是个大舞台，在这里同样可以大有作为！”

【点评】谁说在农村干没奔头？寿纪红便是一个择业农村、创业基层、成才一线的有力注解。人们常说：是金子总会发光，但最重要的观念是，找准自己的定位。

2. 2002年从复旦大学计算机专业毕业的本科生顾澄勇，如今成了“阿强”鸡蛋的年轻负责人之一。从复旦毕业3年多，顾澄勇已慢慢习惯了“小阿强”这个亲热的称呼。

当年决定回乡卖鸡蛋，顾澄勇是经过了深思熟虑的选择。面试了几家软件公司的他发现，自己对在计算机行业里的发展欠缺热情，而对生活了20多年的农村，却有着深厚感情。顾澄勇显示出他理智而富有眼光的一面：在工业、金融业等创业，信息化已经发展得相对成熟了，对一个计算机专业毕业生而言，不可能有太大的发展空间。而农业信息化的发展还是一穷二白，“起点越低越有发展空间”。

于是，顾澄勇做出了一个改变他人生轨迹的决定——回乡、养鸡、卖蛋。慢慢地，他发现农产品发展中的薄弱环节——质量。凭着计算机专业知识，他开始开发鸡蛋质量查询系统。半年后，“阿强”鸡蛋的“网上身份查询系统”研制成功，这在上海农产品中尚属首家。有了“身份证”的鸡蛋销量大增，仅半年时间，“阿强”鸡蛋的销量就比上年同期增长了2.5倍。接着，富有创意的顾澄勇又从包装开始重新打造自家的鸡蛋品牌。之后，小顾又开始生产出附加值高的“阿强头窝鸡蛋”，单凭这一项，一年就可以多赚35万元……一步步走向成功的顾澄勇，用自己的实力，一点点证明着自己当初抉择的正确。

【点评】“起点越低越有发展空间！”顾澄勇的创业路径，又一次验证了老话：机遇总是垂青有准备的人。攻读什么专业、持有何种文凭、来自哪所学校，这些都不重要，重要的是，今天的你，为明天的创业、成才储蓄了什么？

活动三：拟写一份自荐信

假设你向某个机械制造公司人力资源部门领导写一份自荐信，要求择业岗位明确，自身优势突出，态度诚恳，语句通顺，字迹工整。

心灵感悟

一、心语赏析

• 成功者看问题后面的机会，失败着看机会后面的问题，没有一种预言比自己对失败的预言准确。

• 积极的心态是正视社会，适应社会；消极的心态是脱离社会，逃避社会。

• 道路在我脚下，机会在我手中，责任在我肩上。

• 人而无信，不知其可也。

二、心语倾诉

1. 放松训练

指导语：准备好了吗？好，现在深深地吸气，慢慢地呼气，再来一遍，深深地吸气，慢慢地呼气，再来一遍，深深地吸气，慢慢地呼气，好！春天来了，一片鸟语花香的美丽景色，你静静地躺在床上，心情舒适而愉快地享受春天带给你的欢乐与愉悦。一束温暖的阳光暖暖地照在你的头顶，这股暖流从整个头部慢慢地流向你的额头，你紧锁的眉头舒展开了（请你仔细体会一下眉头舒展之后的放松的感觉，你觉得好舒服好轻松），你觉得额头凉丝丝的，脸上的每一块肌肉都特别的放松，你觉得舒服极了。这股暖流从整个头部流到颈部、颈椎，你觉得颈部放松了，颈椎放松了，血液流动非常流畅，慢慢地这股暖流流向你的双肩，你的双肩放松了，每一块肌肉都得到放松，特别地舒展，血液很流畅，暖暖的，非常舒服。这种温暖的感觉流向你的前臂，你的前臂放松了，又慢慢地流向你的小臂，你的小臂放松了，然后顺着你的手掌心慢慢流向你的手指尖，你的手心暖暖的，请你体验一下手心温暖的感觉，非常温暖，非常放松。你再重新体验一下这股暖流从头顶慢慢流向你的双眉、额头、脸部的每一块肌肉都得到了放松，顺着你的颈部、颈椎、双肩一直流向你的手指尖，所有的疲惫都从你的手指尖流走了。

2. 闭目吟诵

• 先就业，后择业，再创业。

• 先做人，后做事，品质改变一切。

修心践行

一、看一看

心理电影《当幸福来敲门》《毕业生》。

视频《马云谈创业》。

二、测一测

你将来适宜选择哪种职业

下列题目共有两组20题，根据你的实际情况，做出“是”或“否”的选择。

第一组

①就我的性格来说，我喜欢同年龄较小而不是较大的人在一起。

②我想我心中的伴侣应该具有与众不同的见解和活跃的思想。

③对于别人求助我的事情，我总乐意帮助解决。

④我做事情考虑较多的是速度和数量，而不是在精雕细琢上下功夫。

⑤总之，我喜欢新鲜这个概念，例如新环境、新旅游景点、新朋友等。

⑥我讨厌寂寞，希望与大家在一起。

⑦我读书的时候就喜欢语文课。

⑧我喜欢改变某些生活惯例，使自己有一些充裕的时间。

⑨我不喜欢那些零散、琐碎的事情。

⑩假如我进入招聘员的经理室，经理抬头瞅了我一眼，说声请坐，然后就埋头阅读他的文件不再理我，可我一看旁边没有座位，这时我没有站在那里等，而是悄悄搬个椅子坐下来等经理说话。

第二组

①我读书的时候很喜欢数学课。

②看了一场电影、戏剧之后，喜欢独自思考其内容，而不喜欢与别人一起讨论。

③我书写整齐清楚，很少写错别字。

④我不喜欢读长篇小说，喜欢读议论文、小品文或散文。

⑤业余时间我爱做智力测验、智力游戏这一类题目。

⑥墙上的画挂歪了，我看着不舒服，总想设法将它扶正。

⑦收录机、电视机出了故障时，我喜欢自己动手摆弄、修理。

⑧我做事情时总希望精益求精。

⑨我对一种服装的评价是看它的设计而不大关心是否流行。

⑩我能控制经济开支，很少有“月初送，月底空”的现象。

评分规则：

选择“是”记1分，“否”不记分，各题得分相加，分别计算两组得分。假设第一组得分为A分数，第二组得分为B分数。你的A分数______。B分数______。

A>B：你的思维活跃，善于与人交往。你喜欢让别人去实现自己的想法，或者与大家共同去实现，适宜你的职业是记者、演员、推销员、采购员、服务员、人事干部、宣传机构的工作人员等。

B>A：你具有耐心、谨慎、肯钻研的品质，是个求精求深的人。适宜选择编辑、律师、医生、技术人员、工程师、会计师、科学工作等职业。

A≈B：你具备AB两类型人的长处，不仅能独立思考，也能处理好人际关系。供你选择的职业包括教师、护士、秘书、美容师、理发师、各类管理人员（科长、厂长、经理等）。

三、品一品

市场说了算

小田曾在一家公司工作，月薪是2000元，后来那家公司倒闭了，他也失业了，只好重新去找工作。可是，找了半年，难以找到同等待遇的工作，只好依然在家里待业，苦闷极了。

父亲没有说什么，要小田跟着去卖一天菜。

父亲在市场上一摆开菜花，就有人问价，父亲说："1块钱一斤。"

中年妇女说："人家的菜花最多9角一斤，你怎么要1块一斤？"

父亲说："我的菜花是全市场最好的。"中年妇女撇撇嘴走了。

他们的菜花确实是全市场最好的，卖1块钱一斤合情合理。可是一连几个人来问过价后，都不买。小田有点儿着急了，就对父亲说："要不，咱们也卖9角钱一斤吧？"

父亲说："急什么？我们的菜花这么好，还怕没人买？"

时间不早了，买菜的人越来越少，别人的菜花大部分都卖完了，剩下没卖的已经降到了6角钱一斤。小田说："我们干脆也卖6角一斤算了。"

父亲说："不行，我们的菜花是最好的。"

中午过后，菜价跌得更厉害。菜花不能隔夜卖，接下来价格跌得更惨，6角、5角、4角，黄昏的时候，有人干脆论堆卖，2块钱一堆。他们的菜花经过一天日晒，早已毫无优势了。天快黑时，一个老头用1块5角钱买走了他们的一大堆菜花。

回家的路上，小田埋怨父亲说："早上人家给9角5分一斤，为什么不卖？"

父亲笑笑说："是呀，那时候出手该有多好，可早上总以为自己的菜花值1块钱一斤，就像你现在总以为自己月薪必须2000元一样。"

第二天，小田就到一家公司去上班了，月薪1000元。

第二节　培养创业素质　提高创业能力

心灵故事

创业风险

郑女士和崔女士同样在市场上经营服装生意，她们初入市场的时候，正赶上服装生意最不景气的季节，进来的服装卖不出去，可每天还要交房租和市场管理费，眼看着天天赔钱。这时郑女士动摇了，她以认赔了3000元钱的价钱把服装精品屋兑了出去，并发誓从此不再做服装生意。

而崔女士却不这样想。崔女士认真地分析了当时的情况，觉得赔钱是正常的，一是自己刚刚进入市场，没有经营经验，抓不住顾客的心理，当然应该交一点学费；二是当时正赶上服装淡季，每年的这个季节，服装生意人也都不赚钱，只不过是因为他们会经营，能够维持收支平衡罢了。而且，崔女士对自己很有信心，知道自己适合做服装生意。果然，转过一个季节，崔女士的服装店开始赚钱。三年以后，她已成为当地有名的服装生意人，每年有 8 万元的红利。而郑女士在三年内改行几次，都未成功，仍然穷困潦倒，一筹莫展。

创业有风险，入市需谨慎，你准备好了吗？

心海导航

国家《面向 21 世纪教育振兴行动计划》明确提出要“加强对老师和学生的创业教育，鼓励他们自主创办高新技术企业”，党的十七大报告提出“实施扩大就业的发展战略，促进以创业带动就业”。创业已经成为时代的要求，加强创业教育已经成为现代教育发展和改革的新趋势。

一、高职生创业现状

《2017 年中国大学生就业报告》（以下简称《报告》）数据显示，大学生毕业即创业比例连续 5 年上升，从 2011 届的 1.6%上升到 2015 届的 3.0%。通过对毕业半年后创业人群的风险因素研究，《报告》发现，2011 届到 2015 届连续 5 年的大学生创业者都认为“缺少资金”“缺乏企业管理经验”“市场推广困难”是可能导致创业失败的三大风险，其中“缺少资金”稳居三大风险中的第一位。

据调查常州大学城 5 所高职院校学生的结果显示：有近七成的高职生表示有创业意向，其中男生和工科生的创业意向均达到 80%，可见，高职生对创业有着浓厚的兴趣和极大的热情。男生的创业比例要显著高于女生，工科生的创业比例要显著高于其他学科背景的学生，个人和父母有创业经历的创业比例要高于其他学生，父母从事企业主和私营个体户职业的创业比例要高于其他学生。

目前，高职院校创业教育中主要缺乏专业教育与创业教育的融合。创业前接受创业培训、参加创业社团活动有利于高职生创业，所学专业与创业之间存在一定关系，高职生对学校创业教育的期待主要体现在学生创业精神、创业意识培养、创业课程中创业者所具备知识、能力和素质的培养以及创业模拟训练（创业园）的建立。

二、高职生创业所必须具备的创业素质

创业专家通过对上千案例的研究，发现成功创业者具有多种共同的特性，创业专家从中提炼出最为明显，同时认为是最为重要的 8 种，将其称之为中国创业者 8 大素质。

1. 欲望

将欲望列在中国创业者素质的第一位，你是不是觉得很奇怪？佛经上有一句话，叫作无欲则刚，意思是说，一个人如果没有什么欲望的话，他就什么都不怕，什么都不必怕了。和尚在寺院里修炼一辈子，末了没有一个不想上西天的；道士整日闭关打坐，末了没有一个不想白日飞升的。可见虽然无欲则刚，但要做到无欲是一件多么困难的事。

欲，实际就是一种生活目标，一种人生理想。创业者的欲望与普通人欲望的不同之处在于，他们的欲望往往超出他们的现实，往往需要打破他们现在的立足点，打破眼前的樊笼才能够实现。所以，创业者的欲望往往伴随着行动力和牺牲精神。这不是普通人能够做得到的。你到任何一个政府机关门口一站，都可以发现那样一种人，他们表情木然，行动萧索，心态落寞，他们唯一的心愿，就是眼前的局面能够维持。他们祈愿的就是机构改革千万不要改到自己的身上，再就是每月工资能够按时足额发放。他们本来是有足够的学识，有足够的能力以及资源来开创一番事业的，却没有这样的欲望，他们觉得眼前的生活就足够好。这些人并不限于机关，任何一个有人群的地方都有这样的人，你如何能够指望他去创业？

我们说的创业者的欲望是不安分的，是高于现实的，需要踮起脚才能够得着，有的时候需要跳起来才能够得着。一个人的梦想有多大，他的事业就会有多大。所谓梦想，不过是欲望的别名，你可以想象欲望对一个人的推动作用有多大。

2. 明势

明势的意思分两层，作为一个创业者，一要明势，二要明事。我们先来说明势。

势，就是趋向。做过期货的人都知道，要想赚钱关键是要做对方向，这个方向就是势。比方说，大势向空，你偏做多；或者大势利多，你偏做空，你不赔钱谁赔钱！反过来说，你就是不想赚钱都难。

势分大势、中势、小势。创业的人，一定要跟对形势，要研究政策。这是大势。很多创业者是不太注意这方面工作的，认为政策研究假、大、虚、空，没有意义。实则不然。对一个创业者来说，大到国家领导人的更迭，小到一个乡镇芝麻小官的去留，都会对自己有影响。在政策方面，国家鼓励发展什么，限制发展什么，对创业之成败更有莫大关系。做对了方向，顺着国家鼓励的层面努力，可能事半功倍；做反了方向，比如说，某个行业、某类型企业，国家正准备从政策层面进行限制、淘汰，你偏赶在这时懵懵懂懂一头撞了进去，一定会鸡飞蛋打。

中势指的就是市场机会。市场上现在时兴什么，流行什么，人们现在喜欢什么，不喜欢什么，可能就表明了你创业的方向。假如你准备创业，而你的资金不足，经验又不够，那么，你可以看看周围的人都在做什么，大家一起做的，你跟着做，一定没有错。虽然不可能赚到大钱，但赔本的机会也少，风险也小，较适合于那些风险承受能力较弱的创业者。能赚平均利润，对于小本经营的创业者就不错了。通过这样的锻炼，可以慢慢学习赚大钱的本领，慢慢积累赚大钱的资本，一旦机会来临，是龙翔九天，还是凤舞岐山，还不是由你说了算？假如你的本钱雄厚，风险承受能力强，你当然可以从创业伊始就去剑走偏锋，寻冷门，赚大钱，只是这样的创业者不多。

小势就是个人的能力、性格、特长。创业者在选择创业项目时，一定要找那些适合自己能力，契合自己兴趣，可以发挥自己特长的项目，这样才有利于你做持久性的全身心的投入。创业是一项折磨人的活动，创业者要有受罪的心理准备。

明势的另一层含义，就是明事，一个创业者要懂得人情事理。老话说：世事洞明皆学问，人情练达即文章。创业的首要目的是为了合理合法地赚钱，不是为了改造社会。改造社会是等你发达以后，还需要你有那样的兴趣。创业更不是为了要跟谁赌气，非要让对方觉得你这个人如何如何，你才觉得心里舒服，你那是自己为自己设绊。

创业是一个在夹缝里求生存的活动，尤其处于社会转轨时期，各项制度、法律环境都不十分健全，创业者只有先顺应社会，才能避免在人事关节上出问题。作为对照，很多原先很牛气的外资企业，认为本地人才这样不行，那样不行，只有外来和尚才能念好经，现在也都认识到了人才本地化的重要性。人才为什么要本地化？因为本地的人才更熟悉本地的情况，能够按照本地的规矩做事，也就是说更能入乡随俗。创业者一定要明势，不但要明政事、商事，还要明世事、人事，这应该是一个创业者的基本素质。

3. 敏感

敏感不是神经过敏。神经过敏的人，像琼瑶小说里的那些角色，可以当花瓶，可以做茶余饭后的消遣，唯独不适合创业。

创业者的敏感，是对外界变化的敏感，尤其是对商业机会的快速反应。

一些人的商业敏感来自耳朵，一些人的商业敏感来自眼睛，还有一些人的商业敏感来自于自己的两条腿。

北京人说一个人不懂事，会说他没有眼力见儿，意思是看不出好歹。其实，面对每天在眼前溜来溜去的商业机会，有几个人是有眼力见儿的？

有些人的商业感觉是天生的，如胡雪岩，更多人的商业感觉则依靠后天培养。如果你有心做一个商人，你就应该像训练猎犬一样训练自己的商业感觉。良好的商业感觉，是创业者成功的最好保证。

4. 人脉

创业不是引无源之水，栽无本之木。每一个人创业，都必然有其凭依的条件，也就是拥有的资源。一个创业者的素质如何，看一看其建立和拓展资源的能力就可以知道。

创业者资源，可分为外部资源和内部资源两种。内部资源主要是创业者个人的能力，其所占有的生产资料及知识技能，也就是人们通常所说有形资产及无形资产，只不过这种有形资产和无形资产属于个人罢了。创业者的家族资源也可以看作创业者内部资源的一部分。拥有一份良好的内部资源，对创业者个人来说无疑是重要的，但因为其中大部分不是通过创业者个人努力获取，而是自然存在的，具有天然属性，我们在此不作重点讨论。

我们希望在此讨论的是创业者外部资源的创立。其中最重要的一点是人脉资源的创立，即创业者构建其人际网络或社会网络的能力。一个创业者如果不能在最短时间之内建立自己最广泛的人际网络，那他的创业一定会非常艰难，即使其初期能够依靠领先技术或者自身素质，比如吃苦耐劳或精打细算，获得某种程度上的成功，我们也可以断言他的事业一定做不大。

创业者人际资源，按其重要性来看，第一是同学资源。实际上，同学之间本来就有守望相助的义务，在现今这个时代，带着商业或功利的目的走进学堂，也并没有什么不妥当。同学之间因为接触比较密切，彼此比较了解，同时因为少年人不存在利害冲突，成年人则大多数从五湖四海走到一起，彼此也甚少存在利害冲突，所以友谊一般都较可靠，纯洁度更高。对于创业者来说，是值得珍惜的重要的外部资源之一。与同学相似的，是战友；可以与同学和战友相提并论的是同乡。共同的人文地理背景，使老乡有一种天然的亲近感。

第二是职业资源。对创业者来说，效用最明显首推职业资源。所谓职业资源，即创业者在创业之前，为他人工作时所建立的各种资源，主要包括项目资源和人际资源。充分利用职业资源，从职业资源入手创业，符合创业活动不熟不做的教条。尤其是在国内目前还没有像美国或欧洲国家一样，普遍认同和执行竞业避止法则的情况下，选择从职业资源入手进行创业，已经成为许多人创业成功的捷径和法宝。

第三是朋友资源。朋友应该是一个总称。同学是朋友，战友也是朋友。老乡是朋友，同事一样是朋友。一个创业者，三教九流的朋友都要交，谈得来，交得上，就好像十八般兵刃，到时候说不定就用上了。朋友犹如资本金，对创业者来说是多多益善。在家靠父母，出门靠朋友，多一个朋友多一条路是至理名言。一个创业者如果不能交朋友，没有几个朋友，肯定只有死路一条。创业专家认为，人际交往能力应列在创业者素质的第一位。很多创业者最初的创业主意是在朋友启发下产生，或干脆就是由朋友直接提出的。所以，这些人在创业成功后，都会更加积极地保持与从前朋友的联系，并且广交天下友，不断地开拓自己的社交圈子。

创业专家奉劝创业者，有空一定要到处走一走，多和朋友谈一谈天，多阅读，多观察，多思考。机遇只垂青有准备的头脑，让自己眼界大开就是最好的准备。

5. 谋略

创业是一个斗体力的活动，更是一个斗心力的活动。创业者的智谋，将在很大程度上决定其创业成败。尤其是在目前产品日益同质化，市场有限，竞争激烈的情况下，创业者不但要能够守正，更要有能力出奇。

说到钻空子，商人的天性就在于找空子、钻空子。有人钻空子不奇怪，如果眼见着空子在那里没有人去钻，那才是奇怪的事情。谈到空手套白狼，哪一个白手起家的创业者不需要经过一个空手套白狼的阶段呢？空手而能套到狼，不是智慧又是什么呢？

谋略或者说智慧，时时贯穿于创业者的每一个创业行动中。谋略，说白了就是一种思维的方式，一种处理问题和解决问题的方法。对于创业者来说，智慧不分等级，它没有好坏、高明不高明的区别，只有好用不好用、适用不适用的问题。当年谢圣明带着红桃 K 一帮人，在农村的猪圈、厕所上大刷广告时，遭到了多少人的嘲笑。但是，如今在猪圈上刷广告的谢圣明已经成为亿万富翁，而当年那些讪笑他的人呢，当年怎样贫穷，如今依然怎样贫穷。我们归结创业者智慧，即不拘一格，出奇制胜。作为创业者，你的思维是否至今依然因循守旧？

6. 胆量

问一个问题：什么样的人最适合创业？答案是：赌徒。道理很简单，创业本身就是一项冒险活动。赌徒最有胆量，敢下注，想赢也敢输。所以，他们最适合创业。科学研究发现，赌徒的心理承受能力远远强过普通人，而创业正是最需要强大心理承受能力的一项活动。

创业专家在研究中发现，大凡成功人士都有某种程度的赌性，企业界人士尤然。很多创业者在创业的道路上，都有过惊险一跳的经历。这一跳成功了，功成名就，白日飞升；要是跳不成，就只好等着凤凰涅槃了。

创业需要胆量，需要冒险。冒险精神是创业家精神的一个重要组成部分，但创业毕竟不是赌博。创业家的冒险，迥异于冒进。有一个故事：一个人问哲学家，什么叫冒险，什么叫冒进？哲学家说，比如有一个山洞，山洞里有一桶金子，你进去把金子拿了出来。假如那山洞是一个狼洞，你这就是冒险；假如那山洞是一个老虎洞，你这就是冒进。这个人表示懂了。哲学家又说，假如那山洞里的只是一捆劈柴，那么，即使那是一个狗洞，你也是冒进。这个故事什么意思？它的意思是说，冒险是这样一种东西，你经过努力，有可能得到，而且那东西值得你得到。否则，你只是冒进，死了都不值得。创业者一定要分清冒险与冒进的关系，要区分清楚什么是勇敢，什么是无知。无知的冒进只会使事情变得更糟，你的行为将变得毫无意义，并且惹人耻笑。

7. 与他人分享的愿望

作为创业者，一定要懂得与他人分享。一个不懂得与他人分享的创业者，不可能将事业做大。美国心理学家马斯洛有个需要层次理论，说人按层次一共有五种需要，第一是生存需要，第二是安全需要，第三是社交需要，第四是尊重需要，第五是自我实现需要。这五种需要具体到企业环境里，具体到公司员工身上，就是需要老板与员工共同分享。当老板舍得付出，舍得与员工分享，员工的生存需要、安全需要、尊重需要就从老板这里都得到了满足。员工出于感激，同时也因为害怕失去眼前所获得的一切，就会产生自我实现的需要。通过自我实现，为老板做更多的事，赚更多的钱，做更大的贡献，回报老板。这样就构成了一个企业的正向循环、良性循环。这应该是马斯洛理论在企业层面的恰当解释。

做生意的人都会算账，只不过有些人算的是大账，有些人算的是小账。算大账的人做大生意，做大生意人；算小账的人永远只能做小生意，做小生意人。

分享不仅仅限于企业或团队内部，对创业者来说，对外部的分享有时候同样重要。分享不是慷慨，对创业者来说，分享是明智。

8. 自我反省的能力

反省其实是一种学习能力。创业既然是一个不断摸索的过程，创业者就难免在此过程中不断地犯错误。反省，正是认识错误、改正错误的前提。对创业者来说，反省的过程，就是学习的过程。有没有自我反省的能力，具不具备自我反省的精神，决定了创业者能不能认识到自己所犯的错误，能不能改正所犯的错误，是否能够不断地学到新东西。

心随我动

活动一：案例分析

1. “全国大学生创业第一人”李玲玲女士表示，自己初次创业失败最大的障碍在于人际关系的处理不当。因此，创业之前，建议年轻人不妨好好向下面几位“神仙”学一学，从打造良好的管理者心态做起：第一位，弥勒佛，既有乐观态度，又有积极思想；第二位，苦行僧达摩，既有吃苦精神，又能苦中作乐；第三，观音菩萨，既能有求必应，又能公事公办；第四，如来佛祖，既能掌控大局，又能让人心服。

问：你的人际沟通能力怎样？如何建立自己的人际关系网？

2. 适应变化，永远保持新鲜“奶酪”。2001年，一本由斯宾塞·约翰逊写的小书在全球销量超过两千万册，书名是“谁动了我的奶酪”，讲述了两个小人哼哼与唧唧、两只小老鼠嗅嗅与匆匆的故事，核心观点是：变化总是在发生，既要预见变化又要追踪变化，要尽快适应变化并做积极的改变，尝试冒险并享受变化！记住：适应变化与享受变化！

问：创业者应怎样对待事物的变化？

3. 五种心态你做不了老板。一是没有做老板的野心。表现在只会满足现有状况干好、过好，不满足现状的也只是想换个好工作而已；二是没有做老板的狠心。表现在处置事情过于柔弱，同情心太多，儿女情长太重，是个典型的“宁可负我，不可负人”的大好人；三是没有做老板不择手段的决心。表现在处事呆板，过于传统，所谓违背自己良心的事绝对不敢做；四是没有做老板的冒险心。表现在怕失败，怕犯错误，怕血本无归，更怕受挫折后无颜面对现实；五是没有做老板赚钱的苦心。表现在不懂得一点一滴的积攒，不懂得一分钱如何掰开做两分钱用，手头里的那点钱只要能过日子就行。

问：创业者应有怎样的素质？

活动二：名言启示

美国潜能成功学家罗宾说：“面对人生逆境或困境时所持的信念，远比任何事都来得重要。”这是因为，积极的信念和消极的信念直接影响创业者的成败。

美国成功学学者拿破仑·希尔关于心态的意义说过这样一段话：“人与人之间只有很小的差异，但是这种很小的差异却造成了巨大的差异！很小的差异就是所具备的心态是积极的还是消极的，巨大的差异就是成功和失败。”

德国人爱说的一句话是“即使世界明天毁灭，我也要在今天种下我的葡萄树”。

问：创业者应有怎样的信念？

心灵感悟

一、心语赏析

• 一个企业家要耐得住寂寞，耐得住诱惑，还要耐得住压力，耐得住冤枉，外练一层皮，内练一口气，这很重要。武林高手比的是经历了多少磨难，而不是取得过多少成功。

——马云

• 任何时候做任何事，订最好的计划，尽最大的努力，作最坏的准备。　　——李想

二、自我诵读

1. 放松训练（同上节）

2. 闭目吟诵

• 创业，机会很重要，但机会往往青睐有准备的人。

• 失败对创业者来说是一笔财富，只有小的失败才能积累大的成功。

修心践行

一、唱一唱

《永不放弃》。

二、看一看

电影《奔腾年代》。

电影《李时珍》，其中有这样一首主题歌：“身如逆流船，心比铁石坚，望父全儿志，至死不畏难。”

三、品一品

过来人给创业者的 11 条创业箴言

1. 创业是条不归路。
2. 创业总是孤独的。
3. 创业需要执行力。
4. 创业需要精明的头脑和策划能力（随机应变，用有限的资源做无法想象的事情）。
5. 创业者需要勇于面对变化（凡事要有 a 计划，还要有 b 计划）。
6. 创业者认为一切皆有可能（敢想，敢干，敢闯）。
7. 创业者注重细节，成败在细节（每一个步骤都很重要）。
8. 创业者必须有强壮的体魄。
9. 创业者必须相信自己（信念非常重要）。
10. 创业者必须坚持到底永不放弃（面对的困难很多，但是不可轻易放弃）。
11. 创业者的底线，活着就有机会和希望（活着，你才有机会逃出去）。

第十四章　学会感恩互助

第一节　怀感恩心　做感恩事

心灵故事

朋友的巴掌与帮助

有两个人在沙漠中行走，他们是很要好的朋友，在途中不知道什么原因，他们吵了一架，其中一个人打了另一个人一巴掌。那个人很伤心很伤心，于是他就在沙里写道：“今天我朋友打了我一巴掌”，写完后，他们继续行走。他们来到一块沼泽地里，那个人不小心踩到沼泽里面，另一个人不惜一切拼了命地去救他，最后那个人得救了，他很高兴很高兴，于是拿了一块石头，在上面写道：“今天我朋友救了我一命”。朋友一头雾水，奇怪地问：“为什么我打了你一巴掌，你把它写在沙里，而我救了你一命，你却把它刻在石头上呢?”那个人笑了笑，回答道：“当别人对我有误会，或者有什么对我不好的事，就应该把它记在最容易遗忘、最容易消失不见的地方，由风负责把它抹掉。而当朋友有恩于我，或者对我很好的话，就应该把它记在最不容易消失的地方，尽管风吹雨打也忘不了。”

同学们，父母的养育之恩，师长的教导之恩，朋友的关怀帮助之恩，为我们提供稳定和美好生活的祖国之恩，成为我们生命的滋养和回报的对象。

心海导航

一、感恩的含义及内涵

1. 感恩的含义

《现代汉语词典》的解释：对别人所给的帮助表示感激。牛津英语大辞典把感恩定义为：感谢的特质或状态；收到对方善心的一种温暖的感觉，并愿意做一些回报。也有人将感恩理解为对世间所有人、所有事物给予自己的帮助表示感激，铭记在心并乐于把得到好处的感激呈现出来且回馈他人或社会。感恩是一种美德，促使社会更加美好的元素之一，而且发生在特殊情境之中，涵盖情绪、行为倾向等层面。在思想长河中，感恩的思想早已透过哲学的探索、宗教的熏陶，根植人心。感恩是一种处世哲学，是生活中的大智慧。但在心理学研究中，感恩只有近二十年的历史，在理论方面还有待完善。

2. 感恩的内涵

（1）感恩态度。包括认知因素、情感因素、意志因素的感恩内在心理状态。

①感恩的认知层面（知）：一是从消极经验中发现“非预期的得到”的认知信念；二是对积极经验“不视为理所当然”的认知经验；②感恩的情感层面（情）：感恩的情绪感受经验之密度、广度与频率；③感恩的意志层面（意）：对给予者或他人回馈的行为意向（动机）。

（2）感恩行为。感恩的外在行为表现，即对给予者或他人回馈的行为表现。

3. 与感恩相对的心理现象

（1）与感恩相对的“情感冷漠症”。“情感冷漠症”通常有两种病态反应，一种是“生理性”的，表现为对情感欠缺反应，迟钝，对人或事无兴趣，无责任感，不会关心人，不喜与人打交道，即使与自己最亲近的家人，也无法与之建立真实的、更深刻的情感依赖。这种生理冷漠的人天生皮肤温度低，心跳速度慢；另一种则是极端虐待狂式的，以折磨和杀人为主要行为，对自己的行为无羞耻感，无道德感，表现为明显的反社会人格障碍。

（2）贝勃定律。贝勃定律表明的是一个社会心理学效应，当人经历过强烈的刺激，之后施予的刺激对他来说也就变得微不足道。亲人朋友因长期相处在一起，或长期接受对方的关心，于是便对对方的关爱习以为常了，觉得理所当然，而且期望值会不断增高。有时他们少了一丝关爱，我们甚至会恶言相向。对于陌生人，我们没有抱着多大的期望，因此，他们的一点点帮助，我们都感动不已。高职大学生在接受父母与朋友的关心时要警惕这种心理，不要只习惯性接受爱，习惯性地要求别人对自己如何如何，接受关怀与帮助时要懂得感激与回报，并能主动关怀他人。在这世上，没有人欠你的。付出比得到更快乐、更健康。

二、感恩的意义

（1）感恩可以有效预测人们的生活满意度、活力、幸福感和乐观性。感恩与一些人格特质如积极情感、幸福感、亲社会特质、非物质主义的态度呈显著正相关，与抑郁、嫉妒、神经症呈显著负相关。处于感恩心境的人有较高的主观幸福感、较多的亲社会行为。感恩练习作为积极心理干预手段，有助于个体构建持续的生理、智力以及人际资源，能提高个体幸福感水平。

（2）感恩是一种道德情感，是道德的“晴雨表”“原动力”和“强化物”。任现品博士认为：“感恩意识是指人们感激他人对自己所施的恩惠并设法报答的心理要求，是一种普遍存在于人类社会中的行为规范，也是任何文化公认的基本道德律。”

（3）感恩是一种美好、慷慨、优雅的人类行为与感情。感恩导致幸福、宁静、人际关系的满意感、同情、自豪、希望，甚至身体健康。不止如此，感恩还使我们具有责任感与义务感。感恩的前提是受恩，受恩即当回报，这种回报的情感会使一个人忘记个人的利益、不计施恩的成本，他感觉到了回报之必须，爱与关怀的责任性和义务性。“我们对先人追思的精神意义完全可以从感恩的角度进行诠释。”我国著名积极心理学博士刘翔平指出。

（4）感恩是积极向上的思考和谦卑的态度，它是自发性的行为。当一个人懂得感恩时，便会将感恩化做一种充满爱意的行动，实践于生活中。一颗感恩的心，就是一颗和平的种子。因为感恩不是简单的报恩，它是一种责任、自立、自尊和追求一种阳光人生的精神境界！感恩是一种处世哲学，感恩是一种生活智慧，感恩更是学会做人，成就阳光人生的支点。

三、高职生感恩意识缺失的原因

1. 缺乏对父辈辛勤培养和教育的怜悯之心

高职生的整体素质是积极、健康的，但有些共性问题仍然值得深思和探讨。当前部分高职大学生与父母联系的主要动机是要钱，仅少数学生记得父母的生日。一些大学生以自我为中心，把父母为其所做的一切看作是天经地义。只注重自己的感受，不懂得体谅父母的辛劳，肆意挥霍父母的血汗钱，养成了唯我独尊、骄横任性的坏习惯。这种与主流价值观偏离的忘恩情绪，正成为部分高职院校里的一股暗流。

2. 中学时期过分追求升学率，道德教育缺失

尽管国家一直在大力提倡素质教育，但迫于高考的压力，从小学到高中，老师和家长都把孩子的学习看作第一要素，始终将考试成绩作为衡量孩子是否成才的重要砝码。同时，近年来，由于大力推行的计划生育政策，很多家庭都是独生子女，过于溺爱，不少父母都在外面务工，很多中小学生都是留守子女，这都是十分严重的社会现实。学校教育和家庭教育缺乏沟通和互补，逐渐导致德育养成的关键时期教育和引导缺失。部分中学教师也感觉教育的压力太大，有时候部分家长也缺乏对教育工作者的体谅和沟通，这些因素都直接影响了对大学生早期的德育的养成和培育。

3. 社会责任感淡薄，缺乏自立、自强、自尊的意识

当前部分高职生由于受到后天教育和当代社会的影响逐渐形成了一种社会责任感淡薄、缺乏自立、自强、自尊的意识状态，形成了他们“事不关己，高高挂起”“有回报才奉献”等心态，造成了不少负面效应。现在部分高职生在择业时希望在大中城市工作，不愿到祖国最需要的艰苦的地方、边远的山区和基层去，缺乏艰苦创业的心理准备，渴望一蹴而就。一部分高职生毕业之后，因主客观原因，没有获得满意的工作岗位或者害怕进入激烈的就业市场而退出就业，消极待业或埋怨父母。这些现象的产生与感恩意识缺乏息息相关。

四、培养和提升高职生感恩意识的途径

感恩教育实际上是通过教育让学生发现生活中人、事、物的美好和价值，唤起学生对自然、社会和他人的一种认同和感激，形成和提高学生的道德认知情感和行为的教育活动。

1. 帮助大学生牢固树立科学的世界观、人生观和价值观

当前社会瞬息万变，很多大学生极易在当前错综复杂的形势下迷失方向，只有树立正确的三观，才能不断提高自身的是非鉴别能力，增强抵御不良诱惑的免疫力，培养和提升高职学生的感恩意识。

2. 弘扬优秀传统文化，加大感恩文化教育

我国传统文化十分强调恩义、亲情，强调知恩图报，我国有不少充满感恩情怀的佳句，至今仍广为流传。继承和发扬这些优秀的传统文化能为大学生感恩教育的开展提供深厚的土壤。

3. 学校作为感恩教育的主渠道，引导高职生于真实生活实践中感恩

感恩教育是一项复合工程，学校虽作为感恩教育的主要渠道，但仅靠学校自身的力量是远远不够的，家庭、社会各方面都应当承担起相当的责任，以形成协调一致的教育网络。学校可以以母亲节、教师节、感恩节为契机，开展各种体谅父母的艰辛、感谢老师的教诲以及回报社会等活动，在校园内营造浓厚的感恩氛围。在各个传统的节日、特别是如传统中秋佳节之时，要求学生必须给家里打电话；在春节前，要尽力帮助家中的父母做力所能及的家务劳动，必须积极主动地与父母聊天和汇报学习生活情况，在春节过后将春节的体会和感悟当作思想汇报交上来，并在班级周会上进行交流。这样就能将感恩教育还原于真实的生活中，通过学生的切身体验在生活中感恩。

4. 引导大学生正确看待社会负面现象，培养高职生良好的系列素质与道德品质

目前，社会或生活中出现的某些不公平或者负面现象成为感恩意识教育中的一大障碍。当高职生看到这些现象时，可能会在心中形成一种负面心态。这就必须教育高职生应心怀仁爱，关爱社会，不仅要批评社会负面现象，更重要的是要建设性地推动社会发展，积极鼓励、支持和宣传社会正面典型。

感恩对于个体幸福感具有独特的预测作用，中介模式和调节模式两种理论对其影响机制进行了解释。感恩干预可有效增加个体的感恩水平，进而提升幸福感，其策略主要包括感恩记录、感恩沉思和表达感恩行为等。

心随我动

活动一：是什么让我们淡漠了亲情

一个女孩和母亲吵架赌气离家。在外逛了一天，直到肚子很饿了，她才来到一个面摊，却发现忘记带钱了。好心的面摊老板免费煮了一碗面给她。女孩感激地说：“我们又不认识，你就对我这么好！可是我妈妈，竟然对我那么绝情……”面摊老板说：“我才煮一碗面给你吃，你就这么感激我，你妈帮你煮了十几年饭，你不是更应感激吗？”女孩一听，整个人愣住了！是呀，妈妈辛苦地养育我，我非但没有感激，反而为了小小的事，就和她大吵一架。女孩鼓起勇气，往家的方向走，快到家门时，她看到疲惫、焦急的母亲正在四处张望。妈妈看到女孩时，忙喊：“饭都已经做好，快回去吃，菜都凉了！”此时女孩的眼泪夺眶而出……

思考：为什么对陌生人的一点帮助，我们就感激不已，而对亲情的关爱却淡漠呢？

活动二：联系生活，自主探索

1. 现场调查，你与父母交往过程中有没有以下情况出现？

（1）经常与父母顶嘴。

（2）我从来不向父母倾诉心中困扰。
（3）当我伸手向父母要钱时，我不考虑父母的经济支付能力。
（4）我有时可以两三天甚至更多天不理睬父母。
2. 你认为彼此之间发生冲突的原因主要是什么？你们认为解决冲突最好的办法是什么？

活动三：我的亲情账单

某所大学，在新生入学的时候，要求新生家长与新生一起完成三个账单。其中一张是要求家长计算一下孩子从出生到大学毕业的抚养费用与教育投入。调查统计了解到：家长为孩子支付的生活费、医疗保险费、教育费算下来少则 10 余万元，多则 30 余万元。

今天，我们来算算自己上大学的经济成本，懂得父母的不易。

1. 算算你上大学一年的经济成本。(填下表)

项目	需花费资金（一年）
学费	
书费（资料费）	
住宿费	
吃饭费用	
服装费用	
娱乐费（请客吃饭、出去玩等）	
上网费	
手机费	
其他费用	
总计	
每月花费（按 12 月算）	

2. 计算大学几年的总消费量（总计×3 年）。
3. 预计自己毕业后可能赚到的一个月工资额。
4. 计算需要用多长时间才能回报父母。
5. 了解父母在家的每月花费，和自己的在校每月花费进行对比。
6. 小组分享计算过“大学经济成本”后的感受。

心灵感悟

一、心语赏析

- 不当家不知柴米贵，不养儿不知报母恩。——中国谚语
- 没有感恩就没有真正的美德。——卢梭
- 如果一个人身受大恩而后来又和恩人反目的话，他要顾全自己的体面，一定比不相

干的陌路人更加恶毒，他要证实对方罪过才能解释自己的无情无义。——萨克雷

- 生活需要一颗感恩的心来创造，一颗感恩的心需要生活来滋养。——王符

二、心语倾诉

1. 呼吸放松法

舒服地坐在座位上，双目微闭，排除杂念，意念集中，进行深呼吸。通过鼻孔慢慢将气吸入，使腹部鼓起来，吸足后再缓缓用嘴和鼻孔同时将气呼出。练习3~5次。

2. 闭目吟诵

感激伤害你的人，因为他磨炼了你的心志。
感激欺骗你的人，因为他丰富了你的智慧。
感激蔑视你的人，因为他觉醒了你的自尊。
感激绊倒你的人，因为他强劲了你的双腿。
感激遗弃你的人，因为他教会了你该独立。
凡事感激，感激一切让你成长的人。

修心践行

一、读一读

《朱子家训》《菜根谭》等书籍。

二、看一看

电影《放牛班的春天》。

三、感恩行动

在美国每年11月的第四个星期四是感恩节，其实每天都是感恩的日子。请积极行动起来，用你的方式向父母、亲戚朋友、老师、同学等表达一下你的感恩之情。

四、学会理解与宽容，有助于感恩

仇恨袋

古希腊神话里有一则“仇恨袋”的故事，说的是一个威风凛凛的大力士名叫赫格利斯，从来都是所向披靡，无人能敌。有一天，他行走在一条狭窄的山路上，突然一个趔趄，险些摔倒。定睛一看，原来脚下躺着一只袋囊。他猛踢一脚，那只袋囊非但纹丝不动，反而气鼓鼓地膨胀起来。赫格利斯恼怒了，挥起拳头又朝它狠狠地一击，但它依然如故，还迅速地胀大着。

赫格利斯暴跳如雷，拾起一根木棒朝它砸个不停，但袋囊却越来越大，最后将整个山道都堵的严严实实。赫格利斯累得气喘吁吁躺在地上，气急败坏却又无可奈何。

一会儿，走来一位智者，见此情景，暗自发笑。赫格利斯懊恼地说：“这东西真可恶，

存心跟我过不去，把我的路都给堵死了。”智者淡然一笑，说：“朋友，它叫‘仇恨袋’。当初，如果你不睬它，或者干脆绕开它，它就不会跟你过不去，也不至于把你的路给堵死了。”

人生在世，人与人之间的摩擦、误解和恩怨总是在所难免，如果肩上扛着“仇恨袋”，心中装着“仇恨袋”，生活只会是如负重登山，举步维艰。最后，只会堵死自己的路。因此，放下误解、仇恨，学会理解、宽容，我们的生活将变得更和美好。

第二节　助人也就自助

心灵故事

天堂与地狱的故事

一位行善的基督徒，临终后想看看天堂与地狱究竟有何差异。于是，天使就先带他到地狱去参观。到了地狱，在他们面前出现一张很大的餐桌，桌上摆满了丰盛的佳肴，地狱的生活看起来还不错嘛。

过了一会儿，用餐的时间到了，只见一群骨瘦如柴的饿鬼鱼贯地入座。

每个人手上拿着一双长十几尺的筷子。可是由于筷子实在是太长了，最后每个人都夹得到，却吃不到。你真觉得很悲惨吗？我再带你到天堂看看。到了天堂，同样的情景，同样的满桌佳肴，每个人同样用一双长十几尺的长筷子。不同的是，围着餐桌吃饭的可爱的人们，他们也用同样的筷子搛菜，不同的是，他们喂对面的人吃菜，而对方也喂他吃。因此，每个人都吃得很愉快。

心海导航

我们为什么要帮助他人？在什么情况之下助人，怎样助人？对此社会心理学家提出了不同的理论解释。

一、帮助他人的三种理论

1. 社会交换理论（social-exchange theory）

社会交换理论是一种关于人类相互作用的理论。这种理论认为，人类的社会行为受到“社会经济学”导向。人们的相互作用是一种以个人最小代价换取最大报偿的交易。人们在交往中所交换的不仅是物质和金钱，还有社会性的东西，如爱、服务、信息、地位等。人们这样做的时候使用的是“最低失分”策略，即以最小的成本，得到最大的报偿。社会交换理论强调人们在进行交换行为时的这种成本和报偿的监控并不总是有意识的。例如，见到一辆采血车，你可能没有认真掂量献血的成本（要被针扎、付出时间、会感到疲劳）与不献血的成本（感到内疚、得不到赞许）。你可能也没有掂量献血的好处（因为帮助了他人而感觉良好、不会受到他人的批评）和不这样做的好处（节省时间、不会感到不舒服）。但通过对献血者的深入调查发现，事实上，献血者似乎预先还是进行了这种计算的，只是非常微妙。

（1）助人行为有隐蔽的个人利益。帮助他人所获得的报偿可能是外部的，也可能是内部的。为了树立自己的形象，为得到他人的赞许或友谊，这是外部的，这种付出是为了得到。因此，我们最愿意帮助那些对我们有吸引力的人，我们希望得到他们的认可。助人的好处还包括内部报偿。当我们听到一个小孩的哭声时，我们会感到不安、忧伤或烦扰。于是，我们会去了解并帮助小孩，以解除或减轻我们内心的烦扰。

（2）移情是真正的利他主义的根源。有爱心的母亲在孩子遭受痛苦时感到痛苦，在孩子快乐时感到快乐，这就是移情。当移情的时候，我们的忧伤集中在遭受痛苦的人身上，而不是我们自己的痛苦。真正的移情和同情是推动我们去帮助受害者的原因。忧伤和移情激起我们的助人行为。对受灾地区的人们的遭遇感同身受，为之担忧，抱有同情心的人比那些漠不关心的人捐献的更多。研究发现，那些因为他人的忧伤而引起极大烦恼的人，也是给予最多帮助的人。

2. 社会规范理论（social norm theory）

我们经常帮助他人不是因为有意识地计算这种行为能给自己带来什么好处，而是简单地因为我们知道应该这样做。在公交车上为老幼病残者让座，拾到东西交还失主，这是社会行为规范。规范是社会的期待，告诉我们什么是适当的行为，什么是我们在生活中应尽的责任。社会规范规定着人们在不同情境下的行为方式，指明哪些行为是被社会接受的和受到鼓励的，哪些行为是不允许的或受到谴责的。亲社会行为是有益于社会整体的，所以是被接受的、受到鼓励的，并可以得到一定的报偿。研究发现，有两种社会规范在推动助人行为。

（1）互惠规范。社会学家古德纳（A. Gouldner，1960）指出，人类社会的一个普遍的道德规范就是互惠规范。对于那些帮助过我们的人应该给予回报，也给予帮助，而不是伤害。互惠之所以成为我们社会的规范是出于这样一个假设：在社会生活中每一个人都会遇到困难，都需要他人的帮助。自己帮助他人，正是因为当自己遇到困难时会得到他人的帮助。所以，从根本上看，助人行为也是为自己着想，即人们认识到社会生活中的相互依赖，需要形成一种互惠的机制。当然这种回报可能是近期的，也可能是长远的。但总的说来，人们在交往中期待着交换的平衡。如果接受帮助者反过来没有给予回报，那么就违反了互惠的原则。在人类的社会生活中，从政治到婚姻的各个领域都充满着这样的法则。

这种规范常用于平等的关系中，也就是说，发生在任何一方不认为自己低于对方或依赖对方的关系中。当一个人认为自己不能与对方互惠的时候，别人的帮助会让他感到自己地位卑下。因此，这些人更不愿意寻求帮助。对于那些明显有依赖性和没有互惠能力的人，如儿童和确实没有能力的人，还有另外一种社会规范推动人们去帮助他们，这就是社会责任。

（2）社会责任规范。为社会整体和长远利益考虑，我们的社会规范规定，不管个人之间是否互利，人都应该助人。我们应该帮助那些需要帮助的人，而不考虑交换，这就是社会责任规范。贝科威茨等人称此规范为“社会责任”。因此，人们遵从这一规范不仅为了互利，而且是为了“自身的声誉而采取的合乎社会要求的行为方式”。

然而，人们做出这种行为经常是有选择性的，即对那些处于不是由于自己的过错而造成的困境的人给予帮助。对于那些环境的受害者，如遭遇自然灾害的灾民，人们往往能慷慨解囊。如果困境明显是自己造成的，如懒惰、道德败坏、犯罪，那么，人们认为，他们理应受到惩罚，所以不愿意帮助他们。在这里，我们明显地看到人们的行为反应是和归因联系在一起的。如果我们将处于困境中的个人的需要归因于不可控制的因素，那么，就会帮助；如果将造成困难处境的问题归因于个人的选择，那么，公平要求我们不给予帮助，因为这是他的错。

3. 进化心理学理论（evolutionary psychology）

对利他主义的第三种解释来自进化论。进化心理学指出，生命的本质是基因的保存。道金斯在《自私的基因》一书中留下了一个卑下的人类的形象。然而，心理学家坎贝尔（D. Campbell，1975）指出，人类自私的基因上却安排了两种特殊的无私，甚至是自我牺牲，这就是对家族的保护和互惠。

（1）保护家族。我们的基因安排我们关注和我们住在一起的亲属。因此，一种自我牺牲的形式，就是为保留基因的继续存活而热爱自己的孩子，将孩子的幸福放在自己的幸福之上。因此，热爱自己孩子的父母比那些忽视自己孩子的父母更可能将他们的基因传递下去。这样，人们总是关心自己的家人、朋友、邻居，而不是陌生人。大自然安排我们关注与自己关系密切的人，人们对和自己关系更近的人做出更多的利他行为。在紧急情况下人们救助对象的排序似乎也让我们找到进化论的根据。例如，总是先小孩后老人，先家庭成员后朋友，先邻居后陌生人。

（2）互惠。基因上的自私也预先安排了互惠。在小的和比较封闭的群体中，人们相互作用中的这种互惠性特别突出，在小城镇、小学校，或小宿舍里人们在物质上和精神上都互相关心，互相帮助。

这三种理论有明显的相似之处，即每种理论都提出两种不同性质的亲社会行为，一种是互惠的交换，一种是无条件的利他主义。更有意思的是，这三种理论是在三个不同的水平上对这两种行为进行解释的，形成了认识上的互补。进化论的观点是建立在生物学的基础上的，社会交换理论是建立在心理学基础上的，而社会规范理论是建立在社会学基础上的。

二、儿童利他行为的发展情况

人的利他行为的发展有一个过程，很小的时候是没有利他行为的，助人行为随着年龄的增长而增多。

认知发展论者皮亚杰（J. Piaget，1932）认为，儿童的道德是经历了“他律道德性”和“自律道德性”两个有质的差别的阶段发展起来的。在第一个阶段，儿童认为规则是由外在的权威给予的，因此，必须遵守，并根据对它的服从和脱离的程度来辨别善恶。皮亚杰认为，这类他律的道德性的特征来自儿童这一时期的认知方式，即自己和他人分不开，也就是自我中心性。因此，这个时候儿童只有在作为权威者的父母的要求下才会做出帮助别人的行为。由自我中心造成的缺乏移情能力，使他们很难自动做出助人行为。在第二个阶段，儿童认为规则是通过相互约定而形成的，而且能够变化。此时，儿童脱离了自我中心，变得会关心他人的立场和观点等。开始不是按结果而是按意志判断事情的善恶，于是不想辜负朋友的期待。开始考虑各个人的情况，想要平等地分配物品。在这个阶段，由于关心他人的想法和感情，移情能力增强，帮助人的行为增多。而且，得到别人的帮助就产生感激之情，损害了他人利益就产生罪恶感，于是，互惠的助人行为和补偿的助人行为随之增多起来。

一般认为，6~12 岁是助人行为发展最快的时期，这与儿童的认知能力的发展、生活范围和内容的变化使他们的道德判断从自我中心转向互惠是一致的。

儿童亲社会行为的发展，一方面以道德认知发展和移情能力的发展为基础，另一方面在多方面因素的影响下习得。心理学家在对助人者的采访中发现，个人在家庭中的早期社会化对成年之后的利他行为有非常重要的影响。

有人认为，如果父母以热情、支持和爱护的方式对待儿童，就会使儿童建立起一种利他和助人的心理倾向。儿童时期形成的观念及其父母的言传身教都是利他主义形成的重要原因。

模仿是儿童学习利他行为的重要途径。社会心理学研究表明，教会儿童利他行为的最好方法是成人在儿童面前展示出相应的行为，然后在儿童表现出这种行为时给予强化。

研究还表明，外部的奖励和惩罚也是学习亲社会行为的一个重要途径。安鲁弗利德研究指出，儿童亲社会行为的表现得到称赞和表扬后，这种奖励的机制就会内化。当他们再助人的时候，自己认为这样做是好的，这使他们持久地表现出利他行为。而惩罚带来的消极体验则会减少助人的行为。

总之，在个体成长过程中，亲社会行为具有极大的可塑性。

三、影响助人行为的因素

这些影响人行为的因素具有普遍意义，所以，对了解高职大学生助人行为仍然是适合的。

1. 情境因素影响助人行为

（1）旁观者在场。在紧急事件中旁观者的“冷漠”“疏离”令人惊奇甚至愤怒，但是，这是人们的性格决定的吗？还是有什么其他的原因。研究者在一项紧急事件的实验中发现了一个情境因素，即旁观者在场，大大降低了个人干预行为的发生。为什么？拉坦内等人推测，随着旁观者人数的增多，作为一个旁观者的个人更少可能注意身边这样的小事情，不太可能将这样的事情看成是问题，更不会认为这是紧急事件，从而更少可能认为自己应该采取行动，更不认为是自己的责任。

（2）榜样的存在。助人的榜样可以引发助人行为。前面助人者成为后边人的榜样，人们纷纷模仿他。

（3）时间压力。影响助人行为的另一个因素，就是时间。人们如果忙于处理什么事情，助人行为会减少。

2. 被助人的特点影响助人行为

我们帮助谁？或者说具有哪些特点的人容易引发人们的助人行为？研究证明，以下因素对被助者有影响。

（1）性别。如果说被他人看成比较软弱，缺乏能力而依赖的人容易得到帮助，那么，相对于男性，当然是女性更易获得帮助。研究还指出，女性得到更多的帮助也可能与她们更善于寻求帮助有关。

（2）相似性。由于相似性产生喜欢，而喜欢又产生帮助。人们更愿意帮助与自己相似的人，对那些来自同一群体、种族、国家，尤其是政治态度一致的人，以及与自己的年龄、身份、地位、处境，甚至穿着外表相似的人都容易更多地寄予同情，给予帮助。

（3）不被责备者。目前所遇到的困境不是由于自己的不当行为造成的，如老弱病残幼及疾病突发和在意外灾害中遇难的人容易引起他人的帮助行为，而因酗酒、犯罪等行为造成的困境则较少引发助人行为。

3. 助人者个人的影响因素

除了外部因素，如旁观者的人数、榜样、匆忙和需要帮助的人的特点以外，助人者的内部因素，如情绪、态度和个人特质也是助人行为的影响因素。

（1）情感状态。

①内疚。内疚是一种痛苦的情绪，为了减轻这种痛苦，恢复被动摇了的自我形象，或试图恢复积极的公众形象，人们往往做出助人行为，以此来“赎回”失去的东西。当自己做错的事是别人知道的，甚至是别人不知道的时候，我们都会这样做，为的是减轻内疚。

②消极心境。有关消极心境对助人行为的影响的研究结果，乍看上去，是很混乱的。但仔细研究有其规律，第一，那些消极心境减少助人行为的研究都是关于儿童的，而那些增多助人行为的大都是关于成人的研究。因为，对于成人来说，助人是自我满足，它能给个人带来内在的报偿。而年龄小的儿童虽会表现出移情，但他们在帮助别人时并不以此为乐。所以，助人行为是社会化的产物。个体只有到了十几岁时才发现，这是一种能使自己心境好起来的技术。

社会化良好的成年人总在心境不好时就做好事吗？不是。我们知道，消极的心境除了产生同情以外，还会造成沮丧。因此，自我沉溺、悲伤的人对助人是不敏感的。

③积极心境。心境不好帮助人，那么，心境好的人就不助人吗？完全不是。心理学上关于这方面的研究结果非常一致。快乐的人是乐于助人的。这个结果对儿童和成年人都一样，而且不管好心境来自成功还是来自快乐的思想或其他什么积极的体验。如果悲伤的人特别爱助人，那么，为什么快乐的人也爱助人呢？实验揭示这其中有几种因素在起作用，助人能软化坏心境，并且能维持好心境。反过来，一种积极的心境产生积极的思维，并且提高自尊，这又使我们做出积极的行为。因此，在好的心境下人们更可能有积极的思维和积极的交往行为。

（2）人格特质。什么样的人容易做出亲社会行为？助人者有什么人格特点？社会心理学家对此进行了不少研究。

米德拉斯基的研究表明，社会责任感与利他行为有正相关关系，后来许多实验也都证明了这一点。

施托布研究发现，第一，具有强烈的社会动机；第二，相信自己对事情有影响力；第三，有适合于情境需要的特殊能力的人更可能表现出助人行为；第三，同情和理解他人与责任感和利他行为有正相关。不过，总的说来，人格测验不能准确地确定助人者。分析其原因，可能正如达利（1970）所说："人格在确定人们紧急事件中的反应行动不是十分重要的，一个原因是情境的力量对个人决策的影响太大了。"

四、如何培养高职生助人行为

我们怎样培养助人行为呢？

1. 消除助人的阻止因素

促进助人行为的一个方法是消除或减少那些阻止助人行为产生的因素。例如，既然匆忙的和专注于自己的人更不可能帮助他人，我们就可以想办法鼓励人们慢下来，或将注意转向外部世界。既然他人在场分散了每一个旁观者的责任感，我们就想办法提高人们的责任感。

（1）减少情境的不确定性，提高责任感。

（2）减轻内疚和关心自我形象。

前边我们指出，感到内疚的人为了减轻内疚和恢复自我价值而助人。如给人们贴上助人的标签也能加强助人的自我意象。

2. 进行助人的社会化

如果助人是习得的，那么，有如下四种方法可以教会人们助人。

（1）教会道德包容。道德包容是将他人看作是自己道德关注范围之内的对象，例如，医生的"救死扶伤"的人道主义精神让他们对罪犯甚至敌人都给予帮助。与此相对的是道德排除。所谓道德排除是将某些个人或群体看成是个体道德价值和公平规则界限以外的。如纳粹就是将犹太人从他们的道德共同体中排除出去，因此，对他们歧视、奴役、施以严刑，甚至进行种族灭绝的屠杀。

因此，助人社会化的第一步是反对自然的内集团的偏见，即助人只限于自己的家庭和部落，而应将其范围扩大到关心所有人的幸福。

（2）树立助人的榜样。当看到别人助人时，我们更有可能助人。电视上的正面榜样能促进助人行为的发生吗？研究证明，亲社会榜样比反社会榜样有更大的作用。一般情况下，观看亲社会节目的人（至少在当时）的亲社会行为能达到50%~74%。

（3）将助人行为归因于利他主义。对行为的归因影响行为的再发生。心理学研究证明，过分的外部奖励有暗中瓦解内部动机的作用，这被称为过分肯定效应。因此，我们对助人行为的奖励应掌握分寸，给予足够的肯定，但不能过分地奖励，这样促使助人者将自己的助人行为归因于内部动机，从而乐于做好事。过度渲染和重金奖励是不利于发展助人行为的。

（4）了解有关的心理学知识有利于培养助人行为。某些社会心理学家担心，人们更多地了解社会心理学的研究成果，会导致人们行为的改变。例如，了解了阻止助人行为产生的因素以后是不是助人行为就会减少？事实恰恰相反，比曼和他的同事的实验证明，一旦人们了解了旁观者在场会阻止助人行为的发生，他们在群体情境中就变得更加助人了。由此看来，心理学知识的普及是有利于增加助人行为的。

心随我动

活动一：生命中印象最深刻的助人事例

有一天早上起来有点晚了，急匆匆地赶去坐车上班。在拥挤的车上，站在我旁边的年轻女孩对我笑笑说：“先生，你的衣领弄反了！”我有些愕然地说：“是吗？”正无措之际，女孩伸出纤纤玉手，主动伸手将我背后的衣领弄正，一下免却了我的难堪。然而这来自陌生人的关心，还是让我产生了一刹那的感动，道出的一声“谢谢！”完全是言出于衷。

我生命中印象最深刻的助人的事留给你哪些感受？

活动二：案例分析

纽约曾发生了一起谋杀案。年轻妇女吉蒂下夜班后在回家的路上遇到歹徒的袭击，她大声呼救。当即周围居民楼的一些房间的灯亮了，有人打开窗户，并有一位男士大声喊道“放开她！”歹徒放开她，溜进汽车逃走。楼窗里的灯光熄灭了。这时，歹徒返回来，再次袭击吉蒂。她再次呼救。灯光再次亮起，窗户再次打开，歹徒再次逃走，灯光熄灭。当吉蒂到达住处大门口时，歹徒第三次袭来，她被杀了。谋杀进行了 35 分钟。警察在接到报警后只用了 2 分钟就赶到现场，然而人已经死了。事后了解到当时有 38 个目击者，然而在半个多小时的时间里竟无人报警。

为什么目击者不会出手帮助吉蒂，在应激事件中我们如何帮助别人？

活动三：哑巴扶盲人走路

将全班分成 2 组，一组戴眼罩，扮演盲人；一组不戴眼罩，扮演哑巴。其中哑巴扶着一位盲人结伴同行，按规定路线走一圈。在整个过程中，不许讲话，哑巴自能通过手势来传递信息。

1. 当你“失去光明”的时候，你的想法是？
2. 别人帮助你走的时候，你有什么感受？

活动四：听歌

众人划桨开大船

一支竹篙呀，难渡汪洋海
众人划桨哟，开动大帆船
一棵小树呀，弱不禁风雨
百里森林哟，并肩耐岁寒，耐岁寒
一加十，十加百，百加千千万
你加我，我加你，大家心相连
同舟嘛共济海让路，
号子嘛一喊，浪靠边
百舸嘛争流，千帆进，
波涛在后，岸在前

一根筷子呀，轻轻被折断
十双筷子哟，牢牢抱成团
一个巴掌呀，拍也拍不响
万人鼓掌哟，声呀声震天，声震天

同舟嘛共济，海让路，
号子嘛一喊，浪靠边
百舸嘛争流，千帆进，
波涛在后，岸在前

心灵感悟

一、名言赏析

• 人生最美丽的补偿之一，就是人们真诚地帮助别人之后，同时也帮助了自己。
——爱默生

• 人生的目的是服务别人，是表现出助人的激情与愿意。 ——阿尔伯特·施惠泽

• 人们在一起可以做出单独一个人所不能做出的事业；智慧+双手+力量结合在一起，几乎是万能的。 ——韦伯斯特

• 不管努力的目标是什么，不管他干什么，他单枪匹马总是没有力量的。合群永远是一切善良思想的人的最高需要。 ——歌德

二、心语倾诉

1. 冥想放松

我仰卧在水清沙白的海滩上，沙子细而柔软，阳光暖暖地照在身上，耳边传来海浪轻轻拍打海岸的声音，思绪随着节奏飘荡，涌上来又退下去，微风吹来有一种说不出的舒适。阳光温暖、海风轻缓，只有蓝色的天空和大海笼罩着我，身体暖暖的。我的头很轻松……我的脖子很轻松……我的手臂很轻松……我的腿脚很轻松……整个人的心灵变得很平静。

2. 闭目吟诵

• 助人为快乐之本！
• 以团结互助为荣！
• 人人为我，我为人人！

修心践行

一、听一听

歌曲《相亲相爱的一家人》。

二、看一看

2011 年“献出你的爱”颁奖晚会。

三、品一品

面临灾难的蚂蚁

1985 年，法国科学家曾发现蚂蚁能救火。后来，英国一位动物学家的实验证实了法国科学家的发现。

英国科学家把一盘点燃的蚊香放进了一个蚁巢。开始，巢中的蚂蚁惊恐万状，约 20 秒钟后，许多蚂蚁见险而上，纷纷向火冲去，并喷射出蚁酸。可一只蚂蚁能喷射的蚁酸量毕竟有限，因此，一些“勇士”葬身火海。但它们前仆后继，不到一分钟，终于将火扑灭。存活着的蚂蚁立即将“战友”的尸体，移送到附近的一块“墓地”，盖上一层薄土，以示安葬。

一个月后，这位动物学家又把一支点燃的蜡烛放到原来的那个蚁巢进行观察。尽管这次“火灾”更大，但这群蚂蚁却已有了经验，迅速调兵遣将，协同作战。不到一分钟，烛火即被扑灭，而蚂蚁无一遇难。科学家认为蚂蚁创造了灭火的奇迹。

蚂蚁面临灭顶之灾时的非凡表现，尤其令人震惊。

在野火烧起的时候，为了逃生，众多蚂蚁迅速聚拢，抱成一团，然后像雪球一样飞速滚动，逃离火海。那噼里啪啦的烧焦声，是最外层的蚂蚁用自己的躯体开拓求生之路时的呐喊，是奋不顾身、无怨无悔的呐喊。

在那年洪水暴虐的时候，聚在堤坝上的人们凝望着凶猛的波涛。突然，有人惊呼：“看，那是什么？”一个像人头的黑点顺着波浪漂了过来，大家正准备再靠近些时营救。“那是蚁球”，一位老者说：“蚂蚁这东西，很有灵性。1969 年发大水，我也见过一个蚁球，有篮球那么大。洪水到来时，蚂蚁迅速抱成团，随波漂流。蚁球外层的蚂蚁，有些会被波浪打落水中。但只要蚁球能靠岸，或能碰到一个大的漂流物，蚂蚁就得救了。”不长时间，蚁球靠岸了，蚁群像靠岸登陆艇上的战士，一层一层地打开，迅速而井然地一排排冲上堤岸。岸边的水中留下了一团不小的蚁球。那是蚁球里层英勇牺牲者。它们再也爬不上岸了，但它们的尸体仍紧紧地抱在一起。那么平静，那么悲壮……

中国有句老话：“驼负千斤，蚁负一粒。”讲的是从自身重量来看负重的力量，蚂蚁的力量远远超过骆驼的力量。美国科学家富兰克林说：“没有任何动物比蚂蚁更勤奋，然而它却最沉默寡言。”在了解蚂蚁面临灾难时的无私和智勇之后，这些原本是对蚂蚁深刻、精彩的赞美，就显得有些黯然失色了。小小的蚂蚁，能给人多少启示？

第十五章　增强幸福体验

第一节　培养爱人能力　提升幸福指数

心灵故事

幸福原本很简单

传说古代有一位国王，过着锦衣玉食的生活，但他每天愁眉苦脸，总是闷闷不乐。有一天，他向大臣们提出要到郊外去散散心，去寻找幸福和快乐。于是，大臣和士兵结成长长的一队，前呼后拥陪着国王出发了。

一天，国王走累了，在一个山坡上搭了个豪华的凉棚，刚躺下来休息，突然看到一个乞丐正在自己凉棚下的一棵大树旁晒太阳，便动了恻隐之心。

他对乞丐说："我可以帮助你吗？"

乞丐笑一笑，告诉国王："可以，如果您能早点离开，您就已经帮助我了，因为您挡住了我的阳光！"

国王本想通过施舍，给乞丐一点物质帮助，谁知乞丐似乎并不需要这些。乞丐过着无忧无虑、无所牵挂的生活，自由地享受阳光温暖，这心满意足的日子，令国王羡慕不已。

国王羡慕地说："我想你应该是世界上最幸福的人了，能和你调换身份吗？你来当国王，我来当乞丐。"

乞丐笑了："幸福就像晒太阳一样简单，你随时可以拥有，何必麻烦。"

心海导航

一、主观幸福感概述

什么是幸福？如何才能得到幸福？从心理学的角度看，幸福是个体需要得到满足以及理想得到实现时产生的一种情绪状态，是由需要（包括动机、欲望、兴趣）、认知、情感等心理因素与外部诱因的交互作用形成的一种复杂的、多层次的心理状态。

1. 主观幸福感的概念

一个人是否幸福，不是别人的判断结果，而是来自个体内心的深刻体验。因此，“幸福感”通常被更准确地称为“主观幸福感”，它是衡量个人生活质量的重要综合性心理指标。主观幸福感是主体的积极情感、消极情感和生活满意度三个维度形成的对自己的生活质量的整体评估与反映。概括起来说，主观幸福感有以下三个主要特点。

其一，整体性。主观幸福感是反映整体生活质量的重要指标之一，是一种综合评价。

其二，主观性。指主观幸福感的评定主要依赖行动者本人的标准，而不是他人或外界的标准。

其三，相对稳定性。虽然主观幸福感在评判时可能受个体当时情绪状态的影响，但在一个人的某一时间段里，主观幸福感是具有相对稳定性的。

有一个概念叫“幸福基线水平”，即如果你完成了自己的使命，过了一些日子，你又会回到你的幸福基线水平，和你以前的感受不会差很多。所以，当我们有追求的时候，我们的幸福是在追求的过程中享受的，而不是在追求的结果时产生的。因此，不要认为自己达到了某一层次，你就会幸福。幸福不只是到达山顶，也不是无目的地围着山转，幸福是朝向顶峰攀登中的体验。

目前，人类的幸福感越来越被社会所关注，幸福感量表已经问世。其中总体幸福感量表［General Well—Being Schedule（Fazio，1977）］是美国国立卫生统计中心制定的一种定式型测查工具，用来评价受试者对幸福的陈述。总体幸福感量表将其内容组成 6 个分量表对幸福感的 6 个因子进行评分。这 6 个因子包括对健康的担心、精力、对生活的满足和兴趣、忧郁或愉快的心境、对情感和行为的控制以及松弛与紧张（焦虑）。

2. 影响主观幸福感的因素

第一，主观因素。

主体的人格特质不同，主观幸福感往往不同。比如，有的研究表明自我和谐的人主观幸福感较高；女性比男性具有更多的主观幸福感（有的研究不同）；情感丰富的人更容易感受到幸福等。

主体的认知水平不同，主观幸福感往往不同。比如：有的人把拥有了丰富的物质财富或者取得某一方面的成功理解为幸福；有的人把肉体快乐看成是一种幸福；有的人把获得权力当作是一种幸福。但当他们获得这些之后，他们就会发现他们只是得到了短暂的快乐，而不是持久的、相对稳定的幸福感。实际上，更多人认为，幸福与收入水平并没有直接相关性，人可以“穷快活”，也可以“富发愁”。心理学家发现，人的幸福是分层次的，当人们的衣食温饱得到解决后，追求生命的意义成为人们的需要和幸福的来源，现实生活中，有意义的生活和成功的体验确实会使人更加相信自己的能力，建立起强大的自我效能，从而提高主观幸福感。

主体选择的参照系不同，主观幸福感往往不同。我们总是拿现实条件与某种标准进行比较，当现实条件高于标准时，主观幸福感就高；相反，现实条件低于标准，主观幸福感降低；当自己优于别人，就感到幸福，当自己比不上别人时就感到难受。比如农村里的农民住在一起，大家感觉过得挺幸福的，但如果一个普通农民突然来到城市居住，可能就会因为收入差异的比较而变得自卑、痛苦。许多研究表明，主观幸福感强的人往往是选择不幸的人、弱于自己的人来做参照物，通过这种比较来提高自己的主观幸福感。他们往往很少抱怨，十分珍惜、满足于已经拥有的生活。

第二，客观因素。

社会经济状况、管理模式、人本关怀等客观因素不可避免地会对个人幸福感产生影响。比如，中国目前经济持续增长，政府高度关注民生工程，养老保险、医疗保险、失业保险等社会保障体系全面覆盖，大大减少了人们对未来产生的焦虑感，增强了人们的安全感和幸福感。

二、高职生的幸福感现状

天津工程师范学院赵欣老师对229名高职生被试的主观幸福感现状进行调查分析，结果表明，60.7%的高职生有良好的主观幸福感，2.6%的高职生主观幸福感的水平较低，高职生主观幸福感在性别和年级上差异不显著。2008年，兰州高职生幸福感的研究表明，高职生的主观幸福感受人格的影响；情绪的稳定性和精神特质对主观幸福感有显著影响；高职生主观幸福感在性别、年级、专业、城乡的差异很小，只在家庭条件方面存在显著差异，家庭经济条件的主观感受对其主观幸福感和构成主观幸福感的几个维度都有显著正相关，具有统计学意义，对自己家庭经济水平评价越高，主观幸福感越高，反之，越低；高职生的生活事件发生的频率对主观幸福感产生影响，特别是人际关系对高职生的主观幸福感几个维度都产生较大影响；学习压力对高职生的总体主观幸福感产生影响，受惩罚对高职生的正性情感产生影响；社会支持系统中的朋友支持和其他支持，对高职生的总体主观幸福感、生活满意度和正性情感产生影响。2009年对广州的高职生主观幸福感调查中发现，高职大学生有较强的幸福感体验。高职大学生的主观幸福感和个人自我评价自信因子有强正相关，另外自信教育有助于进一步提高自我评价意识，使高职院校大学生有更强的主观幸福感。

总之，高职生的主观幸福感的总体水平处于中上水平，目前高职生在生活中更多体验到了积极情感，较少体验到消极情感，对生活质量的评价较高。

三、如何提高幸福指数

1. 保持积极的心态

首先，幸福是辩证的艺术。当事物出现消极面的时候，同时看到它的未来还可能转化为积极面；当看到一个人的缺点的时候，同时看到他存在的优点。只要用全面的、发展的、长远的辩证眼光看问题，我们就能经常保持阳光心态。

其次，幸福是忽略的艺术。梭罗说："心灵的成长是通过减法，而不是加法。"老子曰："为学日益，为道日损。"幸福实际上是忽略的艺术。有人举例，拥有幸福婚姻的人并非他们运气好，遇到了十全十美的配偶，只不过他们对待配偶的态度发生了转变而已，那就是——婚前"睁大双眼"看清要选择的配偶，而婚后则"睁一只眼闭一只眼"，忽略配偶的缺点。要增加幸福指数，必须忽略鸡毛蒜皮的小事。

2. 建立良好的人际关系

第一，懂得感恩。

我们为什么要助人为乐呢？我们可以到医院的病房做一次参观。到了骨科，看到因意外事故受伤的病人，你会感谢老天爷的关照，自己能如此平安；到了儿科，看到年轻的父母如此精心照顾自己的患儿，你会感恩父母，自己小时生病，不知让父母操了多少心；到了老年心血管科，看到照顾生病老人的往往是保姆，儿女们都忙于工作，你会忧虑自己能否回报父母养育之恩……我们能拥有现在拥有的一切，就应该懂得感恩，感恩天地、父母、恩师、朋友……世界上没有谁能够脱离社会孤独地生活，我们从生下来至今就没有离开，也永远无法离开他人的帮助。既然每个人都需要别人的帮助，那么我们就不能对别人的疾苦熟视无睹，我们有必要形成一个“人人为我，我为人人”的和谐社会，只有在这样的社会里，我们才会有安全感和幸福感。同时也只有懂得感恩的人，才能珍惜拥有、充满感激、助人为乐，懂得感恩的人幸福指数往往高于其他人。

第二，真诚宽容。

首先，我们要学会真诚。我们怎样对待生活，生活就怎样对待我们。做人的道理其实很简单，就是“返璞归真”。我们要学会真诚地微笑、真诚地容纳、真诚地倾听、真诚地夸奖、真诚地同情、真诚地认错。只有真诚才会赢得别人的真心相待，自己也会轻松愉快，有助于幸福感的提升。

其次，我们要学会宽容。歌德说：“如果我们按人的本来面目来对待他们，我们就会使他们变得更糟糕；如果我们按照他们应当成为的样子来对待他们，我们就是在帮助他们成为他们能够成为的那样。宽容激励别人进步，还可以使大事化小，小事化了。矛盾化解了，消极情绪减少，幸福指数就会增加。”

3. 寻找生命的意义

幸福往往是因为我在做一件有意义的事情，因为有意义，哪怕它很辛苦，我们依然会觉得幸福。有这样一个故事，两个人盖房子，甲说，“我在盖房子，这样艰苦，仅仅只是为了生活。”他到死还是个泥瓦匠。乙说，“我在创造一个艺术品，将来人们会为我的手艺而惊讶，我的后代将为我而自豪。”这个人后来成了工程师。人们在做同一件事，意义感不同，身心健康水平也会不同，前进的动力因此也不同，他们的未来当然不会相同。我们要学会在普通的事物中看到存在的意义和价值，要为追求人生价值而工作。

不少哲学家和心理学家都提出同一个命题，那就是“人生的价值在于奉献，而幸福就在奉献中”。这句话是有道理的。因为我们在为他人和社会做贡献时，会有较强的意义感，能保持高水平的意志力和健康状态，相应的主观幸福感就会得到提高。同时，这种幸福感又会促使我们去追求更高层次的幸福，寻找更高的价值感，这就进入了一个良性循环。因此，人的潜能和价值被看成是人类最高幸福的载体。

总之，有人把幸福的公式写成：“幸福=生活意义+积极的心态-斤斤计较”，这个公式可以作为同学们提高主观幸福感的重要参考方程。

心随我动

活动一：学会宽容

宽容是一种态度，更是一种胸怀。分组讨论，当下列情形出现时，你觉得自己应该如何想，如何做？如何说？

情形一：每当晚 11 点就寝的时候，本寝室的小红就会和男朋友通电话，吵得大家不能入睡，更可气的是，她故意撒娇的声音真的让大家难受。有个同学受不了，大吼一声："去结婚吧，别在这里待着，影响我们休息。"

情形二：实习分配时，我本来分配了一个很好的工种，报到时却发现被调到了另一个工种，可以肯定，我们的组长在公司主管那里讲了我的"不是"。

情形三：自己心爱的女朋友提出分手，看来感情又没有挽回的余地。

提醒：宽容也不等于纵容，也不是一味忍让。

有的事情，我们要理解对方，不要斤斤计较。对于原则问题，我们也要注意方法，首先达到共情的状态，真心与之沟通，然后用特殊的教育方式，让对方明白自己的错误，并且能够改正错误。

活动二：制作《幸福手册》

每个同学制作一份《幸福手册》，可以用电子版的博客，其内容分为三篇，第一篇是"幸福高招"（心理调适方法摘抄）、"幸福的事"（自己的日记）、"关于幸福"（人生哲学摘抄），此手册中应该有日期表，如果你觉得今天幸福，就在日子的后头贴上一个"幸福之心"。

分组讨论，如何提高高职生幸福指数？将同学们提供的高招妙计收集到自己幸福手册的第一篇——"幸福高招"中。比如：

每天洗脸时对自己微笑一次，或者给自己做一个鬼脸。

每完成了一件有难度的工作，应该给自己一个小小的奖励。

每天做半小时有氧运动，与大自然亲密接触。

有了开心的笑话，在适宜的时候和朋友分享，大家开怀大笑一次。

每个学期找一件和自己学习目标一致，又富有挑战性的工作来做，享受沉浸其中的自我实现的感觉，体验自己生命的价值和意义。

面对别人的错误没有对别人发脾气，应该记得表扬自己。

在可能情况下，经常帮助别人。

偶尔给寝室里的同学一个意外的惊喜……

（将一些重要的事件，特别是后面几项中发生的有意义的具体事件，记录到幸福手册的第二篇——"幸福的事"中去）

心灵感悟

一、心语赏析

- 为人处世是一种艺术，艺术的归宿是"求真"，真诚相待，返璞归真是做人的真谛。
- 世界上最宽广的是海洋，比海洋更宽广的是天空，比天空更宽广的是人的胸怀。
- 如果不能改变对方，我们就改变自己；如果不能改变天气，我们就改变心情；如果不能改变现在，我们就改变未来。

二、心语倾诉

1. 放松训练

选择靠背椅，随意靠背坐好，自然放松，你的整个身体从头到脚趾，都是放松的，平和而安静，内部极其平静。现在随着每一次呼吸，让你的躯体再放松一点，随着你的每一次呼吸，让你的身体进一步深陷到椅子中去，感到舒服的沉重感和放松感。尽管你越来越放松，但你明白清醒。尽管你明白清醒，却异常放松。

2. 闭目吟诵

- 顺其自然才是理，平平淡淡才是真。
- 你是挑错者，还是寻找亮点者。这一点决定你能否幸福。

修心践行

一、唱一唱

《幸福在哪里》。

二、议一议

我是最幸福的人

10 年前，他卖掉自家的工厂，建起了敬老院，用自己的爱心、善心、孝心无偿奉养了来自北京、天津等地 40 多位与他没有任何血缘关系的老人，并为 13 位老人送终。他就是宁河县七里海镇大坨村一位普通的农民——王恩浦。

改革开放后，王恩浦依靠党的好政策创办了工厂，成为村里最先富裕起来的农民。然而，少年时代，村里老人们的凄苦身影一直留在王恩浦的记忆里，让更多老人安享晚年的愿望也愈加强烈。1998 年，他卖掉机器设备，把厂房夷为平地，建起一座 600 平方米的敬老院，首批 10 多位老人被他接进了“新家”，老人们感叹地说：“恩浦，你这是让我们住进了天堂啊。”

一晃 10 年过去了，王恩浦经受了很多困苦和压力，也饱尝了常人难以想象的艰辛。为把敬老院长久办下去，在镇领导和有关部门的大力支持下，他经营了一个鱼塘，养起了鱼虾河蟹。同时，他还收购一些农产品，卖给市内超市。冬闲时节，就收购、捡拾废品，解决敬老院资金问题。老人们看他奔波劳碌，都很过意不去，经常像心疼儿女一样劝他要多注意身体。儿子们见老爸这么辛苦，责怪他：“您放着清福不享，花钱找罪受。”其实，自从办敬老院那天起，他就有个信念：“既然我把老人们接来了，就要让他们快乐生活，不管自己有多苦、多累、多么心烦的事，也要撑着。”

为把老人照顾得更好，王恩浦还自学了医学知识，给予老人们亲人般的关照。王大伯去世前两个多月不能动，王恩浦像亲生儿子一样在床前端屎端尿，最后几天整夜陪床，王大伯知道自己的时间不多，每当王恩浦给他喂完饭，总是颤抖地拉住王恩浦的手，眼含泪水看着他，什么也不说。此时的王恩浦也总是会意地点点头，轻轻地抽出手像哄孩子一样关切地摸摸老人的头。王恩浦说："此时不需要说什么，我觉得我们是在用心、用真情交流。每当我看到老人们临终时那凝聚着感激之情的眼神，那一幕幕安详故去的神情，一种一般人难以体会的自豪感和成就感在我的心里涌出，在这个世界上，我是最幸福的人。"

王恩浦的幸福从何而来？

第二节　挖掘自我潜能　活出最佳状态

心灵故事

达生

庄子

鲁国木匠梓庆削木做悬挂钟鼓的架子两侧的柱子，上面雕饰着猛兽。他做成的柱子，看见的人都惊讶不已，以为鬼斧神工。

鲁侯召见梓庆，要问一问他其中的奥秘。梓庆对鲁侯说："我准备做这个的时候，不敢损耗自己丝毫的力气，而要用心去斋戒。斋戒的目的，是为了'静心'。"

斋戒到第三天的时候，我就可以忘记"庆赏爵禄"了。斋戒到第五天的时候，我就可以忘记"非誉巧拙"了。也就是说，大家说我做得好也罢，做得不好也罢，我都已经不在乎了，也就是忘记名声了。到第七天的时候，达到忘我之境，我可以忘记是在为朝廷做事了。大家知道，为朝廷做事心有惴惴，有杂念就做不好。

这时，我就进山了。静下心来，寻找我要的木材，观察树木的质地，看到形态合适的，仿佛一个成型的就在眼前。我就把这个最合适的木材砍回来，顺手一加工，它就成为现在的样子了。

木匠斋戒七天，其实是穿越了三个阶段：忘记利益，不再想着用我的事情，去博取一个世间的大利；忘记荣誉，不再想着大家的是非毁誉对我们有多么重要；忘记自己，人其实只有达到忘我之境，才可以做到更好。

心海导航

大千世界，芸芸众生，无论个体如何微不足道，生命属于每个人只有一次，它具有不可替换的独一无二性，谁不愿意这唯一的一生过得更美好、更有意义？让我们在忙忙碌碌中静下心来，唤醒我们沉睡的生命意识，扪心自问：我活出自己的最佳状态了吗？

一、什么是最佳状态

1. 哪些情况属于"亚健康"状态

（1）精力不充沛，经常感到疲劳。容易得感冒，稍微一动，就容易出虚汗，食欲不振，经常做梦，记忆力下降，性功能障碍等。

（2）有明显的负面情绪。这种情结包括焦虑、抑郁、强迫、恐惧、委屈等。当一个人的负面情绪强到足以影响一个人的日常生活的时候，就是心理病状态。

（3）无论是工作中，还是生活中，经常有无聊、无意义的感觉，长时间处于无所适从、无所事事的状态，喜欢睡懒觉。或为了消磨时间，寻求刺激，长久地沉溺于打麻将、玩游戏机等事情。

（4）过分地善于适应的状态。毫无疑问，适应环境是非常重要的，但正是由于这种重要，使一些人忘记了适应本身不是目的，而是手段，适应环境的目的是为了成长。在现实中，不难看到这样的人，他们过分地将精力消耗在人际关系中，一味地讲究适应，而没有创造性地影响环境。这种人没有独立人格，完全被人际关系支配，他们在人际关系的周旋中，丧失了个性。有不少大学毕业生刚出校门时还雄心勃勃，踏入社会后不久便被磨掉了棱角，被环境同化。

（5）缺乏好奇心与求知欲。对于有关人生意义、宇宙真谛等没有兴趣。他们爱说不谈虚的，没有意义。对于美、艺术、大自然体会不到美感，或者感觉淡漠。如果对生命的质量提出更高的要求，这种状态也应该看作“亚健康”状态。马斯洛说了一句话很有意思，他说：“在一个只有一米五高的房间里量身高，所有的人都不会超过一米五。”

2. 错误的最佳状态

“饭后一支烟，快活似神仙”“三杯酒下肚，飘飘然欲仙”；打牌赌钱，输赢越大，刺激感兴奋感越强；吸毒，更是带来极度畅快感；玩电游，晋级的成就感；网恋，所谓的精神幸福感，梦牵神绕等。

讨论：这些“好”状态为什么是错误的？

3. 最佳状态的特征

人本主义心理学家许金声认为，最佳状态者的特征包括积极进取的人生态度；独立自主的人权意识；争强好胜的竞争精神；惜时如金的效率观念；平等互利的合作习惯；顺其自然的超越心态。我们要活出自己的最佳状态，就意味着要避免错误的最佳状态，突破这些“亚健康”的状态。

二、谁能达到最佳状态

只有天才才会有最佳状态吗？只有成功的人才有最佳状态吗？只有创造性工作才有最佳状态吗？

马斯洛的自我实现理论回答了这一问题。所谓自我实现，简单说来就是在对环境积极适应的前提下，充分发挥个体潜能，充分实现个体人生价值，并在这个过程中有利于人类社会。

那么，自我实现是不是只有少数人，如画家、诗人、作曲家、科学家、发明家等这样的人才会有的奢侈品呢？是不是只有天才才会有最佳状态呢？不，不是，即使是一个普普通通的人也可以成为自我实现的人，也可活在最佳状态之中。

马斯洛彻底地论述了这一点。他说：家庭妇女也可以是自我实现的人。例如，一名妇女，她是没有受过教育的、贫穷的、完完全全的家庭妇女和母亲，她所做的那些事情没有一件是“创造性的”。但是，她却是奇妙的厨师、母亲、妻子和主妇。花很少的钱，而她的家庭却总是十分美好。她是一个完美的女主人，她做的膳食是盛宴，她在台布、餐具玻璃器皿和家具上的情趣是无瑕的。

她在所有这些领域中，全都是独到的、新颖的、精巧的、出乎意料的、富有创造力的，的确应该称她是有创造性的。从她那里以及像她一样的人那里，我们认识到：第一流的菜汤比第二流的绘画更具有创造性。

既然家庭妇女也可以是自我实现的人，那么还有什么职业的人不能是自我实现的人呢？自我实现与职业没有关系，甚至也不取决于与他人的比较，一个人所体现的价值主要看他相对于自己有没有突破。任何人均可活出最佳状态。

三、怎样达到最佳状态?

1. 寻求高峰体验

高峰体验与最佳状态显然有着非常密切的关系，在很大程度上，高峰体验就是最佳状态本身。马斯洛认为高峰体验是一种强烈的同一性体验，忘我、痴迷、沉醉、尽情、豁然开朗、亢奋、一气呵成、完美极致、令人心荡神游、出神入迷等，是人生体验之极致。爱情与音乐最易产生高峰体验。

如何才能够得到高峰体验呢？威尔森认为高峰体验可以寻求。

(1) 第一个就是“能量的聚集”。他认为，高峰体验从本质上看就是能量的溢出。如果你对一个小孩说：“你要是把卧室收拾干净，今晚我就带你去看童话剧”，他会立刻精神百倍，兴奋不已。平日让他厌烦的清洁工作，这时他会干得热火朝天。这里有一个能量的召唤和聚集的过程，就好像在大喊“全体集合”。正是这种警醒、机敏、准备好了的状态为高峰体验的出现打下了基础。健康的人都有很高水平的“准备状态”。容易产生高峰体验的人是一些在储藏箱中存有大量能量的人。容易厌烦或自认不幸福的人则正相反，他们只有很少的能够调动储备好的能量。

那么，如何才能够聚集我们的能量呢？

①对自己行为的意义感。威尔森认为，意义之所以重要，是因为它可以激发意志。意义能激发意志，能使人充满扩展视野的渴求。当一个男子看到自己钟爱的女子走近时，心跳会加速。当我听到一段对我有意义的音乐时，我的心跳也会加速。这加速的心跳来自我内心的活力，它跳跃着去迎接“意义”。于是，我越认为有意义，释放的活力就越大。人越接近意义的世界，他的活力就会越朝着超人的水平增加。

“无聊削弱意志，意义激发意志”。人的意志与意义感是相辅相成的，这是存在主义心理学给我们带来的一个主要贡献。我们知道意志决定于对意义的感知，一个无聊的人可以一下子变得对什么都不关心；同时对意义的感知也取决于意志，马斯洛所研究的健康对象之所以经常有高峰体验就是因为他们的意志是活跃的、积极的。在霍弗的戒酒治疗中，那些酗酒者之所以能够被治愈，也是因为迷幻剂所产生的高峰体验激活了他们整个的“意义—意志”的循环。

威尔森认为，高峰体验可以看成是意义的突然高涨，“高峰体验是在精神感知到意义震撼时的能量的突然爆发”。

②危机和困难产生意义感。当更加愉悦的刺激对意义感的产生不能奏效时，危机和困

难就会产生意义感。威尔森讲到了他是如何发现这一概念的：一个炎热的下午，他搭上一辆车去外地，他“无精打采，百无聊赖”，十分钟后车出毛病了，幸运的是还可以继续前进。但每当速度一快，换挡盒里就会发出撞击的声音。这时候，威尔森开始从麻木不仁中醒过来了，他担心会到不了目的地。他开始关注车的情况。后来，当车开过小镇尼奥特时，司机说：“好了，我们就这个速度吧，能开到的。”他忽然觉得很高兴。接着开始思考：为什么他的无聊和漠然会突然消失？他发现意识中有一种边缘或阈限，只能由痛苦和不便来激发，可称之“无动于衷阈限”。

他解释说，情况不过是抛锚的威胁使得我集中起了精神而已。有一刻钟的时间我仔细地听着引擎发出的声音。潜伏的“危机”使我松懈的神经紧张起来。等到司机告诉我勉强可以开到时，忽然的放松让我欣喜不已。如果意志长期处于消极状态，后果和将车放在车库里一冬天一样，电瓶跑光了电，生活也就“抛锚”了。

当一个人厌烦的时候，他的精神的四分之三就会进入潜藏状态，就像明月只露出了四分之一样。只有当他被危机或狂喜刺激的时候，这轮明月才会全部展现。

（2）第二个是紧张的持续。当我们找到有意义的事情，克服障碍，孜孜以求地去实现目标时，我们调动自己全身心的能量，这就产生一种紧张感。紧张度越高，持续时间越长，我们在实现目标、完成任务时产生的“高峰体验”感越强。

①主动迎接挑战。

挑战的重要性在于它能够激发我们的人格力量。人们需要冒险与探索，这种强烈的、向外的欲望就是要企图建造一种挑战，逼迫人们发挥出最佳状态。

什么是挑战？首先，我们遇到了有意义的事情；其次，我们想做这件事情时就必须克服一些障碍；最后，我们必须调动自己的潜能才能够克服这些障碍。

当我们在应战中发挥了自己的人格力量时，意义感就会进一步加强。如果我们要发展、要成长，就必须首先突破“无动于衷阈限”，向外寻求意义，也就是寻求挑战和压力。

②承担责任可以提高我们的紧张度。

我们承担的责任越大，我们产生的意义感就可能更大，产生的紧张度越高。高峰体验也是意义感突然增大的一种体验。勇于承担责任有利于我们产生高峰体验，高峰体验又可以促使我们将承担责任的范围扩大到我们力所能及的最大范围。

（3）最后是“突然的放松”。目标的实现来得越“瞬间”，完成任务越杰出，全身心的紧张越是“瞬间”的放松，所产生的“高峰体验”感越强。

这个过程犹如王国维所描述的“古今之成大事业、大学问者，必经过三种之境界”，意义感所唤起的能量聚集好比第一境“昨夜西风凋碧树，独上高楼，望尽天涯路”；“紧张的持续”的过程好比第二境“衣带渐宽终不悔，为伊消得人憔悴”；最后“突然的放松”好比第三境“众里寻他千百度，蓦然回首，那人却在灯火阑珊处”。

2. 不断寻求成长的目标

“人是需要目标的动物，当一个人有了目标时他才能够发挥最大潜能”。目标牵引奋斗的方向，目标激发收获的欲望，目标催生搏斗的意志，目标孕育前进的动力。否则，人又是充满惰性的动物，如果环境不改变，有不少的人都会在“做一天和尚撞一天钟”的日子中结束自己宝贵的生命。他们把99.9%的时间花在没有意义、没有目标的事情上，终日浑浑噩噩，无聊懒散。

（1）目标的长远性。一个长远的目标，在有可能达到的情况下，会比任何急需的物质需求更大地激发决心和上进心。人对于未来的洞察能使他们成为潜在的超人，能给他们以新的力量。

（2）目标的阶段性。长远目标需要以阶段性目标为依托。从绝大多数人的奋斗实践与成功事例来看，人生的长远目标需要根据人生的不同阶段与当时的条件加以分解，拟定出阶段性的目标。

在高中阶段，立志考上某一理想的大学；大学毕业阶段，人们开始规划报考研究生，这些都是青少年阶段性的奋斗目标。当在某一位职业岗位上基本稳定后，又开始进一步谋划今后五年、十年的发展目标。譬如在企业技术岗位上工作的人，经过一定时间的努力，以成为专业的技术员、工程师为阶段目标等。

（3）目标的可实现性。吃不到的葡萄激不起人的欲望，反正没有希望；唾手可得的橘子难以激起很大的兴趣，轻易到手的东西不值钱；只有吃跳起来才够得着的桃子，才会唤起你的努力奋斗的激情。目标要有一定难度，又要可实现，避免“高不成，低不就”。

（4）目标的可操作性。在长远目标下，要有阶段性具体目标，具体目标之下，又要有实施计划，落实到每年、每月、每周、每天。并且要有配套的自我激励与自我监督的措施来确保执行。

3. 勇于创造，勇于行动

人的可贵不是在于拥有的身体，而是人的创造性。只要有创造，人的生命的能量就开始流动，人就会感到生命的旺盛，就像一颗百年大树，可以百折不挠。

人的创造性之所以不能很好地发挥，就是由于有太多的能量被滞留，想象一下在血液里有许多石头，就像江河里的石头会阻碍河水的流动，可以供给全身的血就会越来越少，能量被损耗，人慢慢变得就如同死亡一样。这就意味着要保持上进心，必须从根本上拒绝抑郁、灰心和各种失败的困扰。

只要用心，在你自己所热爱的工作中，投入、忘我地去经历生活，去放松自我，去感受现实，你不难找到自我实现的感觉，不难达到你的最佳状态。

美国著名哲学家和心理学家威廉·詹姆斯就曾经指出：“与我们应该成为的人相比，我们只苏醒了一半，我们的热情受到打击，我们的蓝图没有能够展开，我们只运用了我们头脑和身体资源中的极小的一部分。”那么，让我们更多地运用我们的头脑和身体资源，追求我们每个人的自我实现，活出自己的最佳状态。天行健，君子以自强不息！

心随我动

活动一：分享高峰体验

想一想生活中最奇妙的经验：最快乐的时刻，狂喜的时刻，全神贯注的时刻，可能是因为谈恋爱，或欣赏音乐，或突然被一本书或一幅画所打动，或由于一些伟大的创作时刻。首先，将这些记下来，然后尝试着告诉我在这个敏感的时刻你的感觉怎样？和你在其他时刻的感受有何不同？

你有过这样的高峰体验吗？请说出来，交流与分享你的快乐。

活动二：潜能强度攻击

“潜能强度攻击法”的创始人奥图认为，心理健康的人一般对自己的弱点和问题是一清二楚的，而对自己人格的坚强和未发挥的潜能却所知有限。为此，必须借助团体的力量，从整体上开发人的潜能。

首先，将所有学生的学号写在纸条上，揉成一个个小纸团，置于一个盒子内，然后让一个学生随机摸出一个，被抽中学号的学生就成了“被攻击的靶子”。这个人先把自己的优势、能力及特长一一列出来，接着由其他同学根据对他的能力以及还没有发挥的潜能的印象来描述他。最后，由最了解这个人的同学作预计性设想：假定从现在起，这个人能够将我们所发现的潜能完全发挥出来，五年后将是怎样的情况？

活动三：练习镜子技巧

镜子技巧由美国心理学家布里斯托总结而成，这一方法简单有效，可以让你充满信心，强化激情。具体做法，站在镜子前，看到身体的上半部分。笔直站立，后跟靠拢，收腹、挺胸、昂首、再做三四次深呼吸，直到对自己的能力和决心有了一种感受。然后凝视眼睛深处，告诉自己会得到所要的东西，大声说出它的名字。每天至少早晚做两次，还可以用肥皂或颜料笔等将喜欢的口号，精彩的格言写在镜面上，只要它们确实代表你曾设想，并希望实现的某些事情即可。

如果你准备去拜访一位上级、重要人物、让你心动的异性或者素未谋面的陌生人等，如果让你感到没有把握、紧张、害怕，那么请运用镜子技巧，直到你相信能够不慌不忙。

如果邀请你去作演讲，那么务必对着镜子作一番练习，用拳头敲另一只手掌，微笑，或做其他自己感觉自然洒脱的手势。

活动四：你克服约拿情结了吗

马斯洛给他的学生上课的时候，曾向他们提出如下的问题：“你们班上谁希望写出美国最伟大的小说？”“谁渴望成为一个圣人？”“谁将成为伟大的领导者？”等。据马斯洛记录，他的学生们在这种情况下，大家通常的反应都是咯咯地笑、红着脸、不安地蠕动。马斯洛又问：“你们正在悄悄计划写一本什么伟大的心理学著作吗？”他们通常红着脸、结结巴巴地搪塞过去。于是马斯洛继续问：“你们难道不打算成为心理学家吗？”有人回答说，“当然想啦。”马斯洛说：“你是想成为一位沉默寡言、谨小慎微的心理学家吗？那有什么好处？那并不是一条通向自我实现的理想途径。”

对自己，“约拿情结”的特点是，逃避成长、执迷不悟、拒绝承当伟大的使命；对他人，“约拿情结”的特点是，如果别人表现出优秀之处，他会嫉妒；如果别人受到了祝福，他会心里难受；如果别人倒了霉，他会幸灾乐祸。

约拿情结告诉我们，成功源自克服内心的成长障碍。在人生前进的道路上，除了我们自己，还能有谁能够打败我们呢？

心灵感悟

一、心语赏析

• 自己把自己说服了，是一种理智的胜利；自己被自己感动了，是一种心灵的升华；自己把自己征服了，是一种人生的成熟。

• 生命是有目的的，其目的就是完成它这个独特生命的一个圆满的轮回，是花就开出最美的花，是草就长成最好的草，是果树就结出最有味的果子。

• 无聊削弱意志，意义激发意志。

二、心语倾诉

1. 放松训练

龟缩放松训练。

2. 闭目吟诵

• 从心底深处，给自己一份微笑，给自己一份彻底的肯定！让每一个细胞，时时刻刻洋洋得意！释放生命能量，绽放生命之花！

• 我是我生命的舵手，我是我命运的主宰。每天前进一小步，人生成长一大步。

修心践行

一、品一品

直面？逃避？

师傅告诉两个徒弟，在山上遇见下暴雨，要向上走。两徒弟外出遇上大雨，闪电夹杂着大风暴雨向他们袭来，一个人向上走，他跌跌撞撞，步履维艰，但他抓住角岩和摇曳的大树攀登，没有停下步子。另一个人看到山高雨大便转身向下走。越向下，风雨越弱，巨大山岩挡住了风雨的阻力，他越走越轻松，心里开始嘲笑上山的那个人。忽然山洪暴发了，滚石夹杂着雨水泥沙，淹没了他。

雨停了，风住了。上山的人奇迹般站在了山顶。望着雨水冲刷后的山林和光芒四射的彩虹，他惊喜地发现大自然竟如此美丽。他想，幸亏我没有放弃。

用你的人格力量去迎接挑战而非逃避，因为那是你走向成功的机会。挫折使“成功”变得简单，因为成功只不过是通过人格力量战胜挫折之后的必然结果。

二、测一测

自我实现小测试

对下面的陈述，按以下标准自动选择最符合你的分数：1＝不同意；2＝比较不同意；

3＝比较同意；4＝同意。

1. 我不为自己的情绪特征感到丢脸。

2. 我觉得我必须做别人期望我做的事情。

3. 我相信人的本质是善良的、可信赖的。

4. 我觉得我可以对我所爱的人发脾气。

5. 别人应赞赏我做的事情。

6. 我不能接受自己的弱点。

7. 我能够赞许、喜欢他人。

8. 我害怕失败。

9. 我不愿意分析那些复杂问题并将它们简单化。

10. 做一个自己想做的人比随大流好。

11. 在生活中，我没有明确的要为之献身的目标。

12. 我恣意表达我的情绪，不管后果怎样。

13. 我没有帮助别人的责任。

14. 我总是害怕自己不够完美。

15. 我被别人爱是因为我对别人付出了爱。

记分时，以下题目要反向计分（即选择“1”计 4 分；选择“2”计 3 分；选择“3”计 2 分；选择“4”计 1 分）：2、5、6、8、9、11、13、14。然后把 15 道题的分数相加。可以将你的分数和下面的大学生常模进行比较。分数越高，说明在你人生的某个阶段，越有可能达到自我实现的目标（大学生常模：男生平均分 45.02，标准差 4.95；女生平均分 46.07，标准差 4.79）。

第十六章 追寻生命意义

第一节 重新审视自我 追寻生命意义

心灵故事

信念——自我兑现的预言

罗杰·罗尔斯是美国纽约的第五十三位州长，也是美国第一位黑人州长，他出生在声名狼藉的大沙头贫民窟，那儿的环境恶劣，充满暴力。

上小学时，罗尔斯学会了旷课、打架，甚至砸烂教室的黑板。当校长来到教室时，罗尔斯从窗台上跳下，他知道自己砸烂黑板是不对的，于是就主动地伸着小手走向讲台准备接受惩罚。谁知，校长抓住他的小手不仅没有责备他，反而惊讶地说道："我一看你这修长的小拇指就知道，你将来能成为一位州长。当然，你与州长的差距还非常大，但只要你以州长的标准要求自己，你就会成功。"

校长的这句话给了罗尔斯无限的动力，他从此不再调皮捣蛋，而是挺直腰杆走路，穿上干净的衣服，非常有礼貌地待人接物，认认真真完成作业，作为一个"未来的州长"，罗尔斯时时提醒自己要做同学和邻居的表率。就这样他严格要求自己，向着目标不停地前进，终于在51岁那年，他梦想成真了，成了美国第一任黑人州长，有记者采访他的成功秘诀，他说："小时候，校长说我能成为州长，于是，我就成了州长。"

心海导航

一、生命意义现状概述

人究竟是为什么而活着？是为了幸福快乐，还是为了某一种人生的意义？为什么有的人忍受着痛苦还能艰难地坚持，不言放弃？为什么有的人锦衣玉食，却孤独抑郁，内心空虚痛苦，甚至想到轻生？

人是一种精神动物，不能没有意义而活着，寻找活着的意义是人类的独有特征和健康心理的标志。当人们的心灵没有了宁静的归宿，精神失去了信念的支撑，生活目标的日渐缺失就会让精神的苦闷常常向人们袭来，让越来越多的人患上“存在空虚症”。

马斯洛说：“价值观的丧失是我们时代的最终痼疾……。”现代社会人类生存面临着许多普遍性的问题，如生态环境的破坏、资源的迅速消耗、军备竞赛、文明冲突、腐败现象的滋生蔓延、人际关系物质化等问题，极容易导致人们的内心日渐孤独、空虚、焦虑、抑郁……刘翔平博士曾指出：“我们遇到最严重的疾病不是癌症，甚至也不是什么艾滋病，而是普遍蔓延的精神空虚和无意义感！”伊丽莎白·卢卡斯也曾经特别提醒：“如今有一种比艾滋病更容易传染、更致命的疾病，那就是否定生命。”世界卫生组织（WHO）2007年公布的统计数字表明，全球每年因为自杀而死亡的人数近100万。

弗兰克尔考察了20世纪人类的心理状况后得出结论：人们疯狂追求权力、金钱、性欲的满足等享乐行为的原因在于“存在空虚”和“求意义意志”的挫折。为了避免“存在空虚”，人们采用了种种代偿方法，如求权意志和享乐意志等。现代人普遍存在的空虚感和紧迫感正是意义治疗的治疗指征。20世纪以来，发达国家普遍遇到的因目标缺失造成的精神空虚、苦闷，甚至出现各种神经症和自杀倾向的人们正是“意义疗法”的主要治疗对象。

二、“意义治疗”简介

1. 相关概念

意义治疗（logotherapy）：针对生命意义缺失或偏离造成“存在空虚症”，通过各种有效的方法和途径，引导病人发现某一特定时期正面的、积极的生命意义，以迅速弥补其内心空虚，重建其精神支柱，确立其理想信念，最终使其在内心信念的驱使下，走上追求意义的人生道路。

存在空虚症：一种怀疑自己存在意义的疾病，实际上是对自己的前途未来失去信心而产生迷茫、空虚的无意义感，它是人的一种心无归宿、命无依托的状态。存在空虚症可以直接导致抑郁、自杀、暴力、吸毒、成瘾、赌博、落入邪教等自我毁灭现象的产生，其原因只是主体在主观上看不到自己活着的生命价值和存在意义。“存在空虚症”最严重的后果是直接导致对生命的否定。

2. 创始人维多克·弗兰克尔

“意义治疗”的创始人维多克·弗兰克尔（Victor Frankl，1905—1997），是奥地利精神医学家和心理医生，医学和哲学双博士，维也纳医科大学心理与精神病学终身教授，他是意义治疗（Logotherapy）和存在分析（Existenzanalyse）的创立者。1946年，他以自己在纳粹集中营的真实经历所写的阐述生命意义的著作《人对意义的寻求》的出版为标志，成为继弗洛伊德精神分析学和阿德勒个体心理学之后的维也纳第三代心理治疗学派——意义分析学的创立者。

弗兰克早年就开始接受精神分析思想，与精神分析的始祖弗洛伊德有过正面的接触，并曾经直接受教于阿德勒门下。他对哲学也有着浓厚的兴趣，与存在主义大师海德格尔也有过私人交往。意义治疗的本质上是一种存在分析方法。他曾被囚禁在纳粹集中营里生活，他的一些基本思想得到了深刻的检验，真实的感触让他感受到了生命意义的强大。战争结束后，幸免于难的他来到维也纳大学医学院任教，同时也任维也纳总医院神经科教授。1992 年，他的朋友和家人为他设立了维克多·弗兰克研究院。正是因为集中营中的悲痛经验，帮助他发展出积极乐观的人生哲学，让他后半生能活得健康快乐。67 岁时，他考取了飞行员驾驶执照，80 岁时仍能攀登阿尔卑斯山，并到世界各地演讲推广意义治疗。

1926 年，维多克·弗兰克尔在一次公开演讲中首次使用“意义治疗”一词，他对意义分析学说及相关治疗理论进行论述与介绍的著作有《医生与心灵：从心理治疗到意义治疗》《人对意义的寻求：意义治疗学导论》《无意义生活之痛苦：当今心理治疗方法》（1985）、《意义的意志》（1971 年）等。

3. “意义治疗”学说

弗兰克尔说：“世界上没有任何东西比生命中存在着意义更能帮助人在最恶劣的环境中生存下来。”因此，治疗“存在空虚症”的方法就是寻找个体某一特定时间的特有的生命意义。

“意义治疗”学说假设人一旦看到自己活着的意义，就会产生强大的动力和使命感，在内心信念的驱动下会朝着目标前进。此时，他不在乎受苦、不在乎别人的看法，不需要外力，一个劲地朝着目标前进。不管他能否到达目的地，在奋斗过程中，他的生命将体现出最高价值，他的心理也是健康向上的，他创造的价值可能超过常人的想象。然而，这一切只是因为他看到了自己生命的意义。

“意义治疗”的三个要素包括“生命意义”（the meaning of life）、“意志自由”（the freedom of will）和“意义意志”（the will to meaning），其具体含义是：

其一，每个人的生命都是有意义的。

人人都有生命的意义，意义无时不有，无处不在，只是缺少发现。但生命的意义因人而异，因时而异。最重要的是要明白个人生命在具体时间、具体地点的具体意义，即特定的生命意义。

其二，每个人都有发现自己生命意义的自由意志。

尽管人在生理、心理与社会中并不自由，但人可以超越这些限制进入自己的精神层次获得自由。意志自由说的是人在任何境况下，所有的一切包括自由都可以被剥夺，但他仍然拥有在思维领域的自由思考、自我决策、自主选择的权利。总之，他可以有自由选择此时的人生态度，自由决定要顺服于它还是抵抗它。意志自由任何正常人都可以做到。意志的自由是追求意义的意志的心理学的前提，没有意志的自由，人就不可能对生活进行态度上的选择，就只能被动地接受外界的支配。

其三，每个人一旦发现自己特有的生命意义，就能产生更坚强的意志力。

当人们发现了自己在某一时间空间所特有的生命意义，就会产生一种强大的、持久精神力量，即“意义意志”，并肩负起自己的责任，去完成人生的使命，即追求自己的特殊的生命意义。意义治疗学说认为人类前进的基本动力是“追求意义的意志”，人类存在的特征是自我超越（self-transcendence），而不是自我实现，人的特征是“追求意义”而不是“追求自己”。

总之，在追寻“生命意义”的过程中，“生命意义”“意志自由”和“意义意志”三个要素相互影响，相互作用，形成一个密不可分的整体，共同推动着个体精神境界的提升和人性的完善。意义治疗的目的便是协助人们认识自己的生命课题，找出自己生命中的意义，激发其潜力。弗兰克尔说："良心是意义的器官"，在探索意义和价值时，是可能引起人类内在紧张的，但这种紧张是心理健康的先决条件。弗兰克尔认为人类存在的最重要的本质是"负责"，因此，责任感的教育就显得格外重要。在意义治疗中要让病人自己承担起判断的责任，医生的价值观念不能强塞给病人，要引导病人自己发现自己的责任、使命、特殊的意义。发现意义的途径包括①创造、工作；②体认价值：经由体验某个事件和人物，如工作的本质或文化、爱情等来发现生命的意义；③受苦：因为痛苦被发现有意义时，便不再痛苦了。通过认识人生的悲剧性和处理困境的过程，促使人深思，寻找自我，最终发现人生的意义，达到自我超越。

弗兰克尔在心理学上的贡献，主要在于他靠自身体验所创的"意义治疗"。意义治疗与精神分析的不同之处是它站在更广阔的视野深入探讨人生问题，通过对"人生问题的诊断"，引导治疗对象获得人生的意义。"意义治疗"已超越严格意义上的心理治疗，它是一个基于生命哲学的领域，是心育与德育高度统一的领域。如果人能发现自己的生命意义，他们就能在内心使命感驱动下去主动追求，活出一种积极健康的状态，收获到更多的幸福感和更高的人生价值。而这样又有助于个体发现更大的生命意义，进入自我激励的良性循环。在追寻生命意义的过程中，人们的积极生活态度，会让人们的身心处于一种健康状态中。

三、"二战"后心理学家和哲学家对生命意义的关注

新精神分析学说代表人物奥地利精神病学家、医学博士阿德勒，著作有《生命对你意味着什么》《挑战自卑》《让生命超越平凡》等，他坚信生命存在与劣势抗争的"权利意志"，认为人的发展是心理上对自卑的补偿，为此人总在不断战胜自我，不断前进发展。他在著作《让生命超越平凡》中提到："属于个人的意义事实上是毫无意义，每个人都努力想使自己变得重要，但是人的重要性在于他对其他人所做的贡献，生命的意义在于贡献。"弗洛伊德另一名学生瑞士的卡尔·古斯塔夫·荣格建立了精神分析原型理论，他在著作《未发现的自我》中强调人的责任心的重要意义和道德上的自我完善等精神因素的作用；在美国，新精神分析学代表人物艾里希·弗洛姆在著作《人类的破坏性剖析》中，对人类特有的恶意侵犯、破坏性与残忍性进行心理分析，认为"这种破坏性是人类特有的，而且并不是来自本能"。他认为必须创造出适合人类健康成长的政治、社会和生活环境，这种环境的核心意义就是："将尊严还给人，把中心地位还给人，让人不再做物质文明和政治、经济等方面的奴隶。"

美国人本主义心理学的创始人亚伯拉罕·马斯洛既反对行为主义环境决定论，又反对精神分析的生物还原论，首次把健康优秀的人物作为心理学的研究对象，提出了"五层次需要理论"，带来了心理学界的"第三思潮"。他的主要著作有《动机与人格》（1954）、《存在心理学探索》（1962）、《宗教、价值观和高峰体验》（1964）、《科学心理学》（1967）、《人性能达的境界》（1970）等，这些著作阐述了人的现实与潜能之间的关系，宣扬人的自我认识、自我体验、自我塑造、自我锻炼、自我升华，最终实现人的自我价值。他的学说突出人的动机系统与高级需要的重要作用，重视人的个体需要和潜能发挥，强调人的价值和尊严，以促进人的充分发展为目的。

美国心理学“第三思潮”的重要代表卡尔·罗杰斯的“以人为中心”的理论是人本主义心理学教育观的核心和基础，罗杰斯的主要著作有《论人的形成》《卡尔·罗杰斯论个人力量》《来访者中心疗法》等。罗杰斯对人类潜能充满乐观的态度，他强调对教育对象或来访者（心理疾病患者）无条件地尊重，以创造和谐的气氛促进人的潜能的实现或患者的成长与治愈。

心随我动

活动一：感知生命的长度，有意义地过每一天

“二战”期间的英国战火飘摇，大西洋商务船队屡遭德国人袭击，许多英方海员葬身海底，不过每次都有一些人生还。通过对生还者的调查发现，这些生还的人并不是人们想象中的那些年轻力壮的人，而是那些意志力、求生欲望、求生能力特别强的人。这些人有丰富的生存经验，有很多不一样的品质，包括团队的协作和配合能力，“我必须活着”的念头。总之，在遇到危急时决定你生存的不是你的身体状况，而是你当时的心理状况。结果显示，生还者中间的主流是懂得珍惜生命和清楚人生使命的中、老年朋友。

下面来感知一下生命的长度，让我们一起珍惜生命，关注生命的意义。

步骤一：分发下面的小纸条

岁数	0~10	10~20	30~40	40~50	50~60	60~70	70~80	80~90	90~100

A. 请问你今年几岁？（将前面的日子划掉）

B. 请问你能活到几岁？（将后面的日子划掉）

C. 请问你每天 24 小时一般如何分配，如果你有 1/3 的时光用于吃饭、休息、看电视、聊天、开车上班，又有 1/3 的时光用于睡觉，那么请你将剩下的纸条的 2/3 划掉。看看你手里的纸条还剩多长没有划掉？想想人生还有多少时光是掌握在自己手中的？

步骤二：说说自己的感想，在这短暂的时光里，你最想做什么？

A. 我的存在对家人、朋友有何意义？

B. 我希望自己对社会有何意义？

C. 我希望自己在人世间留下怎样的人生痕迹？

步骤三：为自己树立明确的目标，制订好可行的实施计划，赶快行动。

（将目标和实施计划写在格子的下面）

步骤四：同学们可以将自己对人生的思考以及制定的目标、计划写成文章，并经常阅读，以激励自己，不忘记自己的方向。

活动二：读感人案例，讲感人故事

1. 读一读：阅读下面的故事，加深对生命意义的理解，体验生命意义给人带来的精神力量以及由此产生的巨大能量。

柔弱的年轻妈妈用身体为女儿抵挡垮塌楼房

在玉树灾区，一幕幕感人的故事在不断传诵。地震发生时，一位年轻的妈妈为保护不到一岁的女儿，将女儿死死搂在怀里，用身体挡住垮塌的楼房。年轻的妈妈当场被砸身亡，她用自己的生命挽救了女儿的生命。

16日上午，记者来到玉树人民医院时，这个女婴正躺在导医卓玛的怀抱里，小家伙睁着一双亮汪汪的大眼睛。医护人员称，小家伙最喜欢的一个姿势，就是把头深深埋入对方的怀抱，用小手紧紧搂着对方。

该院医护人员介绍，14日中午12点多，玉树医院几名医护人员跟随玉树警方到当地一处招待所救援时挖出了一具年轻的女性遗体——她整个身子弓着，两手撑开，好像在死命护着什么。当警察将她拉出土堆时，发现有一只小手紧紧拽着她，遗体底下有个小女婴，而且还是活着的。女婴不到一岁大，眼睛充满着惊恐，头发上有湿漉漉的血迹。这时，人们才发现这是一对母女，地震发生时，年轻的妈妈为了保护女婴，将女儿死死搂在怀抱里，用身体挡住垮塌的楼房。妈妈当场被砸身亡，她用鲜血挽救了女儿的生命。警察将女婴抱起来，女婴号啕大哭，使劲用手抓着妈妈的血衣，凄惨的场景让所有人落泪。

一个平日柔弱的年轻女子，恐怕平时她连挑起一担谷子都很难，但现在为了保住自己心爱的宝宝，她居然用自己坚强的意志支撑起垮塌的楼房，至死支撑着，坚持着，没有放弃，直到身体僵硬，她还保持着这样的身姿……生命的意义所产生的能量是如此的巨大！

后来救援队在孩子身旁找到了年轻妈妈的手机，上面显示："孩子，如果你还活着，请不要忘了妈妈是爱你的……"妈妈的力量来自爱，到死的那一刻，她最大的感受是自己此刻的生命意义——保住孩子！

（摘自 http://zt.rednet.cn/c/2010/04/18/1942470.htm）

2. 讲一讲：讲一个发生在你身边的感人故事，即一个普通人是如何在生命意义的感召下，做出惊人成绩的。

活动三：案例讨论：人生的终极意义是什么？

网上常有歌星或影星吸毒、堕落、自杀等爆料出来，请深入思考下面的问题。

1. 当一个人达到相当高的社会地位、拥有比较富足的物质财富的时候，他是否还应该继续超越自我、追求新的生命意义？此时他应该怎样去追求生命意义？

2. 不断追求新的生命意义对人的心理健康有何重要意义？

3. 你认为人的终极意义是什么？

心灵感悟

一、心语赏析

- 懂得"为何"，忍受"任何"。　　——尼采
- 任何人，任何时候，都有选择自己态度的自由。　　——弗兰克尔

二、心语倾诉

1. 放松训练

坐好，深深地吸气，慢慢地呼气。好！春天来了，你的窗外是绿草如茵的草地，草地上零散地开着几朵小花，蝴蝶飞来飞去，还有蜜蜂、蜻蜓……你静静地躺在床上，微闭双眼，阳光暖暖地从窗户照在你的头顶，你觉得头部放松，安逸舒服，阳光的暖流从整个头部慢慢地流向你的额头，打开了你紧锁的眉头，额头凉丝丝的，脸上的每一块肌肉都特别的放松，你觉得舒服极了。这股暖流又整个从头部流到你的颈部、颈椎，你觉得颈部放松了，颈椎放松了……

2. 闭目吟诵

- 人人都有生命的意义，人人都有此时此地特定的意义，意义无时不有，无处不在，只等我们去发现。
- 我认为我行，我就行；关注什么，什么就变成你的现实。

修心践行

一、唱一唱

郑智化《水手》。

二、品一品

在监狱里周游世界

有的人没有坐牢，而他的心却仿佛在囹圄之中，华教授则不同。华教授是个哲学家，因为写了一篇“出格”的文章，先被批判，后去坐牢。但他有坚定的信念：“我要保持年轻，走出困境”。为了让心中的理想之火永远熊熊燃烧，他虽身陷囹圄，心却在自由自在地遨游。

华教授在小小的牢房里，不能看书，不能写作，连放风的机会都没有。华教授无比寂寞，就对门外的看守说：“给我一支粉笔吧。”看守问：“你要粉笔干什么？”华教授说：“我想画画。”看守说：“不行。”看守不给粉笔，华教授就自己找。他发现这间小牢房的墙壁是用灰砂浆抹成的，年深月久，有些灰沙皮开裂剥落了。脱落的灰沙块，可以当作粉笔用，而黑乎乎的墙面，就是现成的黑板。

华教授有的是时间，他慢悠悠地在墙上画了一个大大的门，门口外再画上大海、远山、蓝天、白云，还有一艘远航的帆船，几只飞翔的海鸥。画好了，华教授就独自欣赏，他的思想也穿越牢房，到门外去了。华教授幻想自己正驾船远航，在蓝天大海之间，和海鸥一起飞翔。想着想着，他就笑了。

看守发现华教授有些异常，就厉声问：“你笑什么？”华教授说：“我画了一幅画，你也进来看看吧。”看守进去看了看，生气地说：“快擦掉。”华教授说：“擦它干什么？大海、远山、蓝天、白云、行船、飞鸟，这些东西又不跟人争斗，更不会惹麻烦。”看守想想也是，就不强求华教授非擦不可了。

从此以后，华教授天天看“门”外的风景，边看边想：大海那边该是非洲吧？在非洲有无边无际的草原，草原上奔跑着狮子、斑马、羚羊……有时他又想：那几只海鸥是从哪里来的？它们要飞到哪里去？海鸥到底有没有家乡？它们怎样生儿育女？每天面对墙上这幅风景画，华教授都有新奇的联想，仿佛他不是在坐牢，而是去旅游，每天都到新地方。非洲、欧洲、美洲、大洋洲，任他随意出入。

当华教授设想大海那边是太平洋上的一个小岛，正想象岛上奇异的风土人情时，看守打开牢房的门说：“老教授，你自由了。”

华教授走出牢房，发现时光已经流逝了21年，看守也已经换过9个人，唯有蓝天大海不变，船还在航行，鸟还在飞翔。

当初让华教授获罪入狱的那篇文章，如今被世人推崇备至。以前批判过华教授的人，一个个老态龙钟了，他们纷纷来道歉，愧疚地说：“华老，让您受苦了。”华教授笑一笑说：“我早已化苦为乐了，二十年来，身在牢房，心却天天去旅游，满世界跑。你们看，我是不是越活越年轻了？”华教授确实一点不显老，他望着那些老态而充满歉意的同事说：“你们活得比我累呀！”

第二节 坚定理想信念 获取生命意义

心灵故事

“沙子”变“清泉”

浩瀚的沙漠中，一支探险队在艰难地跋涉。骄阳似火，烤得探险队员们口干舌燥，挥汗如雨。最糟糕的是，他们没有水了。水就是他们赖以生存的信念，信念破灭了，探险队员一个个像塌了架，丢了魂，不约而同地将目光投向队长。这可怎么办？

队长从腰间取出一个水壶，两手举起来，用力晃了晃，惊喜地喊道：“哦，我这里还有一壶水！但穿越沙漠前，谁也不能喝。”沉甸甸的水壶从队员们的手中依次传递，原来那种濒临绝望的脸上又显露出坚定的神色，一定要走出沙漠的信念支撑他们踉跄着，一步一步地向前挪动。看着那水壶，他们抿抿干裂的嘴唇，陡然增添了力量。

终于，他们死里逃生，走出茫茫无垠的沙漠，大家喜极而泣之时，久久凝视着那个给了他们信念支撑的水壶，队长小心翼翼地拧开水壶盖，缓缓流出的却是一缕缕沙子。他诚挚地说：“只要心里有‘拥有清泉’的坚定信念，干枯的沙子也可以变成清冽的泉水。”

请记住，当我们在最困难的时候，最不应该做的事就是——熄灭心中信念的火把。

心海导航

一、理想信念对于生命意义感的心理学意义

“生命意义感”是个体对自己的生命价值的主观感受，是对自我存在意义的主观认知和评估。包括对自我悦纳的体验、爱的体验、尊重的体验、自我实现的体验、当下意义的体验和终极意义的体验等。

对于人的生命而言，要生存，只要一碗饭、一杯水就可以了，但是要想活得精彩，就要有精神，就要有远大的理想和坚定的信念。理想和信念不仅是一个道德教育的问题，也是一个心理教育的问题。人与动物最大的区别在于，人的满足和幸福不可能停留于衣食温饱的物质层面之上，几乎每个人都在寻找自己活着的理由和活着的意义，这是人之所以为人的特质。“人活着究竟是为什么？”对这个问题的回答，不同的人答案可以不同，但重要的是，人不能活在一团迷雾中，不清楚自己的方向，你必须有自己特定的回答，让自己生活在一个有目标、有希望、有追求的清晰的现实世界中，这样你才可能活出好的精神状态，才可能身心健康。人本能拒绝迷茫无序的生活状态，因为这种无意义的状态会将人的心理引向空虚、失落、焦虑、不安之中，严重的时候可能因消极、堕落而走向自我毁灭。因此，从某种意义上说，虽然人的躯体活在物质世界里，而他的灵魂却是活在充满理想与信念的精神世界里。人在内心信念的驱使下，不断追求更高的理想和人生价值是正常人健康心理的重要标志。

理想和信念像巨大的羽翼，能助人飞上云天；理想和信念像熊熊燃烧的烈火，能帮助你走出死寂和黑暗；它能使贫困的人变成富翁，使黑暗中的人看见光明，使绝境中的人看到希望，使梦想变成现实。若人们丧失了理想和信念，一个人就形同行尸走肉，衣架饭囊，平平庸庸度过此生，感受不到生命的价值和意义，当然也就感受不到幸福和满足。马加爵被处以极刑的时候就说：“这些年我最大的失败是丧失了理想信念。”从这个意义上讲，理想和信念是我们生命的原动力，信念就是人的支柱和脊梁。人人需要树立理想，确立信念，它不仅可以造就我们成为对社会、对他人有贡献的人，更可以使我们在不断追求理想的过程中，充满希望，体验到生命的意义感，使自己内心充实、身心健康、幸福愉悦。

二、高职生命意义感现状

从马加爵到药家鑫，从“富士康”跳楼事件，到如今网络上屡屡曝光的大学生自杀、情杀、成瘾、故意伤害等事件，不禁引起我们的思考：“今天的大学生怎么啦？”我们知道，“存在空虚症”是当今社会普遍存在一种现象，它也不可避免地会蔓延到我们的大学校园里。“存在空虚症”在高职院校的具体表现为：有些同学在学习上缺乏进取心和意志力、态度懒散，经常迟到、旷课，沉迷于网络、游戏；有些同学在日常行为中往往缺乏团结友爱的精神，自私、强暴、专横、没有同情心；有的同学学会了抽烟、酗酒，甚至上网成瘾、盗窃、敲诈；有的则孤独、抑郁甚至想到轻生。近年来高职生群体中伤害自我或他人生命等漠视生命的现象时有发生，这是生命困境的突出表现。

据 2006 年罗慧玲主持的湖南省高校思想政治教育课题《高职生命意义教育的理论与

实践研究》调查报告显示，目前高职学生生命意义感缺失、偏离现象仍不容乐观。主要有以下几个方面的问题。

1. 目标缺失

调查显示，职业目标明确的学生仅占 18.52%，较明确的占 34.26%，模糊的占 40.74%，没有找到目标的占 6.48%。在学习计划方面，既有长期目标又有近期目标的仅占 28.70%。长期目标和近期目标的分离，必然造成计划出现盲目性或缺乏操作性，使学习目标最终形同虚设。由此我们可以找到一部分高职生学习效率低、无所事事的两个重要原因：一是目标不明确，二是没有科学的学习计划。

2. 缺乏自信

调查显示，只有 20.36%的学生认为自己的优势大于劣势，认为自己劣势大于优势或完全处于劣势的学生占 24.07%，其他同学认为自己的优势和劣势相当。可见，高职生有自卑倾向的同学多于自信的同学，大多数的同学认为自己很平凡。访谈中发现，他们把缺乏自信主要归因于薄弱的意志、不良的性格和行为习惯。但在进一步的调查中，我们又发现了缺乏自信的另一个原因：教师在赏识教育和成功教育方面做得有些欠缺，对学生表扬、肯定、给学生体验成功的机会太少，调查显示仅有 19.45%的学生认为老师对自己有较高评价，24.99%的学生认为同学对自己有较高的评价。老师和同学的赞扬通常是学生获得自信的主要途径。

3. 缺少博爱的体验

调查显示，87.03%的学生最爱的人是父母、兄弟和姐妹，91.67%的学生认为最爱他（她）的人是自己的父母、兄弟和姐妹，这说明绝大多数同学的爱仅局限在家庭成员之间，这种家庭成员之间的互爱是正常的，但年轻人的爱如果过分局限于小家庭，必然会削弱他们对人类更深层次、更广博的爱的体验。调查中发现，如果有了足够的金钱，只有 8.33%的学生愿意用来帮助别人，14.81%的学生愿意用来造福社会，其他同学都希望用于改善家境或自己消费享乐。看来，缺乏博爱和奉献精神是当代青年较为普遍存在的道德问题。

4. 价值取向偏离

立足于社会最重要的是什么？调查显示，20.37%的学生选择了金钱，6.48%的学生选择了权力，53.70%的学生选择了知识技能，只有 18.52%的学生选择了道德。另外，学生心目中追求的最终人生目标又是什么呢？63.89%的学生选择了追求情感的幸福和精神的快乐，11.11%的学生选择了追求金钱，只有 13.89%的学生选择造福人类。可见，做人的根本、维系社会的根基——道德，已经失落了它应有的地位。大多数同学把个人和家庭的幸福看成了自己最终的追求目标，不少同学甚至把世俗之物如金钱、权力提升到终极价值的位置，这种价值取向明显地由伦理取向向经济取向发生了偏离，由社会本位向个人本位发生偏离。

5. 对终极意义缺乏思考

调查显示，多数同学看不到苦难的意义，甚至有的同学只看到它的负面意义。只有 24.07%的同学看到了精神可以突破生命的界限而不朽，还有 22.22%的同学尚未思考过死亡的问题或对死亡充满恐惧，6.48%的同学认为死是一种解脱，他们是悲观主义者。另一项调查表明，53.70%的学生认为自己将有意义于家庭，只有 24.07%的学生认为自己将有意义于社会，还有 6.48%的学生认为自己没有意义，找不到自己的生命价值所在。可见，处在人生观和世界观形成的关键期的高职生，大多数同学对苦难和死亡尚未做过深刻的思考，只有少数人能看到生命意义寄托于造福人类的行动中的永恒价值。

6. 信仰迷失

调查显示，47.22%的高职生没有崇拜的偶像，出现“偶像崇拜”幻灭；还有少数学生崇拜自己，是自我崇拜主义者。同学们对有钱人的崇拜超过了对老师、科学家等知识分子的崇拜，对影视明星崇拜超过了对具有献身精神的政治伟人的崇拜。

引起高职生生命意义缺失、偏离的原因可以概括为以下两个方面。

客观原因：我国正处在社会转型时期，改革开放 40 年带来了物质文明的空前发展，而精神食粮显得相对匮乏，加上多元文化的冲击、传统文化的解体，容易使人出现信仰迷茫、目标缺失、精神苦闷，失去精神归宿的人们，往往会迷失自己，患上“存在空虚症”。

主观原因：首先，高职生多数来自高中阶段学业成绩中等偏下的学生，不少同学因本科录取落榜而自卑、抑郁，看不到自己的前途和价值；其次，有些同学的价值取向的偏离和不良行为习惯的形成为期已久，可以追溯到初高中阶段；再次，高职的培养目标是培养适应生产、服务、管理等第一线需要的高级技术应用型人才，不少高职生对自己的职业没有正确的认识，对未来缺乏信心，不愿意从事一线的生产、服务、管理工作；最后，多数高职生文化基础知识不扎实，对基础理论的学习缺乏耐心，加上专业技能过关和职业资格证书的压力，不少同学逐渐失去学习的兴趣，厌学情绪较严重。

三、如何提高高职生生命意义感

要预防和摆脱“存在空虚症”，让自己走上积极向上的“意义人生”的道路，我们可以从以下几点入手。

1. 发现自己的生命意义

每一个生命个体都是独一无二、不可取代的。因此，我们要寻找和发现自己生命中“召唤着我的东西”，实际就是“我的使命和责任”。比如个人兴趣特长、家庭使命、社会责任等。这些使命和责任就是生命赋予我们的意义。

我们只有重新审视自己、重新认识自己，才能感受生命意义的重大，才能接纳自我、珍重自己、严格要求自己，走向承担责任、完成使命的追求有意义的人生之路。一个人只有懂得了自己的生命的责任和使命，看到自己存在的意义，他的灵魂才有安身立命之所，才能在内心世界形成坚定的信念，产生坚强的意志力，自觉走上“意义人生”的道路。

同时，发现和追求自己生命意义的过程也是一个积极暗示、挖掘自己潜能的过程。因此，肩负使命感的人总是精神百倍、积极向上的。我们每一个同学，必须清楚地给自己定位，追求远大而现实的理想，敢于承担家庭和社会赋予的责任。当我们在内心使命感驱动下去主动追求生命意义时，我们就能收获到更多的幸福感和更高的人生价值，我们就能活出一种积极健康的状态。

2. 确立具体清晰可行的目标

有了理想之后，接下来就要制定实现理想的具体目标和实施计划。因为，没有目标和计划作支撑的理想只能是空中楼阁，最后必然化为幻想。

目标可以包括很多类别，比如生活目标、职业目标、家庭目标等，又如经济目标、技能目标和知识目标等。总之，目标要明确清晰。还要将长远目标与眼前目标相结合，将身体目标与生活目标相结合，将个人目标和社会目标相结合。另外目标不要定得太高，要树立跳一跳就可以达到的目标，让“幸福可以触摸”，否则会挫伤自己前进的积极性。

大目标之下有每月、每周的小目标，明晰的目标可以帮助我们一步一个脚印地走在一条充实、从容、自信的人生道路上，社会的纷扰不安的因素不容易影响你的脚步，“存在空虚”也会远离我们，因为我们有自己的理想信念。

3. 通过“三种途径——创造、受苦、体验爱”来获取生命意义

首先，在创造中体验生命的价值和成功的快乐。

人的价值体现在改造世界的实践活动中，如果一个人不能改变任何现状，那么他必然沮丧和颓废。因此，我们要不断地实践，在实践中创造、创新，不断提高自己的职业技能水平和企业管理水平，在实践中不断感受到自己的价值。

创造要求我们克服懒惰，热爱工作，每天给自己适当的工作和学习压力，这样我们就能充分利用和挖掘我们的潜能，天天在工作的不断推进中看到成功的希望，因而充满意义感，使身心健康愉快，让自己有机会产生“高峰体验”（它是一种强烈的、令人心荡神游、出神入迷、强烈幸福的体验，是一种自我实现的瞬间，是人的最美好时刻的体验）。

弗兰克尔告诉我们：“我们已经了解当意志处于消极状态时人会变成什么样子：生命力下降，并且在一定程度上身体情况不佳。人的意志只有在有很强的现实感和目的感时才能达到最健康的状态。”

其次，在承受苦难中感受生命意义的重大。

人生必然存在苦难，但是苦难也有苦难的意义。特别是我们在承担责任、追求意义的道路上，意想不到的困难和挫折总是会有的。但是，尼采说：懂得“为何”就能忍受“任何”。只要我们心里有明确清晰的目标在召唤，有必胜的信念作支撑，我们就感受不到苦难是一种苦难，劳累是一种辛苦，我们就能进入一种积极向上的状态去战胜一切困难。

在追求理想、获取生命意义的过程中，应该进入一种忘我的境界。因为，我们在忘我的境界里，体验的是沉浸其中的快乐。此时，我们往往会忘记自己的病痛，忘记自己的疲劳，让自己的能量得到最大的释放，这个时候奇迹也正在孕育。因此，我们往往会发现，忘我的境界往往是成功的前夜。

再次，在奉献爱中体验生命的价值。

马斯洛到了晚年发现人本主义心理学的动机金字塔的顶峰——个人的自我实现，不足以解释人类为真理而献身的崇高的精神与行为。他已经看到以自我为中心的倾向中的“小我”和人类终极目标的矛盾，因而在20世纪60年代末提出超个人心理学，人称西方心理学“第四势力”。他指出，个体只有从“小我”走向“大我”，将实现自我价值与奉献社会结合起来，才能体验到人生的幸福与快乐，然后才能发现自己更大的生命意义，进入自我激励的良性循环。阿德勒在著作《让生命超越平凡》中坚信人的发展是心理上对自卑的补偿，认为每个人都努力想使自己变得重要，但人的重要性在于他对其他人所做的贡献；马克思主义的人的价值理论也指出：人的价值在于为人类社会做出贡献。

我们只有奉献自己的爱，才能得到社会的承认，得到他人的尊重和关爱，才能体验和享受到爱的快乐和温馨。高职生一定要将自己的个人理想与服务人民、报效祖国结合起来，这样我们就从“小我”走向了“大我”，体验到自己更大的生命意义感。

心随我动

活动一：夸夸我的同学

步骤一：5 个同学为 1 组，相互夸奖，相互补充，直到帮助每个同学找出不少于 10 个优点。

步骤二：被夸的同学记录下同学们所夸的优点，并和自我评价进行比较，留下被自己认可的优点，做成优势卡片，放在钱包里不少于 42 天，经常看到这些优势，直到牢记为止。想到这些优点是已经被大伙认可的，立志把这些优势贯彻到自己的行为当中，变成自己的终身的优势。

步骤三：被夸的同学谈现在的感想，并对未来自己将成为一个怎样的人进行设想。

此活动让每个同学学会欣赏别人的长处，也学会正确地认识自己、接纳自己。欣赏自己的长处，有助于提高自信心。

活动二：马加爵案例的讨论

查阅马加爵的成长资料，想一想是什么原因促使马加爵走向自我毁灭的犯罪道路。

步骤一：查阅资料，同学们描述马加爵是怎样的人？

步骤二：从马加爵的成长经历中可以看到一个“以自我为中心”的人的人格是如何形成的？

步骤三：马加爵极端自尊的背后是极端自卑，从哪些事实可以看出来？

步骤四：讨论：假如我们是马加爵的同学，应该如何与之相处，如何帮助他？

（主要是帮助他形成健全的人格，让他学会宽容，学会平和地面对生活中的歧视和苦难，看到承受苦难的意义，记住自己明晰的目标，不迷失自己的方向，保持积极心态，去追求自己生命中的积极意义。）

心灵感悟

一、心语赏析

- 这个世界上，没有人能够使你倒下，如果你自己的信念还站立着的话。
  ——马丁·路德·金
- 当一个人感觉到有高飞的冲动时，他将再也不会满足于在地上爬。——海伦·凯勒
- 无聊削弱意志，意义激发意志。——弗兰克尔

二、心语倾诉

1. 放松训练

盘腿而坐，全身放松，双手自然下垂，十指交叉自然放在双脚交叉处，深呼吸，放松。心中想起早晨太阳升起的情景，微闭双眼，准备吟诵。

2. 闭目吟诵

- 一切成功都始于心中的梦想，有梦才有动力，有梦才有希望。
- 信念是生命的脊梁，只要心中信念之灯亮着，黑夜就不会来临。

修心践行

一、唱一唱

汪峰《怒放的生命》《我要飞得更高》。

二、品一品

海伦·凯勒

海伦·凯勒注定要成为人类的奇迹，昭示残疾人的尊严和伟大。盲聋哑集于一身的她接受了生命的挑战，以非凡的毅力克服了语言和交流的障碍，竟然毕业于哈佛大学拉德克里夫学院。她还用自己生命的全部力量为残疾人造福，建起了一家家慈善机构，海伦·凯勒被评为“20世纪美国十大偶像”之一。

海伦一岁半时突患急性脑充血病，连日的高烧让她变成了一个又盲、又聋、又哑的人。1887年3月3日，对海伦来说这是个极重要的日子。这一天，家里为她请来了一位影响海伦一生的教师——安妮·莎莉文小姐。在她辛苦的指导下，海伦用手触摸学会手语，摸点字卡学会了读书，后来用手摸别人的嘴唇，练习发音。有时为发一个音一练就是几个小时，她不怕辛苦，终于学会了说话。为了让海伦接近大自然，莎利文老师让她在草地上打滚，在田野跑跑跳跳，在地里埋下种子，爬到树上吃饭；还带她去摸一摸刚出生的小猪，也到河边去玩水。

1894年夏天，海伦加入了美国聋人语言教学促进会，并被安排到纽约赫马森聋人学校上学，学习数学、自然、法语、德语。没过几个月，她便可以自如地用德语交谈。在纽约期间，海伦结识了许多朋友。马克·吐温为她朗读自己的精彩短篇小说，霍姆斯博士在河边幽静的家里为她读《劳斯·豆》诗集。人世间美好的思想情操，隽永深沉的爱心像春天的种子深深植入她的心田。海伦自信地说：“有朝一日，我要上哈佛大学！”这一天终于来了，哈佛大学拉德克里夫女子学院以特殊方式安排她入学考试。只见她用手在凸起的盲文上熟练地摸来摸去，用打字机回答问题。前后9个小时，各科全部通过，英文和德文还得了优等成绩。

1904年6月，海伦以优异的成绩从拉德克里夫学院毕业。两年后，她被任命为马萨诸塞州盲人委员会主席，开始了为盲人服务的社会工作。她每天都接待来访的盲人，回复雪片一样飞来的信件，为聋盲人教育和治疗计划而奔波。1921年，在她的领导下终于成立了美国盲人基金会。海伦工作之余完成了14部著作。《我生活的故事》《石墙之歌》《走出黑暗》《乐观》等，都产生了世界范围的影响。其中，耗时10年的《老师》是献给莎莉文老师的一份厚礼。

1956年11月15日，竖立在美国波金斯盲童学校入口处的一块匾额上的幕布，由海伦用颤抖的手揭开了，上面写着：纪念海伦·凯勒和安妮·莎莉文·麦西。这不是一块普通的匾额，而是为那些在人类文明史上写下了突出篇章的人们所设立的。的确，海伦把一生献给了盲人福利和教育事业，赢得了全世界人民的尊敬，联合国还曾发起“海伦·凯勒”世界运动。1968 年 6 月 1 日，海伦·凯勒——这位谱写出人类文明史上辉煌生命赞歌的聋哑盲学者、作家、教育家，在鲜花包围中告别了人世。然而，她那不屈不挠的奋斗精神永远载入了史册，正如著名作家马克·吐温所言：“19 世纪出现了两个了不起的人物，一个是拿破仑，一个就是海伦·凯勒。”

参考文献

[1]谭志平,姚红.高职学生心理健康教育[M].武汉:武汉出版社,2006.
[2]孟万金.积极心理健康教育[M].北京:中国轻工业出版社,2007.
[3]陶国富,王祥兴.大学生学习心理[M].上海:华东理工大学出版社,2003.
[4]胡凯.大学生心理健康教育教程[M].长沙:湖南人民出版社,2009.
[5][奥]阿德勒.让生命超越平凡[M].李心明译.北京:西苑出版社,2003.
[6][奥]弗兰克.活出意义来[M].赵可式等译.北京:三联出版社,1998.
[7][美]Williarm Blair Gould.弗兰克尔:意义与人生[M].常晓玲译.北京:中国轻工业出版社,2000.
[8]阳志平.积极心理学[M].北京:机械工业出版社,2010.
[9]楚琼湘.大学生心理健康[M].北京:人民出版社,2007.
[10]龙小东.大学生心理健康与心理调适[M].海口:海南出版社,2006.
[11][英]柯林·威尔森.马斯洛和后弗洛伊德主义[M].杜新宇译.北京:华文出版社,2001.
[12]边玉芳.大学生心理健康[M].上海:华东师范大学出版社,2009.
[13]冯江平.挫折心理学[M].太原:山西教育出版社,1991.
[14]谢炳炎.大学生心理健康教育与指导[M].长沙:湖南大学出版社,2006.
[15]樊富珉.高职生心理健康与发展[M].北京:清华大学出版社,2002.
[16][美]David H.Barlow.心理障碍临床手册[M].北京:中国轻工业出版社,2004.
[17]毛佩贤,汤宜朗,黄晓华.人性的畸变——人格障碍漫谈[M].北京:北京出版社,2000.
[18][英]Neil Frude.变态心理学[M].李虹等译.北京:清华大学出版社,2008.
[19]许又新.精神病理学——精神症状的分析[M].长沙:湖南科学技术出版社,1999.
[20]许金声.活出最佳状态[M].北京:新华出版社,1999.
[21][英]柯林·威尔森.心理学的新道路[M].杜新宇译.北京:华文出版社,2001.
[22][美]瑞奇·克拉维兹.缔造完美婚姻[M].许思悦译.上海:上海三联出版社,2004.
[23]苏霍姆林斯基.关于爱的思考[M].张金长等译.桂林:广西师范大学出版社,2005.
[24][德]科柯特.人之性[M].林克译.长沙:湖南科学技术出版社,2004.
[25]贾晓明.高职生心理健康——走向和谐与适应[M].北京:北京理工大学出版社,2010.
[26]Robert D.Lock.把握你的职业发展方向[M].钟谷兰等译.北京:中国轻工业出版社,2006.
[27]阳志平,等.积极心理学团体活动课操作指南[M].北京:机械工业出版社,2010.
[28]佘双好.毕生发展心理学[M].武汉:武汉大学出版社,2012.
[29]朱翠英.大学生积极心理素质教育研究[M].北京:人民出版社,2015.
[30]樊富珉.团体心理咨询[M].北京:高等教育出版社,2005.
[31]林光耀.人际关系障碍大学生的动力性团体治疗[D].上海:上海师范大学,2010.
[32]罗慧玲.高职生命意义教育的理论与实践研究[D].长沙:湖南大学,2007.
[33]王顺梅.兰州地区高职生主观幸福感的比较研究[D].上海:华东师范大学,2008.

[34]卢清莹.农科院校大学生心理健康问题研究[D].沈阳:沈阳农业大学,2017.
[35]罗慧玲.高职生命意义教育的理论与实践研究[D].湖南:湖南大学,2007.
[36]邵方益.终极关怀视野下高职学生的闲暇教育[J].教育探索,2008,(5).
[37]韩国圣,吴文新,张捷.大学生闲暇时间利用与教育引导初探[J].华东经济管理,2008,(6).
[38]李梦楠.大学生闲暇生活及闲暇教育的现状分析及对策[J].北华航天工业学院学报,2008,(8).
[39]刘燕婷.浅论社团活动与大学生的闲暇教育[J].教育管理,2008,(4).
[40]张峰.大学生入学适应不良及调整[J].教书育人,2003,(9).
[41]张瑾.大学生入学适应问题及社会工作的介入探析[J].山东省青年管理干部学院学报,2005,(1).
[42]黄辉.高校学生自主学习能力的培养策略[J].太原城市职业技术学院学报,2007,(1).
[43]田夕伟.如何培养学生自主学习能力[J].广东教育(教研版),2007,(3).
[44]丁浙英.时间管理倾向及其相关研究[J].重庆科技学院学报(社会科学版),2008,(6).
[45]杨红梅.学习拖延行为及其教育干预[J].现代教育科学,2007,5(2).
[46]魏源.拖沓心理与认知因素[J].中国临床康复,2005,20(9).
[47]赵欣.高职生主观幸福感现状研究[J].教育与职业,2007(9).
[48]李吉珊.用"强度攻击法"育人[J].湖南教育,2002(11).
[49]张广瑞,宋瑞.关于休闲的研究[J].社会科学家,2001,16(5):17-20.
[50]侯玲.休闲教育:现代大学生的必修课[J].黑龙江高教研究,2005,(10):168-170.
[51]李国强,李丙文,刘彩召.关于大学生网瘾戒除工作的研究[J].学校党建与思想教育,2009,(1).
[52]牛其然.大学生网瘾的诊断与防治体系探讨[J].河南科技,2010,(3).
[53]张敏,苏益南.大学生网瘾预控机制研究[J].三峡大学学报,2009,(5).
[54]李恩军.大学生"网瘾"现象及应对措施浅探[J].内蒙古师范大学学报,2006,(6).
[55]汪路金.堵、疏结合,拒绝"网瘾"——论高校防治大学生"网瘾"的对策[J].黄山学院学报,2008,(1).
[56]李兵宽,李国涛.大学生挫折心理的成因及对策[J].中国青年研究,2003,(7):71-73.
[57]王建中,樊富珉.北京市大学生心理卫生状况调研[J].中国心理卫生杂志,2002,(5).
[58]刘欣,徐海波.15年来中国心理卫生杂志有关大学生心理健康研究的总结[J].中国心理卫生杂志,2003,(2).
[59]黄玉山.中国大学生健康状态与生活行为的调查研究[J].体育学刊,2008,(5).
[60]柴庆春.高校开展创业教育的意义与任务[J].北京教育(高教版),2007.
[61]方成智.大学生就业的心理障碍及调适[J].心理教育研究,2006(3).
[62]康文.大学毕业生择业心理的研究[J].东华理工学院学报(社会科学版),2005(4).
[63]王强,肖玲君,诸平.大学生心理健康教育及策略[J].井冈山学院学报(自然科学版),2006,(1).
[64]江琴.团体心理咨询促进大学生人际交往的实证研究[A].第十届全国心理学学术大会论文摘要集,2005.